Anstoß und Information

Materialien zum Religionsunterricht 4

Hrsg. v. Dieter A. Wolf

Bibel und Mythos

Bearbeitet von Norbert Hölzer

Ferdinand Schöningh, Paderborn

ISBN 3-506-53340-1

Vorwort

„Also ist das alles nur ein Bild!?“ Dies „nur“ ist höchst verräterisch: es zeigt, wie sehr unser ganzes Wirklichkeitsverständnis beherrscht ist von der ratio, vom Begriff der Abstraktion.

Gisbert Greshake

Die hiermit vorliegende 4. Materialsammlung der Reihe „Anstoß und Information“ stellt ein vielschichtiges Thema vor. Der recht nüchterne Titel „Bibel und Mythos“ gibt nicht für jeden auf den ersten Blick zu erkennen, daß es sich um ein Problemgebiet handelt, das theologische, religionswissenschaftliche und philosophische Fragen und Aussagen umfaßt.

Bewußt sind die Materialien in zwei für die Oberstufenkurse maßgebliche Komplexe gegliedert, den anthropologischen und den christologischen.

Verbunden mit den ausgewählten biblischen und mythischen Primär-, sowie den aus unterschiedlichen Fachwissenschaften stammenden Sekundärtexten ist das Anliegen, die Methoden biblischer Exegese und vergleichender Textanalyse im Zusammenhang mit fachlich bedeutsamen Fragenkomplexen zu vertiefen.

Arbeitsaufgaben wurden zu den drei Kapiteln der Anstoßmaterialien formuliert. Sie sollen als Erarbeitungshilfen dienen und die Quellentexte untereinander, mit den exegetischen Texten und im II. Kapitel mit der philosophisch-literarischen Neugestaltung verknüpfen. Sie enthalten ferner Hinweise, falls zu einer bestimmten Fragestellung Zusatzinformationen im Informationsteil zu finden sind.

Die Texte der Anstoßmaterialien sind so zusammengestellt, daß in jedem Kapitel jeweils an einem bestimmten biblischen Thema (Schöpfung, Sündenfall, Auferstehung Jesu) das Problem „Bibel und Mythos“ untersucht wird. Dazu wurden die biblischen Texte zunächst mit mythischen Texten vornehmlich aus der babylonischen, ägyptischen und hellenistisch-römischen Umwelt der Bibel zusammengestellt. Dazu kommen jeweils exegetische Texte, die das Verhältnis der biblischen Botschaft zum Mythos bezogen auf das jeweilige Thema erörtern.

Dabei entwickeln die Themen aufgrund ihrer zentralen Bedeutung ihre eigene Dynamik, so daß die Aufgabenstellung nicht nur auf die Frage des Zusammenhangs von biblischen und mythischen Texten beschränkt bleibt, sondern auch auf die Deutung der Texte abzielt.

Die Anordnung der Texte impliziert jeweils einen geschlossenen Arbeitsduktus, der durch die Arbeitsaufgaben angedeutet werden soll; sie sind ferner für den Schüler als Hilfe gedacht, sich mit den zunächst doch sehr fremden mythischen Texten auseinanderzusetzen. Natürlich muß nicht jede einzelne Frage nacheinander bearbeitet werden, sondern eine Auswahl aus dem Fragenkatalog ist möglich und sinnvoll. Vor allem sind im 2. und 3. Kapitel Beschränkungen auf bestimmte Aspekte möglich. Die letzte Aufgabenstellung zu jedem Kapitel gibt eine mögliche Verknüpfung zu Texten des Informationsteils an. Fragestellungen, die sich aus der Behandlung des Beispiels ergeben, sollen aufgegriffen und allgemein in bezug auf die ganze Bibel oder das Verhältnis der christlichen Botschaft zum Mythos diskutiert werden.

Es wurde darauf verzichtet, eigene Arbeitsaufgaben zum Informationsteil zu formulieren. Die Texte des Informationsteils verlangen keinen bestimmten Arbeitsduktus, hier sind verschiedene Möglichkeiten der Auswahl gegeben. Die Texte sind zwar aufeinander bezogen und ergänzen sich, stellen aber jeweils in sich eine Position dar, die mit den üblichen Methoden der Textanalyse zu erarbeiten ist. Beziehungen untereinander ergeben sich durch die Anordnung der Texte. Die beiden Informationskapitel haben unterschiedlichen Charakter. Das I. Kapitel informiert über die positive Deutung des Mythos in der heutigen Religionsgeschichte, um der latent vorhandenen rationalistischen Kritik des Mythos als Ausdruck einer überholten geistigen Entwicklungsstufe der Menschheit entgegenzuwirken. Damit ist nur eine kleine Auswahl aus dem breiten Spektrum möglicher Deutungen des Mythos gegeben. Das II. Kapitel zeigt die theologische Problemstellung auf, die gekennzeichnet ist durch die Auseinandersetzung um das Entmythologisierungsprogramm Bultmanns.
Abschließend sei bemerkt, daß Unterrichtsreihen nicht nur von einem der drei Kapitel der Anstoßmaterialien aus möglich sind. Es wäre denkbar, mit der Diskussion um die Entmythologisierung im II. Kapitel des Informationsteils zu beginnen und die Texte der Anstoßmaterialien zur analytischen Erarbeitung und Verdeutlichung heranzuziehen.
Kritik und Vorschläge zur Neuaufnahme von Texten sind uns willkommen.

Dortmund, im November 1979
Dieter A. Wolf

Gelsenkirchen-Horst
Norbert Hölzer

Inhaltsverzeichnis

INFORMATIONSMATERIALIEN (J)

I Mythos in Philosophie und Religionsgeschichte

II Mythos in der Theologie

Anstoßmaterialien

Schöpfung und Bund

Quellen

A 1 Enuma Elisch: Das babylonische Schöpfungslied

Tafel I: Das Chaos

Als droben die Himmel nicht genannt waren.
Als unten die Erde keinen Namen hatte,
Als selbst Apsu[1], der uranfängliche, der Erzeuger der Götter,
Mummu Tiâmat[2], die sie alle gebar,
Ihre Wasser in eins vermischten,
Als das abgestorbene Schilf[3] sich noch nicht angehäuft hatte,
Rohrdickicht nicht zu sehen war,
Als noch kein Gott erschienen,
Mit Namen nicht benannt, Geschick ihm nicht bestimmt war,
Da wurden die Götter aus dem Schoß von Apsu und Tiâmat geboren.

Aus Apsu, dem Süßwasser, und Tiamat, dem Salzwasser gehen die Götter Lachmu und Lachamu hervor. Dann treten Anschar, die „Gesamtheit des Himmels" und Kischar, die „Gesamtheit der Erde" ins Dasein. Ihr Sohn ist Anu, der Gott des Himmels. Anu erzeugte Ea. Die jungen Götter rebellieren gegen die alten Mächte. Apsu fühlt sich in seiner Ruhe gestört und beschließt, die göttlichen Kinder zu vernichten. Doch Ea überwältigt Apsu durch Zauber und Beschwörung, tötet ihn und eignet sich seine Vorrechte an. Er wird Herrscher über die Wasser und schlägt in den Tiefen des Süßwasserozeans seine Wohnung auf, der er den Namen seines Opfers, Apsu, gibt. Im Apsu wird der Held Marduk geboren, der durch seine Weisheit und Macht zum König über das Weltall vorherbestimmt ist. Anu begrüßt ihn als Sohn und Sonne des Himmels.
Anu nimmt die gegen Tiamat gerichteten Kampfhandlungen wieder auf und ruft die Winde ins Dasein, um das Meer aufzuwühlen. Tiamat und ihr Anhang rüsten zum Kampf. Die Abgrund-Mutter schafft elf Arten von schrecklichen Ungeheuern und erhebt aus ihrer Gefolgschaft Kingu zu ihrem Gatten und Feldherrn. Zum Zeichen der göttlichen Oberhoheit legt sie ihm die Schicksalstafeln, auf denen das Schicksal der Welt geschrieben steht, auf die Brust.
Ea meldet seinem Vater Anschar die Kampfvorbereitungen der Tiamat. Voller Furcht weigert er sich, gegen Tiamat zu kämpfen. Auch Anu weicht entsetzt vor Tiamat zurück. Marduk nimmt den Auftrag Anschars, gegen Tiamat zu kämpfen, an, aber unter der Bedingung, daß ihm die höchste Gewalt verliehen wird. Die Götterversammlung setzt Marduk zum König der Götter ein, dessen Wort allein gelten soll. Marduk gibt einen Beweis seiner Zaubermacht, indem er ein Gewand nach Be-

lieben verschwinden und wieder erscheinen läßt. Dann rüstet er sich zum Kampf: Bogen und Streitkeule, Fangnetz und Blitzstrahl, Orkan und Sturm sind seine Waffen.

Tafel IV: Der Sieg der neuen Kräfte

Da trafen zusammen Tiâmat und Marduk, der weiseste der Götter,
Stürzten sich aufeinander und begegneten sich im Kampf.
Es breitete der Herr sein Netz aus, fing sie darin,
Er ließ vor ihr los den schlimmen Wind, den er aufbewahrt hatte,
Als Tiâmat das Maul auftat, um ihn zu verschlingen,
Warf er den Sturm hinein, damit sie ihre Lippen nicht wieder schließen könne.
Die grimmigen Winde füllten ihren Leib.
Ihr Leib blähte sich auf, und ihr Maul blieb offen.
Er schoß einen Pfeil ab, zerriß ihr den Bauch,
Ihr Inneres zerriß er und durchbohrte ihr Herz.
Als er sie bezwungen hatte, tilgte er ihr Leben aus,
Ihren Leichnam warf er zu Boden und stellte sich darauf.
Als er Tiâmat, die Anführerin, erschlagen hatte,
Zerbrach er ihre Rotte, ihr Heer zerstreute sich.
Und die Götter, ihre Helfer, die ihr zur Seite gingen,
Erzitterten, fürchteten sich, wandten sich rückwärts.
Sie versuchten zu entweichen, ihr Leben zu retten,
Doch sie waren umgarnt, jede Flucht war ihnen versagt.
Er band sie und zerbrach ihre Waffen.
Sie waren in Netze geworfen, sie blieben im Garne gefangen,
Zusammengedrückt in Winkeln waren sie voll Wehklagen.
Sie erlitten ihre Strafe und blieben im Gefängnis.
Die elf Arten von Ungeheuern, die sie mit Furchtbarkeit beladen hatte,
Die Rotte der Dämonen, die zu ihrer Rechten eingesetzt war,
Warf er in Fesseln, band ihre Glieder.
Zur Strafe für ihren Aufruhr trat er sie nieder.
Und Kingu, der an ihre Spitze gestellt worden war,
Fesselte er und setzte ihn unter die Zahl der toten Götter[4].
Er nahm ihm die Schicksalstafel, die ihm nicht gebührte,
Mit einem Siegel versiegelte er sie und heftete sie an seine Brust.
Nachdem er seine Feinde so bezwungen,
Den frechen Gegner zum Sklaven gemacht hatte,
Den Triumph Anschars über den Feind endgültig gewonnen hatte,
Nachdem er, Marduk, der Tapfere, den Wunsch des Ea erfüllt hatte,
Machte er über die gefangenen Götter gewaltig seine Haft
Und kehrte zurück zu Tiâmat, die er bezwungen hatte.
Es stellte der Herr seinen Fuß auf Tiâmats Kreuz,
Mit seinem schonungslosen Dolch spaltete er ihren Schädel,
Durchschnitt ihre Adern,
Und der Nordwind entführte das Blut in die Ferne[5].

Als seine Väter es sahen, freuten sie sich, jubelten,
Brachten ihm Geschenke und Gaben.
135 Es ruhte der Herr und beschaute ihren Leichnam.
Aus dem geteilten Ungeheuer wollte er Kunstvolles schaffen.
Er schnitt es also entzwei wie einen getrockneten Fisch;
der einen Hälfte bediente er sich, das Himmelsgewölbe zu machen,
Zog den Riegel, setzte Wächter ein
140 Und schärfte ihnen ein, ihre Wasser[6] nicht herauszulassen.
Er ging durch die Himmel, durchforschte ihre Gegenden,
Um dort ein Gegenstück des Apsu zu errichten als Wohnung Nudimmuds[7].
Es maß der Herr die Ausmaße des Apsu,
Einen Palast nach seinem Bild, errichtete er dort, den Escharra.
145 Der Palast Escharra, den er erbaute, war der Himmel.
Anu, Enlil und Ea[8] ließ er an ihren Stätten wohnen."

Tafel V: Die Ordnung der Weisheit

1 „Er ersann Standorte[9] für die großen Götter.
In Sternbildern ordnete er ihre Entsprechungen, die Sterne.
Er bestimmte das Jahr, teilte Abschnitte ab,
Für jeden der zwölf Monate bestimmte er drei Sterne.
5 Nachdem er so die Zeiten des Jahres festgesetzt hatte durch Zeichen[10],
Begründete er den Standort des Nibiru[11],
um ihre Beziehungen zueinander zu bestimmen,
Damit keiner einen Fehler oder eine Unterlassung begehe.
Daneben stellte er die Orte Enlils und Eas auf,
Dann öffnete er Tore[12] zu beiden Seiten,
10 Feste Riegel machte er links und rechts.
In den Bauch der Tiâmat setzte er den Zenit.
Er ließ Nannar[13] erglänzen und vertraute ihm die Nacht an.
Er machte ihn zum Schmuck der Nacht, um die Zeit zu bestimmen:
‚Alle Monate, unaufhörlich, mache ein Zeichen der Krone[14].
15 Am Anfang des Monats, wenn du zu leuchten beginnst über die Länder,
Sollst du an den Hörnern erglänzen, um anzuzeigen die sechs ersten Tage,
Am siebten Tage zeige die Hälfte der Krone.
Wenn Vollmond ist, stehe in Opposition zur Sonne: das ist die Hälfte des Monats.
Wenn die Sonne am Horizont dich wieder eingeholt hat,
20 Verkleinere deine Krone und beginne abzunehmen.
Am Neumondtage nähere dich wieder der Sonnenbahn.
Am XXIX. Tage stehe wieder in Opposition zur Sonne!'
48 Marduk schuf einen Wind
Er sammelte die Wasser und ließ sie in Wolken dahinziehen.
50 Das Aufstehen des Windes, den frischen Regen,
Den Hauch der Nebel, die Ströme ihres Speichels
Ordnete er und nahm das Ganze selbst in die Hand.

Er gab ihrem Kopf einen Platz, darüber häufte er ein Gebirge.
Er machte die unterirdischen Wasser frei, die Flut ergoß sich.
In ihren Augen schloß er den Euphrat und den Tigris auf,
[. . .]
Aus einer Schlinge ihres Schwanzes schuf er das Band des Himmels und der Erde[15].
[. . .]
Nachdem er seine Regeln entworfen, seine Gesetze verfaßt hatte,
Gründete er die Heiligtümer und ließ Ea darin wohnen.
[. . .]
Die Götter der Schlacht jubelten und krönten ihn.
Den elf Arten von Geschöpfen, die Tiâmat erschaffen hatte
Zerbrach er die Waffen und fesselte sie zu seinen Füßen.
Nachdem er sie in Statuen verwandelt hatte, ließ er sie die Tore des Apsu tragen."

Angesichts dieser Wunder ergehen sich die Götter in Lobsprüchen, und Marduk teilt ihnen seine Absicht mit, Babylon zu erbauen. Die Götter billigen es und stellen Fragen an ihn, deren Inhalt verlorengegangen ist, die sich jedoch auf ihr Schicksal bezogen haben.

Tafel VI: Der Mensch

„Als Marduk das Wort der Götter hörte,
Beschloß er, ein großes Werk zu schaffen.
Er ergriff das Wort und sprach mit Ea,
Um seine Meinung zu erfahren über den Plan, den er ersonnen hatte:
,Ein Gewebe von Blut will ich machen, Gebein will ich bilden,
Um ein Wesen entstehen zu lassen: Mensch sei sein Name.
Erschaffen will ich ein Wesen, den Menschen.
Ihm auferlegt sei der Dienst der Götter zu ihrer Erleichterung.
Weiter will ich die Wege der Götter gestalten.
Übereinstimmend seien sie verehrt, doch in zwei Gruppen geteilt'[16].
Es antwortete ihm Ea, indem er zu ihm das Wort sprach;
Zur Erleichterung der Götter, teilte er ihm seinen Plan mit:
,Einer von ihren Brüdern soll ausgeliefert werden.
Dieser soll sterben, damit die Menschheit entsteht.
Die großen Götter aber, versammelt, sollen entscheiden,
Ob ein Schuldiger ausgeliefert werden muß, damit sie bestehen bleiben.'
Marduk versammelt die großen Götter,
Lenkt sie verständig gibt ihnen Weisung.
Seinen Worten schenken die Götter Aufmerksamkeit.
Zu den Anunnaki spricht der König das Wort.
,War euer erstes Bekenntnis wahrhaftig,
So sagt mir die Wahrheit und schwört.
Wer ist es, der den Krieg erregt,
Tiâmat zur Revolte aufgereizt, den Kampf begonnen hat?
Wenn der am Kriege Schuldige mir ausgeliefert wird,
Will ich ihm seine Strafe auferlegen, ihr aber sollt in Frieden bleiben.'

Da antworteten ihm die Igigi, die großen Götter,
Ihm, Lugaldimmerankia[(17)], dem Berater der Götter, ihrem Herrn:
‚Kingu war's, der den Krieg erregt,
Tiâmat zur Revolte aufgereizt, den Kampf begonnen hat'.
Als sie ihn gebunden hatten, brachten sie ihn vor Ea.
Sie ließen ihn seine Strafe erleiden, seine Adern durchschnitten sie.
Aus seinem Blute schuf er die Menschheit.
Er schrieb ihr den Dienst der Götter vor, um diese davon zu befreien.
Nachdem Ea, der Weise, die Menschheit erschaffen,
Ihr den Dienst der Götter auferlegt hatte,
– Ein Werk war es, nicht auszudenken,
Von Nudimmud vollbracht dank Marduks Ränken –
Teilte Marduk, der König der Götter, in zwei Gruppen
Die Gesamtheit der Anunnaki, oben und unten.
Und er trug Anu auf, über die Ausführung seiner Befehle zu wachen.
Dreihundert Götter stellte er als Wächter in den Himmel,
Dann grenzte er die Wege der Erde ab.
Im Himmel und auf Erden setzte er so sechshundert Götter ein."

Die Tafel endet mit der Erbauung der Esagil[(18)], der Vergöttlichung der Waffen Marduks und der Verkündigung seiner Namen.

A 2 Schöpfung durch das Wort in der ägyptischen Mythologie

Die Schöpfung erfolgte nach allgemein-ägyptischer Vorstellung nicht aus einem Nichts, sondern aus dem Urmeer, dem Nun, das unbegrenzt, unbewegt, voller potentieller Fruchtbarkeit war, ohne schöpferisch zu sein. In ihm und aus ihm schuf Gott ein erstes Stück festes Land, den „Urhügel", von dem aus er die Schöpfung einleitete. Nach anderer Vorstellung flog er als Vogel über dem Wasser und ließ das Urei fallen. Auch die vier Götterpaare, die die Welt vor der Schöpfung verkörpern, Unbegrenztheit, Lichtlosigkeit, Zeitlosigkeit und das Nichts (die Namen wechseln), sind bei der Schöpfung beteiligt.

Es ist keine zusammenhängende Schöpfungserzählung erhalten. Überkommen sind nur Fragmente, die meist auch noch in die artfremde Umgebung der Totentexte ein- und damit umgearbeitet sind. . . .

1. *Die Schöpfung nach dem Denkmal memphitischer Theologie* (ca. 700 v. Chr.)

. . . Die Götterneunheit[1] ist die Zähne und die Lippen in diesem Munde, der den Namen aller Dinge nannte, aus dem Schu[(2)] und Tefnut[(3)] hervorgegangen sind, der die Neunheit geschaffen hat. Das Sehen der Augen, das Hören der Ohren, das Luftatmen der Nase, sie erstatten dem Herzen Meldung. Das Herz ist es, das jede Erkenntnis entstehen läßt, und die Zunge ist es, die wiederholt, was vom

---

[1] Darunter ist hier die Gruppe der dem Schöpfergott zur Seite stehenden untergeordneten Götter zu verstehen.

Herzen erdacht ist[4]. So wurden alle Götter geschaffen und so wurde seine Neunheit vollendet. Es entstand ja jedes Gotteswort durch das, was vom Herzen erdacht und von der Zunge befohlen wurde. ... So wurden alle Arbeiten verrichtet und alles Handwerk, das Tun der Hände und das Gehen der Füße und die Bewegung aller Glieder gemäß dieser Weisung, die vom Herzen erdacht wird und durch die Zunge hervorkommt. ... So ruhte Ptah[(5)], nachdem er alle Dinge und alle Gottesworte gemacht hatte.

2. *Die Schöpfung im Tausend-Strophen-Lied* (nach 1350 v. Chr.)

... Er begann zu sprechen inmitten des Schweigens;
Er öffnete jedes Auge und ließ sie sehen.
Er begann zu rufen[6], als die Erde noch (starr war) vor Staunen.
Sein Ruf ging herum, ohne daß es noch seinesgleichen gab.
Er schuf, was ist, und ließ sie leben.
Er zeigte allen Menschen den Weg zum Gehen[7],
Und ihre Herzen leben, wenn sie ihn sehen.

3. *Hymnus des Mer-Sechmet* (nach 1350 v. Chr.)

Lobpreis dir, Amun-Re-Atum-Harachte[8], der mit seinem Munde sprach und es kamen ins Sein Menschen, Götter, Vieh und alles Wild insgesamt, was fliegt und sich niederläßt allzumal.
Du hast die Ufer der Hanebu geschaffen[9], die in ihren Städten siedeln, und auch die fruchtbaren Auen, die vom Nun[10] geschwängert werden und danach Frucht tragen[11] und gute Dinge ohne Zahl zum Unterhalt für das, was lebt.
Kräftig bist du als Hirte, der sie weidet in alle Ewigkeit. Die Leiber sind erfüllt mit deiner Schönheit, die Augen sehen durch dich. Furcht vor dir ist bei jedermann, aber ihre Herzen wenden sich dir zu: Du bist jederzeit gut. Alle Welt lebt von deinem Anblick.

A 3 Der Schöpfungsbericht in der Priesterschrift: Gen 1,1 – 2,4a

1 Als zu Beginn Gott Himmel und Erde schuf – 2 die Erde war wüst und leer, Finsternis lag über der Urflut, und der Geist Gottes schwebte über den Wassern –,

---

[4] Das Herz ist das Organ der Willensbildung, die Zunge (oder der Mund) das des Willensvollzugs durch das schöpferische Wort.
[6] Die Rufe sind die schöpferischen Worte, durch die alle Wesen ins Leben „gerufen" werden.
[7] Indem er als Sonne die Erde erleuchtet.
[8] Die vier Namen, die Aspekte des Sonnengottes bezeichnen, sind hier zu einem einzigen vereint, um die Allmacht des Gottes auszudrücken.
[9] Hanebu sind die Bewohner der Inseln und Küsten des östlichen Mittelmeeres.
[10] Der Nun, die Urflut, gewährt durch den aus ihm fließenden Nil die zum Leben nötige Fruchtbarkeit.
[11] Wörtlich: „gebären".

3 da sprach Gott:
„Es werde Licht!"
Und es ward Licht.
4 Gott sah, daß das Licht gut war.
Da trennte Gott Licht von Finsternis.
5 Gott nannte das Licht Tag, die Finsternis aber Nacht.
Es ward Abend, und es ward Morgen: ein Tag.
6 Dann sprach Gott:
„Es entstehe ein festes Gewölbe inmitten
der Wasser, und es bilde eine Scheidewand
zwischen den Wassern!"
7 Gott bildete das feste Gewölbe und schied zwischen den Wassern oberhalb und
unterhalb des Gewölbes, und es geschah so.
8 Gott nannte das feste Gewölbe
Himmel.
Es ward Abend, und es ward Morgen: zweiter Tag.
9 Sodann sprach Gott:
„Es werde das Wasser unterhalb des Himmels an einem Ort gesammelt, und das Trockene werde sichtbar!"
Und es geschah so.
10 Gott nannte das Trockene Erde, und das zusammengeflossene Wasser nannte er Meer.
Und Gott sah, daß es gut war.
11 Da sprach Gott:
„Die Erde lasse Grünes hervorsprießen,
samentragende Pflanzen sowie Fruchtbäume,
die Früchte bringen nach ihrer Art, in denen
Samen ist auf Erden!"
Und es geschah so.
12 Die Erde brachte Grünes hervor, samentragende Pflanzen nach ihrer Art und Bäume, die Früchte bringen, in denen ihr Same ist nach ihrer Art.
Und Gott sah, daß es gut war.
13 Es ward Abend, und es ward Morgen: dritter Tag.
14 Dann sprach Gott:
Es sollen Leuchten werden am Gewölbe des Himmels,
um zu scheiden zwischen der Nacht und dem Tag,
und sie sollen als Zeichen dienen
sowohl für die Festzeiten, als auch für die Tage und die Jahre!
15 Sie sollen Lichtspender an dem Gewölbe des Himmels sein,
um zu leuchten über der Erde!"
Und es geschah so.
16 So machte denn Gott die beiden großen Leuchten:
die größere, daß sie den Tag beherrsche, die kleinere zur
Beherrschung der Nacht und dazu die Sterne.
17 Gott setzte sie als Leuchten über die Erde an das
Gewölbe des Himmels,
18 zu beherrschen Tag und Nacht und zu
trennen zwischen Licht und Finsternis.

Und Gott sah, daß es gut war.
19 Es ward Abend, und es ward Morgen: vierter Tag.
20 Dann sprach Gott:
„Es sollen wimmeln die Gewässer von Lebewesen und Vögel am Himmelsgewölbe fliegen über die Erde!"
21 Da schuf Gott die großen Seeungetüme und alle sich regenden lebendigen Wesen, von denen nach ihren Arten das Wasser wimmelt und alle geflügelten Vögel nach ihren Arten.
Und Gott sah, daß es gut war.
22 Gott segnete sie und sprach: „Seid fruchtbar, mehret euch und erfüllet das Wasser in den Meeren. Die Vögel aber
mögen sich vermehren auf Erden!"
23 Es ward Abend, und es ward Morgen: fünfter Tag.
24 Da sprach Gott:
„Die Erde bringe lebendige Wesen nach ihrer Art hervor:
Vieh, Kriech- und Feldtiere nach ihren Arten!"
Und es geschah so.
25 Gott bildete die Feldtiere, das Vieh und alle Kriechtiere des Erdbodens jeweils nach ihren Arten.
Und Gott sah, daß es gut war.
26 Dann sprach Gott:
„Lasset uns Menschen machen
nach unserem Bild
nach unserer Ähnlichkeit;
sie sollen herrschen über des Meeres Fische,
über die Vögel des Himmels,
über das Vieh,
über alle Landtiere
und über alle Kriechtiere am Boden!"
27 So schuf Gott den Menschen nach seiner Gestalt,
nach Gottes Gestalt schuf er ihn,
als Mann und Frau erschuf er sie.
28 Gott segnete sie und sprach zu ihnen:
„Seid fruchtbar und mehret euch,
füllet die Erde und machet sie untertan
und herrschet über des Meeres Fische,
die Vögel des Himmels und über alles Getier,
das sich auf Erden regt!"
29 Gott sprach weiter:
„Sehet, ich gebe euch alles Grünkraut,
das auf der ganzen Erde Samen trägt,
und alle Bäume mit samenhaltigen Früchten;
dies diene euch als Nahrung!
30 Allem Getier des Feldes und allen Vögeln des Himmels
und allen am Boden kriechenden Tieren,

2 Bibel und Mythos 53340

in denen Lebenshauch atmet, gebe ich hingegen
alles Grünkraut zur Nahrung."
Und es geschah so.
31 Gott sah alles, was er gemacht hatte, und fürwahr,
es war sehr gut!
Es ward Abend, und es ward Morgen: sechster Tag.
2,1 Also ward vollendet Himmel und Erde mit ihrem ganzen Heer. 2 Gott voll-
endete am siebenten Tag seine Arbeit, die er gemacht hatte. Und er feierte am
siebenten Tage von aller Arbeit, die er gemacht hatte. 3 Da segnete Gott den
siebenten Tag und heiligte ihn; denn an ihm hat er gefeiert von aller Arbeit, die
Gott geschaffen und gemacht hatte. 4a Dies ist der Stammbaum Himmels und der
Erde, da sie erschaffen wurden.

A 4 Die Rettung am Schilfmeer

Jahwist

Ex 13 20 So brachen sie von Sukkot auf und lagerten in Etam am Rand der Wüste.
21 Jahwe zog vor ihnen her, bei Tag in einer Wolkensäule, um ihnen den Weg zu
zeigen, bei Nacht in einer Feuersäule, um ihnen zu leuchten, damit sie bei Tag und
Nacht wandern könnten. 22 Nicht wich die Wolkensäule bei Tag und die Feuer-
säule bei Nacht von der Spitze des Volkes.
14 5b Da änderte sich die Stimmung des Pharao und seiner Diener gegen das
Volk. Sie sagten: „Was haben wir da gemacht, daß wir die Israeliten aus unserem
Dienst entließen!" 6 Er ließ seinen Wagen anspannen und nahm sein Kriegsvolk mit
sich . . .
10b Da schauten die Israeliten auf und sahen, daß die Ägypter ihnen nachgezogen
waren. Da erschraken die Israeliten sehr und schrieen laut zu Jahwe. 11 Und sie
sagten zu Mose: „Gab es in Ägypten keine Gräber, daß du uns fortgenommen hast,
damit wir in der Wüste sterben? Was hast du uns angetan, daß du uns aus Ägypten
herausgeführt hast? 12 Haben wir dir dies nicht schon in Ägypten gesagt: Laß uns in
Ruhe! Wir wollen den Ägyptern dienen! Denn es wäre besser für uns, den Ägyp-
tern zu dienen, als in der Wüste zu sterben." 13 Mose aber sprach zu dem Volk:
„Fürchtet euch nicht! Stehet fest, und ihr werdet die Hilfe Jahwes sehen, die er
euch heute bringen wird. Denn so wie ihr heute die Ägypter seht, sollt ihr sie in
Ewigkeit nicht wieder sehen. 14 Jahwe wird für euch streiten, ihr aber werdet euch
ruhig verhalten."
19b Auch die Wolkensäule vor ihnen wechselte ihren Platz und trat hinter sie,
20 so daß sie zwischen das Heer der Ägypter und das Lager der Israeliten zu stehen
kam. Die Wolke blieb dunkel, und die Nacht verstrich, ohne daß sich die Heere
während der ganzen Nacht einander nähern konnten.
21ab Jahwe ließ die ganze Nacht das Meer vor einem starken Ostwind zurück-
weichen und legte das Meer trocken.
24 Zur Zeit der Morgenwache schaute Jahwe in der Feuer- und Wolkensäule auf
das Heer der Ägypter und brachte das Heer der Ägypter in Verwirrung.

25b Da riefen die Ägypter: „Laßt uns vor den Israeliten fliehen, denn Jahwe kämpft für sie gegen die Ägypter!"
27b . . . Da fluteten die Wasser bei Tagesanbruch zu ihrem alten Ort zurück, während die Ägypter ihnen entgegenflohen. So schüttelte Jahwe die Ägypter mitten in das Meer hinein.
30 So rettete Jahwe an jenem Tag die Israeliten aus der Hand der Ägypter. Die Israeliten sahen die Ägypter tot am Meeresufer liegen. 31 Als die Israeliten die große Wundertat sahen, die Jahwe an den Ägyptern gewirkt hatte, fürchtete das Volk Jahwe und vertraute auf Jahwe und auf Mose, seinen Knecht.

Priesterschrift

Ex 14 1 Jahwe sprach zu Mose: 2 „Befiehl den Israeliten, umzukehren und sich von Pi-Hachirot zwischen Migdol und dem Meer zu lagern. Baal–Zefon gegenüber sollt ihr euch am Meere lagern. 3 Der Pharao wird von den Israeliten denken: Sie haben sich im Lande verirrt, die Wüste hat sie umschlossen. 4 Ich werde das Herz des Pharao verhärten, so daß er ihnen nachsetzt. Dann will ich mich an dem Pharao und an seinem ganzen Heer verherrlichen. Die Ägypter sollen erfahren, daß ich Jahwe bin." Sie taten so.

8 Jahwe verhärtete das Herz des Pharao, des Königs von Ägypten, so daß er den Israeliten nachsetzte, während sie mit erhobener Hand auszogen. 9 So setzten die Ägypter ihnen nach und erreichten sie, als sie am Meere bei Pi-Hachirot gegenüber von Baal-Zefon lagerten, alle Rosse des Pharao, alle seine Wagen und Reiter und sein Heer. 10a Als der Pharao herankam . . .
15 Jahwe sprach zu Mose: „Warum schreist du zu mir? Befiehl den Israeliten aufzubrechen. 16 Du aber erhebe deinen Stab und strecke deine Hand über das Meer aus und spalte es! Die Israeliten sollen mitten durch das Meer auf trockenem Boden gehen können. 17 Ich aber werde das Herz des Pharao verhärten, so daß er ihnen nachsetzen wird. Dann will ich mich an dem Pharao, an seinem ganzen Heer, an seinen Wagen und Reitern verherrlichen. 18 Die Ägypter sollen erfahren, daß ich Jahwe bin, wenn ich mich an dem Pharao, an seinen Wagen und Reitern verherrliche."

21a Nun streckte Mose seine Hand über das Meer aus.
Die Wasser spalteten sich, 22 und die Israeliten zogen auf trockenem Boden mitten durch das Meer, während die Wasser zu ihrer Rechten und Linken wie eine Mauer standen. 23 Die Ägypter aber setzten ihnen nach, alle Rosse des Pharao, seine Wagen und Reiter zogen hinter ihnen her mitten in das Meer hinein.

26 Nun sprach Jahwe zu Mose: „Strecke deine Hand über das Meer aus, damit die Wasser auf die Ägypter, auf ihre Wagen und Reiter zurückfluten!" 27a Mose streckte seine Hand über das Meer aus.

28 Die Wasser fluteten zurück und bedeckten die Wagen und Reiter des ganzen Heeres des Pharao, die hinter ihnen in das Meer gezogen waren. Nicht einer von ihnen blieb am Leben. 29 Die Israeliten dagegen waren auf trockenem Boden durch das Meer hindurchgegangen, während die Wasser wie eine Mauer zu ihrer Rechten und Linken standen.

A 5 Schöpfung in der Bibel und in den Mythen der Völker

Das biblische Reden von Schöpfer und Schöpfung steht in einem erkennbaren, vielfältigen Zusammenhang mit dem Reden von Schöpfer und Schöpfung außerhalb der Bibel, in Israels Umwelt und in Israels Vorzeit. Bei der Erforschung dieser Zusammenhänge sind . . . zwei Stadien zu unterscheiden . . .

1. Die bekannte Tatsache, daß vom Schöpfer und von der Schöpfung nicht nur die Bibel sprach, sondern daß über die ganze Erde hin von der Erschaffung der Welt und des Menschen gesprochen wurde, hat die christliche Theologie und die Auslegung der biblischen Texte kaum beschäftigt. Man hatte dafür eine Erklärung, die diesen Tatbestand durchaus ausreichend erklärte: Man erschloß aus Römer 1,18–20 eine Uroffenbarung, die zwar bei den Heiden weithin verdeckt und verzerrt war, von der aber doch Reste geblieben waren. Mit dieser Uroffenbarung erklärte man ein, wenn auch verzerrtes und verdorbenes, Wissen von der Schöpfung bei vielen Völkern der Erde.

Anders wurde die Situation, als in nächster Nähe des alten Israel Texte entdeckt wurden, die dem biblischen Schöpfungsbericht wie auch dem biblischen Flutbericht in auffälliger Weise ähnlich waren. Diese babylonischen Keilschrifttexte, am Ende des vorigen Jahrhunderts gefunden, zwangen zu der Frage, wie sich biblischer und babylonischer Schöpfungsbericht zueinander verhalten, ob ein Abhängigkeitsverhältnis besteht und welcher der Texte der ältere ist. Aufgrund der Frage entstand eine lang andauernde Auseinandersetzung, deren Höhepunkt der sogenannte Babel-Bibel-Streit war. Das Ergebnis war das Zugeständnis, daß eine Abhängigkeit der babylonischen von den biblischen Texten unmöglich, die Abhängigkeit der biblischen von den babylonischen möglich oder wahrscheinlich ist. Aufgrund dieses Zugeständnisses waren nun viele Ausleger in einer gewissen Verteidigungsstellung bestrebt, die geistige und theologische Überlegenheit der biblischen Texte herauszustellen, ohne sich dabei der problematischen Situation bewußt zu sein, daß solche Wertung im Vergleich biblischer und nichtbiblischer Texte ja eigentlich schon die absolute Geltung des biblischen Textes aufgegeben hat.

2. Ein zweites Stadium der Erforschung der Schöpfungsaussagen außerhalb der Bibel ergab sich notwendig. Im ersten Stadium hatte man außerbiblische Parallelen nur da herangezogen, wo sie sich aufdrängten, wo man sie gar nicht übersehen konnte. Man hatte sich dabei weitgehend auf diese einzelnen Texte beschränkt, so daß man jeweils nur einen biblischen Text mit einem außerbiblischen Text verglich. Diese Methode erwies sich aber bald als ungenügend. Massive Mißverständnisse und Fehlschlüsse bei solchen Vergleichen ließen sich nur vermeiden, wenn man dazu überging, die außerbiblischen Texte nicht mehr isoliert, sondern genau so wie die biblischen Texte in ihrem näheren und weiteren Zusammenhang zu sehen und sie aus dem ihnen eigenen Zusammenhang zu verstehen.

Hier kamen die Forschungen in der Religionsgeschichte, in der Orientalistik, in der Mythenforschung den Fragen der Bibelwissenschaft in überraschender Weise entgegen: Es zeigte sich, daß die Texte, die man mit den biblischen Schöpfungsberichten verglichen hatte, selbst in einer langen und verzweigten Geschichte standen, in der es nicht nur eine, sondern viele Gestalten der Schöpfungsgeschichte gab; es ließ sich eine Geschichte des Schöpfungsmotivs von frühen sumerischen über die babylonischen bis zu den assyrischen und schließlich bis zu griechisch geschriebenen späten Wiedergaben verfolgen; eine erregende Perspektive tat sich auf. Die Erforschung dieser Traditionsgeschichte steht erst in den Anfängen. Damit aber war die Forschungslage für die biblischen Schöpfungsberichte mit einem Schlage verändert: Die Frage nach Sinn und Bedeutung der biblischen Schöpfungsberichte hatte sich gewaltig ausgeweitet. Es ging nun nicht mehr um die sehr begrenzte und wenig ergiebige Frage: Wie verhält sich der Text Genesis 1 zu dem Text in dem babylonischen Epos Enuma elisch, der auch von der Schöpfung handelt? Es ging nun um die Frage: Wie verhält sich das biblische Reden von der Schöpfung in seiner ganzen Erstreckung zu einer Geschichte des Redens von der Schöpfung durch Jahrtausende, wie wir sie in der Aufeinanderfolge der sumerisch-babylonisch-assyrischen Texte antreffen?

Aber der Kreis mußte noch weiter gezogen werden: Es zeigte sich nun auch eine auffällige Parallele zu ägyptischen Texten, und zwar gerade in dem sehr wichtigen Zug der Schöpfung durch das Wort, die schon in einem Text des Heiligtums von Memphis begegnet. Wie ist es zu erklären, daß hier wie dort die Erschaffung der Welt als Schöpfung durch das Wort dargestellt wird?

Aber auch damit war die Grenze des Fragens noch nicht erreicht. Es stellte sich nun heraus, daß die Schöpfungstraditionen in den Hochkulturen des Mittelmeerraumes ihre Wurzeln in noch älteren Traditionen haben, die bis in primitive Kulturen zurückreichen. Auch hier genügt zunächst ein Beispiel: Die Schilderung der Erschaffung des Menschen aus Lehm oder Ton oder Erde begegnet zusammen mit dem Motiv der Belebung durch den Atem in sumerischen und babylonischen Mythen wie auch in sehr vielen primitiven Schöpfungserzählungen. Wie ist diese auffällige Übereinstimmung zu erklären?

Diese Übereinstimmung beschränkte sich nicht auf einige auffällige Ähnlichkeiten. Eine weitere Beobachtung kam hinzu: Sah man die Schöpfungsgeschichte im Zusammenhang des Urgeschehens, also des in Genesis 1–11 Erzählten, so zeigte sich, daß die Motive dieser Erzählung über die ganze Welt verbreitet waren. Am auffälligsten zeigte sich das bei der Schöpfung und der Flut: Erzählungen von der Schöpfung und von der Flut findet man in der Frühzeit von Völkern aller Kontinente. Daß dies auch für andere Motive des Urgeschehens gilt, zeigt zum Beispiel eindrucksvoll das Buch von H. Baumann: „Schöpfung und Urzeit des Menschen im Mythos der afrikanischen Völker" (1936, 1964), der die Urzeitmythen in Afrika nach den Motiven der biblischen Urgeschichte eingeteilt hat, so daß hier auch die Motive der ersten Verfehlung, der Entstehung des Todes, der Kulturentstehung, des Brudermords, des Turmbaus begegnen. Es ist klar, daß bei so weitgehender Übereinstimmung in den Motiven die frühere Erklärung historischer Abhängigkeit ganz versagt. Man muß vielmehr davon ausgehen, daß die vielfältigen und über die ganze Erde verbreiteten Ausprägungen der gleichen Motive des Urgeschehens unabhängig voneinander entstanden sind. Es läßt sich dann dem Schluß nicht ausweichen, daß in den Erzählungen von der Urzeit etwas der Menschheit Gemeinsames vorliegt; diese Erzählungen bringen ein Verständnis von Welt und Mensch zum Ausdruck, das in den Hauptzügen den Rassen, den Völkern, den Menschengruppen auf der ganzen Erde in einer frühen Epoche gemeinsam war. Wie sehr sich auch in den späteren Entwicklungsstadien die geistige Kultur der verschiedenen Menschengruppen differenziert hat, wie groß die Abstände auch wurden zwischen den verschiedenen Kulturen, in den Erzählungen von der Urzeit liegt ein Fundus gemeinsamen Denkens und gemeinsamen Verstehens vor, der noch einmal für die Zukunft der Menschheit eine hohe Bedeutung bekommen kann. Damit aber wird die Frage noch dringender: Wie sind diese Urzeiterzählungen entstanden? Lassen diese Erzählungen selbst noch irgendwelche Schlüsse auf ihre Entstehung zu? Zeigen sich noch Spuren ihrer ursprünglichen Bedeutung? Das ist der Fall. Man hat die Erzählung von der Flut, die ja über die ganze Erde verbreitet ist, an einigen Stellen noch als mündlich rezitierte Erzählung im Zusammenhang mit festen Riten vorgefunden, die der Abwehr einer neuen Flut oder der Bewahrung vor einer neuen Flut dienten. Vom babylonischen Schöpfungsmythos wissen wir, daß er am Neujahrsfest rezitiert wurde; das Neujahrsfest als ganzes dient der Welterneuerung. Diese beiden Beispiele zeigen eindeutig, daß das Reden von Schöpfung im Zusammenhang der Urzeitmythen ursprünglich das Reden des bedrohten Menschen in einer bedrohten Welt war. Die Schöpfungsmythen hatten einmal die Funktion der Welterhaltung und der Daseinssicherung.

Dann muß die uns geläufige Auffassung des Redens von Schöpfer und Schöpfung grundlegend korrigiert werden. Wir haben die Schöpfungsberichte als Antwort auf die Frage nach dem Woher, die Frage: Wie ist die Welt, wie sind die Menschen entstanden? angesehen, als eine Frage des menschlichen Intellekts, der nach der prima causa fragt. In den Zusammenhang dieser Frage des Intellekts nach dem Woher sind die Schöpfungserzählungen erst in einem späteren Stadium getreten, was sich an ihrer Überlieferungsgeschichte zeigen läßt. Im Ursprung aber sprach in der Schöpfungserzählung nicht der an seiner Herkunft interessierte, sondern der in seiner Welt bedrohte Mensch. Hinter ihm steht die Frage der Existenz, nicht die Frage des Intellekts.

Man muß sich einmal klarmachen, was das für den neuzeitlichen Streit um den Schöpfungsglauben bedeutet. Hier war die Kontroverse: Ist die Welt so entstanden, wie es die Bibel und die Lehre der Kirche sagt, oder so, wie es die Naturwissenschaft sagt? In dieser Kontroverse ist der ursprüngliche Sinn des Redens von Schöpfung verkannt; sowohl die Angreifenden wie die Verteidigenden verkennen diesen ursprünglichen Sinn. Es ist dann nicht sinnvoll, diese Kontroverse noch weiter zu führen; die Frage nach der gegenwärtigen Bedeutung der Schöpfung muß ganz neu gestellt werden.

[. . .] Wenn in unserer Bibel die Schöpfungserzählungen eines frühen Stadiums der Menschheitsgeschichte bewahrt sind, dann ist in ihnen eben damit der Zusammenhang der späteren Epochen, der späteren Geschlechter mit jenem frühen Stadium bewahrt. Oder mit anderen Worten: In der Schöpfungserzählung der Bibel wird die Geschichte der Menschheit in der Weise als Ganzheit, als Continuum, als sinnvoller Zusammenhang bewahrt, daß das Wirklichkeitsverständnis, das heißt das Daseins- und Weltverständnis der Frühzeit des Menschengeschlechts für die Zukunft bewahrt wird.

[. . .]

Es ist in ihm für alle Zukunft festgehalten, daß die für das Menschsein entscheidenden Momente der Menschheit gemeinsam sind, daß alle Rassen, alle Völker, alle

Menschengruppen sich in entscheidenden Zügen in gleicher Weise als Menschen in der Welt verstehen und daß Religionen, Weltanschauungen, Philosophien und Ideologien alle auf einen Anfang zurückgehen, in dem sie alle in der gleichen Antwort auf die gleiche Frage wurzeln.
In den ersten elf Kapiteln der Bibel ist diese Frage nach dem Ganzen als Frage nach Anfang und Ende aus jahrtausendealter Tradition konzentriert und verbunden mit der Frage nach der Geschichte der Menschheit, die ihre Mitte in der Geschichte des Gottesvolkes hat.
Die Besonderheit und die Einzigartigkeit des biblischen Redens von der Schöpfung und der Urzeit liegt in dieser Verbindung. Die ersten Kapitel der Bibel sind als Bestandteil des Pentateuch, der Tora, konzipiert, in deren Mitte der Bericht von der die Geschichte Israels begründenden Befreiung aus Ägypten und der Gottesbegegnung am Sinai steht. Die Kühnheit dieser Konzeption liegt darin, daß die begrenzte Geschichte eines kleinen Volkes als Führung, Rettung und Bewahrung desselben Gottes dargestellt wird, der die Welt und den Menschen schuf. Das Reden von Schöpfung und Urzeit wird damit zum weitesten Horizont eines Gotteswirkens, das erfahren und bezeugt wurde von denen, die diesem Gott als ihrem Retter begegneten. Der Weg dieses kleinen Volkes mit seiner Erfahrung der großen Taten Gottes, mit seinem Drama von Schuld und Vergebung, mit den Höhen und Abgründen, dem Worte Gottes und den Antworten der Menschen, kommt her aus dem Wirken Gottes an der Menschheit und am Kosmos, und er wird einmal wieder einmünden in sein universales Wirken.

Claus Westermann

A 6 Die Umgestaltung mythischer Schöpfungsaussagen durch den Glauben Israels (am Beispiel Gen. 1)

Die alttestamentlichen Vorstellungen von der Schöpfung bilden keine Einheit, vielmehr findet sich in den Büchern des Alten Testaments eine Vielzahl sehr verschiedener Schöpfungsaussagen.

Am vertrautesten ist das Bild, das die priesterliche Schöpfungsgeschichte (Gen 1) entwirft: Aus dem vorgegebenen Urmeer gehen durch fortgesetzte Teilung zuerst Licht und Finsternis, dann der himmlische und irdische Ozean und zuletzt das Land hervor, auf dem die Pflanzen sprießen und die Tiere leben können. Als die Menschen entstehen, ist die Welt für sie bereitet. Schon in diesem Bericht haben sich aber mehrere ursprünglich selbständige kosmogonische Vorstellungen zu einer Einheit zusammengefunden: Die Welt wird aus dem Urwasser gebildet, das in Analogie zu dem weit verbreiteten Himmel-Erde-Trennungsmythos(1) in eine obere und untere Hälfte aufgeteilt wird, während das Festland aus dem Wasser emportaucht. Außerdem stehen sich die Aussagen „Gott machte" und „Gott sprach" gegenüber, die wieder von dem „Gott nannte" zu unterscheiden sind.
Von der gesamten Darstellung weicht die folgende jahwistische Erzählung (Gen 2) völlig ab. Hier ist nicht das Urmeer vorgegeben; Gottes Schöpfung vollzieht sich vielmehr als Bewässerung einer Wüste. Entsteht nach der ersten Geschichte gleich

die Menschheit als ganze, so weiß die zweite Erzählung nur von einem Menschenpaar, das nacheinander „geformt" wird. Sie läßt auch nicht die Welt in sieben Tagen aus dem Chaos hervorgehen, sondern baut mit Acker, Pflanzen und Tieren um den zunächst einsamen Menschen die begrenzte Umwelt des Bauern auf. Das dem Landleben ferne Meer mit den Fischen liegt außerhalb ihres Blickfeldes; auch die Gestirne werden nicht erwähnt. Trotzdem läßt sich die Geschichte nicht nur als Anthropogonie verstehen; denn sie berichtet ja weit mehr als nur die Entstehung des Menschen.

Nicht einmal die allgemeine Aussage – Schöpfung ist Handeln Gottes – ist in jeder Vorstellung enthalten. So lautet die Begründung für das Bekenntnis „Jahwe, du erforschest mich und kennest mich":

> „Mein Gebein war dir nicht verborgen,
> als ich im Geheimen gemacht wurde,
> gewirkt in den Tiefen der Erde.
> (Bereits) meinen Embryo sahen deine Augen"
> (Ps 139,15f, anders V 13).

Hier schaut – der Vorstellung nach – Gott nur zu, wie der Mensch im Schoß der Erde „gewirkt" wird. Die Heimat des Menschen ist nach einem weitverbreiteten Mythos die „Mutter Erde", die aus sich alles Lebende hervorbringt (vgl. Gen 1,11f. 24; Ps 90,2f). So könnte man eigentliche Schöpfungsaussagen, nach denen Gott durch sein Werk die Menschen oder die Welt bildet, von kosmogonischen Vorstellungen unterscheiden, nach denen der Mensch aus der Erde oder die Welt aus einem Urstoff selbständig hervorgeht. Aber das Alte Testament hat solche Motive zurückgedrängt; sie haben sich nur hier und da bewahrt.

Nach anderen Texten kann Gott den Himmel wie ein Zelt ausspannen, die Erde einer Platte gleich feststampfen (Jes 42,5; 44,24), sie auf Fundamenten im Wasser aufbauen (Ps 24,2), die Berge, den Menschen und die Tiere wie ein Töpfer formen (Am 4,13; Gen 2,7.19) usw. So ist es leicht möglich, eine Vielzahl völlig verschiedener Schöpfungsaussagen aufzuzählen. Als Vorstellungen lassen sie sich nicht ohne weiteres ausgleichen und harmonisieren, ja können sich widersprechen: es gibt zunächst keine einhellige Schöpfungsgeschichte. Da das Bild, das die einzelnen Texte entwerfen, so variabel ist, kann die Intention der Aussagen nicht in den Vorstellungen selbst liegen. Das bunte Nebeneinander wird eigentlich nur mit der Annahme erklärlich: Die bloßen Vorstellungen vom Wie der Schöpfung waren bereits dem Alten Testament selbst nicht mehr entscheidend. Es kann allerlei Motive miteinander mischen und so grundverschiedene, wie Gen 1 und 2, unmittelbar aufeinander folgen lassen.

Obwohl die Kosmogonien für die altorientalischen Kulturländer grundlegende Bedeutung hatten, scheint Israel ursprünglich keine eigenständige Schöpfungsgeschichte gekannt zu haben. Jedenfalls ist von einem Schöpfungsglauben in den ältesten Überlieferungen aus nomadischer Zeit (Erzväterverheißung, Sinaioffenbarung, Auszug aus Ägypten) keine Rede, während er in späterer Zeit nicht gleichmäßig in allen Bereichen des Alten Testaments bezeugt ist. Außerhalb der Urgeschichte in der Genesis spielt die Schöpfungstheologie eigentlich nur in den Hymnen des Psalters, in einem Teil der weisheitlichen Literatur (Hiob) und bei dem Exilpropheten Deuterojesaja eine bemerkenswerte Rolle. Überhaupt sind Schöpfungsaussagen

in vorexilischer Zeit relativ selten, sie häufen sich erst seit dem Exil. Man könnte aber erwägen, ob die Überlieferung der jahwistischen Erzählung von Gen 2 nicht weit in die frühisraelitische Epoche zurückreicht.
Anscheinend wurde Jahwe nicht seit jeher als Schöpfer verehrt. Israel hat wohl erst in Palästina in Aufnahme von Schöpfungsaussagen aus den Religionen der Nachbarvölker und in Auseinandersetzung mit ihnen von Gott als Schöpfer geredet. Die mythischen Vorstellungen vom Weltanfang hat Israel mit dem *alten Orient* gemeinsam, ja, von ihm entlehnt.
[. . .]
Welche Mühe Israel darauf verwandt hat, die Schöpfungsaussagen seinem Glauben anzupassen, geht aus dem Interpretationsprozeß hervor, der die *Schöpfungsgeschichte* von Gen 1 unterworfen wurde. Anscheinend zog sich die Umgestaltung des vorgegebenen Überlieferungsstoffes über Jahrhunderte hin, bis aus der überkommenen mythischen Kosmogonie durch vielfältige kritische Änderungen und Erweiterungen die vorliegende Geschichte von der Schöpfung durch das Wort wurde. Die ursprüngliche Fassung berichtete von der Entstehung der Welt durch fortgesetzte Teilung des vorfindlichen Chaoszustandes. Die Scheidung läßt aus der Unordnung Ordnung werden: Das Chaos geht in Schöpfung über. Dieses Verhältnis ist nicht umkehrbar; denn eine begrenzte und gegliederte Urflut hört auf, Urflut zu sein.
Sprach schon die Tradition von der Aufhebung des Chaos, so führt die Interpretation des Alten Testaments diese Intention verstärkt weiter; sie sucht mythische Aussagen ganz zu unterdrücken. Während in Israels Umwelt die Chaosmächte durchweg Gottheiten mit schöpferischer Kraft sind, hat Gen 1 jede Eigenwirksamkeit des Urstoffes ausgeschaltet (V 2 „Die Erde war wüst und leer" ist reine Zustandsschilderung). Die Teile des Urstoffs, die durch die großen kosmischen Trennungsakte entstanden sind, werden nicht als Reste des Chaos in die gestaltete Welt einbezogen, sondern durch Gottes Namengebung wesenhaft umgewandelt: Das Licht wird zum Tag, die Chaosfinsternis zur Nacht, die Feste zum Himmel, das Festland zur Erde und die Wasseransammlung zum Meer (V. 5.8.10). In der geschaffenen Welt erscheint der Urstoff nicht mehr. So gleicht die Erde auch nicht einer kleinen Insel im chaotischen Meer, das ständig lauert, alles Leben zu vernichten. Die Welt hat keine Grenze mehr, ihr droht kein Rückfall in die Gestaltlosigkeit; sie ist jetzt offen für die kommende Geschichte. Damit hat sich das Weltverständnis von Grund auf geändert: An die Stelle der Unsicherheit, die sich lebensbedroht weiß, tritt ein Weltvertrauen: „Und siehe, es war sehr gut!"
Die später vorgeordnete Überschrift „Im Anfang schuf Gott Himmel und Erde (d. h. alles)" faßt den Sinn der alttestamentlichen Schöpfungsgeschichte zusammen und gibt damit zugleich die Richtung an, in der sie gelesen werden soll. Ausdrücklich wird mit einem besonderen Verbum „schaffen" *(bārā)* herausgestellt, daß Gott keines vorgegebenen Stoffes bedarf. Indem dieses Wort im Alten Testament Gott allein vorbehalten bleibt, wird die Schöpfung zugleich jeder Ähnlichkeit menschlichen Tuns und so jeder Anschaulichkeit enthoben. Eine Vorstellung des göttlichen Wirkens ist ja nur möglich, wenn eine Analogie zu menschlichem Handeln besteht. Das betreffende Wort sagt also nichts mehr über das *Wie* der Weltentstehung, d. h. es läßt die Frage, „wie es gewesen ist", offen.

Die gleiche Aufgabe hat die Aussage von der Schöpfung der Welt durch das Wort, die durchgehend der älteren Überlieferung von einem „Machen" Gottes vorgeordnet wurde, so daß Gottes Tat nur zur Bestätigung von Gottes Wort wird. Auch die formelhafte Wendung „er sprach ... und es geschah so" verzichtet auf die Vorstellung des Hergangs; denn einen Handwerker kann man bei seinem Werk abbilden, nicht jedoch ein Wort, das im Sprechen die Dinge ins Leben ruft (vgl. Ps 33, 6.9). Gewiß gibt es unter den vielfältigen Darstellungsweisen, in denen das Alte Testament von der Schöpfung redet, keine allein gültige; denn sie wollen alle Schöpfer und Schöpfung gegenüberstellen. Aber bestimmte Aussagen werden diesem Unterschied gerechter und sind darum dem Glauben gemäßer. So wählt das Alte Testament aus den ihm vorgegebenen Möglichkeiten aus; mythische Vorstellungen vom handwerklichen Tun Gottes, erst recht von Kampf und Geburt, treten zurück. Schließlich bildet sich Israel, das ursprünglich keine eigenständige Schöpfungsaussage hatte, mit dem Begriff „schaffen" *(bārā)* eine eigene Sprache.
Dieser Intention entsprechend erzählt Gen 1 auch nur, daß Gott den Menschen schuf; wie er entstand und woher er stammt, wird nicht einmal angedeutet. Wieviel mehr weiß da etwa das babylonische Schöpfungsepos zu erzählen! Das heißt: Das mythische „Wissen" vom Werden des Menschen und der Welt wurde im Alten Testament mehr und mehr eingeschränkt. Gewiß beruht die Schöpfungsgeschichte auf den naturkundlichen Erkenntnissen ihrer Zeit. Aber die Einheit von Glaubensaussage und Welterklärung beginnt sich aufzulösen, indem die kosmogonischen und anthropogonischen Vorstellungen vermindert oder gar entfernt werden.
Mit derselben kritischen Intention versteht die Schöpfungsgeschichte mythische Wesen als Gottes Geschöpfe. Die Seedrachen, einst Verkörperung des Urwassers, sind nur noch harmlose Tiere im Meer ohne jede Eigenmacht (Gen 1,21; ähnlich die Schlange nach Gen 3,1). Die Namen „Sonne" und „Mond", die in Israels Umwelt Gottheiten bezeichneten (vgl. Ez 8,16), werden (V 14–18) gemieden; dem fremden Glauben gönnt Gen 1 kein Wort. Die Gestirne sind von Gott geschaffene Leuchtkörper, die nicht mehr menschliches Schicksal, sondern nur noch Tag und Nacht „beherrschen", d. h. die Zeiten unterscheiden. Weil die mythische Personifikation aufgegeben ist, können die Gestirne als in der Welt vorfindliche Größen rein sachlich betrachtet werden. So führt der Glaube zu einem Denken, das sich an das der Beobachtung Zugängliche, an die Phänomene selbst, hält. – Weil Gen 1 alles in allem so intensiv um ein sachgemäßes Reden von der Schöpfung bemüht ist, ist dieser Bericht in einem besonderen Sinne zur „Lehre" geworden und hat seine Wirkung ausgeübt. Wegen seiner umfassenden Bedeutung eröffnet er mit Recht als *die* eigentliche Schöpfungsgeschichte das Alte Testament, während die ältere Erzählung Gen 2–3 zurücktritt.

Werner H. Schmidt

A 7 Die Zuordnung von Schöpfung und Bund im Schöpfungsbericht der Priesterschrift

Der Schöpfungsbericht der Priesterschrift hatte – wie oben ausgeführt wurde – so lange keine wesentlichen Probleme für die Auslegung aufgeworfen, als es möglich war, seine Aussagen *historisch* oder *allegorisch* (typologisch) zu interpretieren.

Diese zwei Auslegungswege genügten in der Antike und im Mittelalter. Mit der Entwicklung der Naturwissenschaften wandelte sich jedoch die Situation. Der Text Gn 1,1–2,4 a gilt nun nicht mehr als tatsächlicher Bericht über ein fernes Geschehen im Sinne der Wissenschaft. Der Schöpfungsbericht erzählt vielmehr in der Weise des Mythos über den Ursprung der Welt und des Menschengeschlechtes. Über die tatsächliche Entwicklung der Welt und der Lebewesen können wir diesem Schöpfungsbericht demzufolge nichts entnehmen.

Der Schöpfungsbericht kann somit weder naturwissenschaftliche noch historische Wahrheit beanspruchen. Diese Bereiche liegen außerhalb seines Horizontes. Da die priesterliche Deutung der mythologischen Vorlage den literarisch ausschlaggebenden Teil dieses Schöpfungsberichtes darstellt, bezieht sich die Frage nach der Wahrheit von Gn 1,1–2,4 a in erster Linie auf den Wahrheitsanspruch der redaktionellen Deutung der Vorlage.

Es ist hierbei negativ abzuklären, daß der Schöpfungsbericht in keiner Weise *realistisch* von der Welt spricht, etwa im Sinne jener, die meinen, die Bibel hätte die Welt entsakralisiert und somit den Raum für deren naturwissenschaftlich-technische Bewältigung frei gemacht[1].

Der Schöpfungsbericht spricht unter Einschränkung auf den theologischen Aspekt von der Schöpfung, da er als Ziel und Vollendung der Schöpfung den Sabbat angibt, den letzten Tag der israelitischen Woche. Am besten illustriert diesen Sachverhalt die Strophe über die Erschaffung der Gestirne (Gn 1,14–19). Denn die oft betonte Tatsache, daß hier die Gestirne ohne jeden göttlichen Nimbus gesehen werden, ist nur die halbe Wahrheit, da für den Redaktor der ausschlaggebende Grund für deren Dasein ihre Funktion als Zeichen für die israelitischen Feste, vor allem für den Sabbat ist. Die Verbindung Israels mit Jahwe wird hier unabgeschwächt als Sinn und Ziel der gesamten Schöpfung hingestellt.

Wesentlich für das Verständnis von Gn 1,1–2,4a ist nun, daß die Priesterschrift die Schöpfermacht Gottes als die Kraft des Gottes Israels versteht. Der Machterweis Gottes zu Beginn stellt sich in dieser Sicht als eine Tat des bisherigen Erretters Israels dar. Der Gott Israels hat nicht nur sein Volk in der Vergangenheit gerettet, sondern derselbe Gott hat auch Himmel und Erde erschaffen. Errettung und Schöpfung sind Taten des einen Gottes. Sie sind nur zeitlich verschieden, sonst Machterweise Gottes von derselben Art. Die Schöpfung und die Ordnungen der Schöpfung in ihrer Größe und Beständigkeit weisen somit grundsätzlich auf die Macht und Überlegenheit des Gottes Israels hin, der Bundesherr und Partner seines Volkes aus eigener Wahl ist. In diesem Sinne und zugleich im Geiste der priesterlichen Tradition spricht der Prophet Jeremias:

---

[1] Colpe weist mit Recht darauf hin, daß die Entmythisierung der Welt auch schon vor dem Christentum in der hellenistischen und außerhalb des Christentums in der islamischen Naturwissenschaft stattfinden konnte. Er fährt dann fort: „Allerdings wäre der hellenistische Prozeß ohne das Christentum wohl nicht zu Ende gekommen, und der islamische brach ohne es spätestens im 13. Jh. n. Chr. ab. Aber die christliche Herauslösung des Menschen aus der mythischen Welt stellt sich prinzipiell anders dar, wenn sie einen heterogenen Vorgang solcher Art fortsetzt, als wenn sie von ihren Voraussetzungen her anfänglich ermöglicht wird."

„So spricht der Herr,
der die Sonne zum Tageslicht bestellte,
der Mond und Sterne bestellte zum Licht in der Nacht,
der das Meer aufwühlt, daß seine Wogen brausen;
Herr der Heerscharen ist sein Name.
‚Geraten jemals diese Ordnungen vor mir ins Wanken' –
Spruch des Herrn –,
‚dann hören auch Israels Nachkommen auf,
vor mir ein Volk zu sein für alle Zeit' ". (Jer 31,35–36)

Jahwes Treue zu Israel kennt keine Grenzen. Mag den Verbannten im Exil auch erscheinen, daß die alten Ordnungen, Opfer und Kult im Tempel zu Jerusalem zerbrochen sind, der priesterliche Erzähler verbindet nun Schöpfung und Sabbat und zeigt, daß beide Ordnungen bestehen bleiben als Zeichen für Jahwes Macht, die über sein auserwähltes Volk wacht. Der göttliche Heilswille bleibt bestehen, er umschließt die ganze Schöpfung und die Geschichte der Menschheit in Hinordnung auf Israel. Die Schöpfung ist somit nur ein Spiegelbild, ein Symbol der Treue Gottes zu seinem Volke.

Darüber hinaus ist noch ein weiterer Schritt in der Darstellung des Verhältnisses zwischen Israel und seinem Schöpfer möglich. Die Schöpfung samt ihren Gesetzen und unabänderlichen Ordnungen mag vergehen, aber Gottes Liebe bleibt seinem Volke erhalten. Deshalb sagt der große, unbekannte Prophet des Exils:

„Denn wenn auch Berge weichen und Hügel wanken,
meine Liebe soll von dir nicht weichen,
und mein Bund des Friedens wankt nicht,
sagt dein Erbarmer Jahwe.". (Is 54,10)

Die Schöpfung findet ihre Überbietung und Erfüllung in der unaufhebbaren Liebe Gottes zu seinem Volke. Sie führt zu einem *neuen Bunde,* da der Sohn durch seinen Tod den Bund für die ganze Menschheit stiftet (Lk 22,20). Aber auch diese Phase in der Entwicklung der Schöpfung wird erst abgeschlossen werden durch die letzte Schöpfung, wenn der Bund Gottes mit seinem Volk und der Menschheit vollendet sein wird durch die Gabe des Lebens: „Und ich sah einen neuen Himmel und eine neue Erde; denn der erste Himmel und die erste Erde sind vergangen, auch das Meer ist nicht mehr . . . ‚Seht, das Zelt Gottes unter den Menschen! Er wird wohnen bei ihnen, und sie werden sein Volk sein, und er selbst wird als Gott bei ihnen sein. Er wird jede Träne wegwischen von ihren Augen: der Tod wird nicht mehr sein, und nicht Trauer und Klage und Mühsal; denn das frühere ist vergangen' " (Offb 21,1–4).

Die Wahrheit des Textes von Gn 1,1–2,4a hängt somit von der Wahrheit – im biblischen Sinne Treue – Gottes zu seinem Wort ab[2]. Die endgültige Bestätigung dieses Gedichtes ist an die Erfüllung und den Eintritt des ewigen Sabbats Gottes

---

[2] Verkennung der Eigenart des biblischen Wahrheitsbegriffes führte zu folgenschweren Mißverständnissen. Nach europäischer Auffassung ist ein Bericht wahr, wenn er mit dem tatsächlichen Geschehen übereinstimmt. Nach semitisch-biblischer Anschauung bedeutete Wahrheit in erster Linie „Treue, Beständigkeit", d. h., daß der Gott „wahr" ist, wenn er zu seinem Wort steht.

mit den Menschen gebunden. Der Schöpfungsbericht könnte letztlich nur dadurch als falsch erwiesen werden, daß das neue und alte Israel vernichtet und somit Gottes Treue zu seinem Volke als unbeständig, machtlos erwiesen würde. In dieser Sache wird aber nach biblischer Anschauung erst am Ende der Weltgeschichte die unaufhebbare Entscheidung fallen, wenn einmal Gottes Liebe zu seinem Volk als die stärkste Macht der Weltgeschichte offenbar sein wird.

Wenn wir die Schöpfung nach der priesterlichen Konzeption als ein Werk des Gottes zu betrachten haben, der mit Israel und der Menschheit eine unlösbare Verbindung eingegangen ist, dann dürfte deutlich genug angezeigt sein, daß dem Mythos innerhalb des Schöpfungsberichtes Gn 1,1–2,4a eine sekundäre Rolle zukommt. Die priesterliche Redaktion greift auf den Mythos zurück und erläutert mit seiner Hilfe die weltumspannende Macht des Gottes Israels, wobei ihr der Mythos die sprachlichen Möglichkeiten bietet, die menschheitliche Bedeutung der Erwählung Israels aufzuzeigen. Die priesterliche Redaktion zeigt auf diese Weise, daß Gott ein unwiderrufliches Ja zum Menschen gesprochen hat. Sinn und Ziel der Welt bleibt die Vollendung der Menschheit im Sabbat Gottes. Der Schöpfungsbericht eröffnet uns somit einen Horizont, der sowohl den des Mythos als auch den der Naturwissenschaft absolut übersteigt und beiden Erkenntnisweisen erst einen letzten Sinn gibt.

Oswald Loretz

A 8 Die priesterschriftliche Exodusdarstellung vor dem Hintergrund des Enuma Elisch

Die Priesterschaft gibt 400 Jahre nach dem Jahwisten ihre Darstellung. Hier ist alles anders in Stil und Inhalt. Schon die pedantische Genauigkeit der Ortsangabe fällt bei P auf.

[. . .]

Mit verwunderlicher Korrektheit wird dreimal in fast genau derselben Wortfolge Befehl und Vorgang des Meerwunders und schließlich der Rückblick darauf beschrieben.

Diese Genauigkeit erstaunt uns nicht, denn die Priesterschrift arbeitet durchgehend so. Sie ist interessiert an Systematik, die sie in einer ans Wunderbare grenzenden Vollständigkeit besonders in ihrer Epocheneinteilung der Weltgeschichte erkennen läßt. Ihr Ordnungssinn geht bis zu monotoner Formelhaftigkeit, die jedem Bibelleser aus dem Schöpfungsbericht in Gen 1 bekannt ist, der, wie ein weithin bekannter zeitgenössischer Naturwissenschaftler urteilt, „einer der rational vollendetsten Teile der Bibel ist", und der für das Werden des neuzeitlichen Europa mit seiner Wissenschaft von konstitutiver Bedeutung gewesen ist. Um so erstaunter muß der Leser sein, ausgerechnet bei diesem rational darstellenden Verfasser eine Version des Schilfmeerdurchzuges zu finden, in der Mose mit Hilfe eines wundertätigen Stabes die Wasser des Meeres als Mauern in einer Art „metaphysischem Aggregatzustand" erstarren läßt. Mancher Leser wird vermuten, daß diese Darstellung, die mythologisch-magisch wirkt, weit vor der Aufklärungszeit eines Volkes, aber nicht 400 Jahre danach und aus dem Denken des Verfassers von Gen 1 entstanden und veröffentlicht worden ist(1). Was bezweckt P mit dieser Art der Darstellung? Warum übernimmt er nicht den jahwistischen Bericht, den jedermann kannte, und der die Möglichkeit, durch das Meer zu ziehen, in einem Ostwind gegeben sah, der für kurze Zeit die Wasser aus jener Bucht des Schilfmeeres herausgedrückt hatte?

Eine Antwort auf diese Fragen läßt sich finden durch eine Rekonstruktion der Situation, in der jener priesterschriftliche Exodusbericht entstanden ist.

[. . .]

Um 550 v. Chr. schreibt der Verfasser der Priesterschrift. In mehrfacher Überarbeitung wird sein Werk gegen 500–450 v. Chr. abgeschlossen worden sein. Er interpretiert seinen Zeitgenossen das Thema Exodus.

Die Situation dieser Menschen ist durch Verzweiflung bestimmt. Sie sind Augenzeugen des vollständigen Untergangs des Jahwehvolkes gewesen, und sie sind Augenzeugen einer Weltkultur und einer faszinierenden Religion geworden.

Wie vollständig der Untergang war, das kann man an historischen Ereignissen zeigen, wenn man daran denkt, wie seit Salomons Nachfolgern das israelitische Staatsgebiet beinahe kontinuierlich geschrumpft ist. Die schwerwiegendsten historischen Fakten aber waren die Gebietsannektionen und Bevölkerungsdeportationen im Zuge der assyrischen Eroberung, die den zehn Stämmen des nördlichen israelitischen Territoriums um 733 bzw. 722 den Garaus gemacht hatten. Zwar hatten sich die Assyrer vom südlichen Restteil Israels mit Jerusalem wieder verzogen, aber um 598 bzw. 587 hatte infolge der babylonischen Eroberung auch dieser Restteil Israels aufgehört zu existieren. Seitdem gab es weder Staat noch Volk Israel mehr.

Deutlicher aber als an einer solchen historischen Darstellung wird die Lage in ihrem katastrophalen Zuschnitt wohl verständlich, wenn wir sehen, wie auch das religiöse Bewußtsein seine sämtlichen Stützen verloren hatte und für die Vergangenheit des Jahwehvolkes keine Fortsetzungsmöglichkeiten mehr denkbar schienen. Bisher hatte sich der Glaube sichtbar orientieren können: Die Abrahamsverheißungen auf eigenes Land, großes Volk und auf einen von Jahweh selbst gewirkten Namen waren in Erfüllung gegangen. Die David-Messias-Verheißung war lebendige Hoffnung, solange ein neuer Davidide inthronisiert wurde, und die Zion-Tempel-Verheißung, nach der Jahweh im Tempel Wohnung nehmen wollte, sooft er dort angerufen wurde, hatte im Tempel Salomos sichtbaren Ausdruck gefunden. Nun aber war Jerusalem geschleift, der Tempel auf dem Zion verbrannt, der letzte Davidide zur Zeit der Veröffentlichung der Priesterschrift wohl schon tot. Das Land Israel war eine Provinz des mächtigen Siegers, der Name Israel war zu Historie geworden, ein Volk Israel gab es nicht mehr. Die in Palästina Zurückgebliebenen arrangierten sich mit den Fremden, die Verbanntengruppe in Babylonien, so war zu erwarten, würde sich eines Tages auch auflösen und von dem Siegervolk ebenso absorbiert werden wie die Verbanntengruppen anderer ehemaliger Völker.

Der religiöse Erosionsprozeß dieser israelitischen Gruppe, die in einem geschlossenen Siedlungsgebiet oder -getto an einem Euphratkanal wohnte, wurde gefördert durch die babylonische Kultur und Religion.

Eine eigene kultische Betätigung war den Verbannten ohne Tempel, Kultpersonal, Kultgeräte und eben in einem Land, das nicht Jahweh, sondern den babylonischen Göttern gehörte, kaum möglich. Der Kultur dieses Siegervolkes hatte Israel auch in seiner Vergangenheit nichts an die Seite zu stellen. Die Naturbeschreibungen, die

Wirklichkeitsdarstellungen der Babylonier waren so evident, daß sie nicht zu verdrängen waren. Auch die Religion war so in Übereinstimmung mit dem Augenschein und so faszinierend, daß sie die fremden Beobachter anzog und einfing.
Das Enuma elisch, das babylonische Weltschöpfungsepos, gibt noch heute einen Eindruck von der in dieser Religion geleisteten Welt- und Lebensdeutung. Dieses Epos war nicht als ein Stück Literatur nur den Schriftkundigen zugänglich, sondern es gilt als Grundlage für ein Kultdrama, das jährlich am Neujahrsfest in den Straßen Babylons vor den Augen des ganzen Volkes gefeiert wurde. Ein Höhepunkt bei diesem siebentägigen Fest war der Augenblick, wenn der starke babylonische Gott Marduk die Thiamat, jene alles Leben mit Vernichtung bedrohende Chaosflut (als Drache dargestellt) der Länge nach spaltete – wie eben in jedem Spätwinter die Überschwemmungswasser von Euphrat und Tigris alles Fruchtland verschlangen und alles Menschenwerk in eine Wasseröde verwandelten, über der dichte Nebelbänke auch noch die letzte Orientierung an Himmels- oder Horizontpunkten unmöglich machten, bis schließlich im Frühjahr durch Marduks Eingreifen die Wasser auseinandergetrieben wurden, Trockenes sichtbar wurde und menschliches Leben gerettet und neu ermöglicht wurde. Marduk ist der Meeresspalter, Marduk ist der Retter! – so oder ähnlich mag der Kultruf gelautet haben, der als Jubel in die Herzen aller Kultteilnehmer und aller Zuschauer eingegangen war. Nach dem Sieg über Thiamat und ihr Gefolge schleppte Marduk, umgeben von seinen Gehilfen, den Göttern des babylonischen Pantheons, Thiamat und ihre besiegten Genossen im Triumphzug davon, den Schluß des Zuges aber bildeten die Götter der von den Babyloniern mit Marduks Hilfe besiegten und unterworfenen Völker. Zwar gab es in der Reihe dieser Götterprozession eine Leerstelle: von Jahweh hatten die Babylonier keine Statue, kein Bild gefunden, an seiner Stelle mögen Kultgeräte des Jerusalemer Tempels getragen worden sein. Für die Israeliten, die den Zug sahen, wird dieses Faktum nicht viel geändert haben an ihrer Verzweiflung darüber, daß Marduk das Volk Jahwehs ausgelöscht hatte.
[. . .] 40 Jahre lang haben die Israeliten in Babylonien die Frühjahrsüberschwemmungen erlebt, 40 Jahre lang haben sie mit den Babyloniern zusammen jedes Jahr wieder, auf den Frühling gehofft, der Trockenes wieder sichtbar machen möchte, so daß der Mensch gehen, daß Leben wieder möglich werden könne. 40 Jahre lang haben sie den Jubel vor Marduk, dem Thiamat-Meeres-Spalter, dem Lebensermöglicher gehört. Wie sollte der Jubel über diesen mächtigen Marduk wieder aus ihren Herzen heraus? Die Priesterschrift schreibt die Exodusgeschichte neu. Ähnlich wie der Elohist identifiziert die Priesterschrift die Situationen: Sie sieht durch die Babyloniensituation die Ägyptensituation hindurchscheinen. Indem sie die Ägyptensituation mit babylonischem Kolorit erzählt, wird das alte Ägypten-Exodus-Thema für die Israeliten in Babylonien aktuell. Nicht dem Marduk verdankt Israel sein Leben, sondern Jahweh, der schon im priesterschriftlichen Schöpfungsbericht sich als Herr über die „Urflut-Thiamat" erwiesen hatte. Er hat den Befehl gegeben, Mose solle das Wasser spalten, so daß Israel auf dem Trockenen gerettet werden könne. Auch Israel kennt einen Meeresspalter, einen Retter – aber der, der für Israel das Meer spaltet, der Israel rettet, der hat einen anderen Namen, der will als Jahweh angerufen sein.
Fassen wir das, was die Priesterschrift macht, kurz zusammen, so können wir sagen: Die Priesterschrift steht vor der Frage, wie die Israeliten aus dem Bann ihrer baby-

lonischen Faszinationen befreit werden können, wie sie herauskommen aus den babylonischen Vorstellungen vom Rettergott. Ähnlich wie bei der Schöpfungsgeschichte läßt die Priesterschrift den babylonischen Israeliten ihr babylonisches Anschauungsmaterial, aber sie macht es vom Exodus-Retter Jahweh her verständlich. So können die Israeliten zwar an der babylonischen Kultur und Religion teilnehmen, aber sie verfallen ihr damit nicht religiös. Die neu interpretierte Auszugstradition ermöglicht den Israeliten den Auszug aus ihren babylonisch-religiösen Vorstellungen!

Christoph Goldmann

Arbeitsaufgaben

1. Vergleichen Sie die Schöpfungsberichte aus Babylon, Ägypten und der Bibel **(A 1, A 2, A 3)**! Stellen Sie die Gemeinsamkeiten und Unterschiede gegenüber! Achten Sie dabei vor allem auf die Darstellung der Gottheit, die Wertung der Natur und die Rolle des Menschen!

2.a) Die Erforschung des Zusammenhangs biblischer und außerbiblischer Schöpfungsberichte beschreibt der evangelische Alttestamentler Claus Westermann **(A 5)**.
- Welche Stadien der Erforschung unterscheidet er?
- Worin sieht er das gemeinsame Anliegen dieser Schöpfungsberichte?

b) Stellen Sie in Enuma Elisch **(A 1)** und Gen 1 **(A 3)** jeweils den Anfang und das Ergebnis der Schöpfung gegenüber! Welches Ergebnis hat nach diesen Berichten das Eingreifen der Gottheit? Skizzieren Sie (möglicherweise graphisch) das Weltbild der beiden Berichte!
Erläutern Sie von Ihren Ergebnissen her die These Westermanns über das Anliegen der Schöpfungsmythen **(A 5)**!
(Weitere Informationen zur These Westermanns über die Funktion der Schöpfungsmythen finden Sie in den Texten von Mircea Eliade **(J 4** und **J 5)**.)

3.a) Der priesterliche Schöpfungsbericht **(A 3)** ist durch immer wiederkehrende Formeln gegliedert, die sich auf Schöpfungswerke bzw. Schöpfungstage beziehen. Suchen Sie diese Formeln heraus und gliedern Sie den Bericht entsprechend! Welche Unstimmigkeiten treten auf?

b) Wie verhält sich der Bericht von der Erschaffung der Gestirne zu den übrigen Schöpfungswerken?

c) Deuten Sie Ihre Ergebnisse von a) und b) mit Hilfe der Texte **A 6** und **A 7**!

4. Der evangelische Alttestamentler Werner H. Schmidt beschreibt die Umgestaltung mythischer Schöpfungsaussagen unter der kritischen Kraft des Jahweglaubens.

a) Welche unterschiedlichen Schöpfungsvorstellungen werden hier beschrieben?

b) Was hat es zu bedeuten, daß in der Bibel verschiedene Schöpfungsvorstellungen unharmonisiert nebeneinander stehen?

c) Welche Rolle spielt der Schöpfungsbericht in der Bibel?

d) Wodurch unterscheiden sich die biblischen Schöpfungsaussagen von denen heidnischer Mythen?

5.a) Vergleichen Sie die jahwistische und die priesterliche Darstellung der Rettung am Schilfmeer **(A 4)** nach äußerem Verlauf, der Rolle des Mose und der Rolle des Volkes!

b) Deuten Sie das von P benutzte Bild des Durchzugs durch das geteilte Meer! Welches Motiv der Schöpfungsmythen wird hier aufgenommen? Beachten Sie die Situation, in der der Bericht entstanden ist (vgl. **A 8**)!

6. In den Texten des I. Kapitels wird der Zusammenhang biblischer und mythischer Schöpfungsaussagen an Beispielen untersucht. Grundsätzliche Überlegungen zum Verhältnis von Bibel und Mythos finden Sie in den Texten **J 12** und **J 13**.

a) Wie beschreibt der evangelische Theologe Paul Tillich **(J 12)** das Verhältnis von Christentum und Mythos?
- Erarbeiten Sie an Hand des Textes die Begriffe „Mythos“, „Entmythologisierung“, „gebrochener Mythos“!
- Wodurch wird die Kritik des Mythos hervorgerufen und wie ist sie zu werten?
- Aus welchen Gründen stößt die Kritik des Mythos auf Widerstand?
- Welche Funktion hat der Mythos für die Religion?

b) Wie charakterisiert der evangelische Theologe Kurt Frör **(J 13)** das Verhältnis der Bibel zu der heidnischen Mythologie?
- Welche Forderungen stellt er von daher an die Auslegung der Bibel?

II Der Mensch in seinen Grenzen

Quellen

A 9 Prometheus und das Menschengeschlecht

Ursprung des Menschengeschlechts

Von demselben Ursprung seien Götter und Menschen, so heißt es bei Hesiod, und er tut diese Äußerung auf Grund der ältesten Geschichten. ... Nach vielen anderen Erzählungen, deren fast jede griechische und kleinasiatische Landschaft eine besaß, entsproß der erste Mann, der Urmensch, unmittelbar aus der Erde, die also auch auf diese Weise die gemeinsame Mutter von Göttern und Sterblichen war.
[...]
Es wurde erzählt: Es gab eine Zeit, in der die Götter da waren, aber noch keine sterblichen Wesen. Als die schicksalmäßige Zeit der Entstehung auch für diese ankam, gestalteten die Götter sie unter der Erde, aus Erde und Feuer und aus all dem, was sich mit diesen Elementen mischt. Als sie sie dann zum Licht emporführen wollten, befahlen die Götter Prometheus und Epimetheus, jene Wesen zu schmükken und die Fähigkeiten unter ihnen zu verteilen, wie es einem jeden ziemte. Epimetheus erbat sich von Prometheus, die Verteilung allein vornehmen zu dürfen. Und der Unbedachtsame verteilte alles unter den Tieren, so daß der Mensch völlig unbeschützt und nackt dastand. So konnte der vorsorgende Prometheus nicht umhin, das Feuer und die Künste des Hephaistos und der Göttin Athene aus deren gemeinsamem Tempel zu stehlen und dem Menschengeschlecht zu schenken. Seitdem kann der Mensch leben, Prometheus aber – obwohl Epimetheus der Schuldige war – wurde dafür bestraft. Diese Erzählung stammt von einem weisen Mann, angeblich von Protagoras, dem Sophisten, der eine alte Geschichte auf seine Weise umgestaltet hatte. Ein anderer erzählte, Prometheus habe einen wunderschönen ersten Menschen geschaffen und ihn verborgen gehalten. Eros verriet es dem Zeus, der den Hermes ausschickte, um den Schönen zu holen. Das Geschöpf erhielt den Trank der Unsterblichkeit und glänzt seither am Himmel als Phainon, der „Scheinende", wie bei uns der Planet Jupiter hieß. Außer ihm schuf Prometheus noch andere Menschen aus Wasser und Erde. Er war nach diesen nicht sehr alten Erzählungen der Schöpfer auch der Tiere gewesen. Man sieht auf späten Sarkophagen, namentlich in Rom, wie Prometheus den Menschen formte: wie eine kleine Statue, die von Athene beseelt wird, indem ihr die Göttin einen Schmetterling zuführt, der in unserer Sprache, gleich der Seele, *psyche* hieß. Bei uns, in der Landschaft Phokis, zeigte man große Blöcke eines Gesteins, das angeblich nach Menschenleib roch: sie seien aus dem Lehm zurückgeblieben, aus dem Prometheus den Menschen schuf. [...]

Wettstreit mit Zeus und Feuerdiebstahl

Die Namen Prometheus, der „zum voraus Wissende", „Vorsorgende", und Epimetheus, der „erst nachträglich Lernende", „Unbedachte", enthalten einen Bezug auf Wesen, die der Vorsorge bedürftig und von Unbedachtsamkeiten bedroht sind, einen Bezug auf die Menschen, zumal der Unbedachte und der Vorsorgende unzertrennlich miteinander verbunden waren. Es wurde erzählt: Als die Götter und Menschen in Mekone zusammenkamen, an einem Ort, „Mohnfeld" genannt, wo die Scheidung stattfinden sollte[(1)], zerteilte Prometheus einen gewaltigen Stier. Er legte ihn den Versammelten freundlich vor und wollte die Einsicht des Zeus täuschen. Für sich und die Seinigen füllte er den Magen des Rindes mit zerstückeltem Fleisch und fetten Eingeweiden. Für Zeus wickelte er die Knochen in schimmerndes Fett säuberlich ein, so daß der Inhalt weder beim einen noch beim andern Teil bemerkt werden konnte. Da sprach der Vater der Götter und Menschen zu ihm: „Sohn des Iapetos, hervorragender Herrscher, wie ungleich hast du die Teile gemacht!" So schalt ihn Zeus, voll ewigen Rates. Prometheus, von krummen Gedanken, antwortete ihm mit sanftem Lächeln, seines Truges bewußt: „Zeus, berühmtester und größter du unter den ewigen Göttern, wähle den Teil, nach dem es dich gelüstet!" Zeus, voll ewigen Rates, durchschaute wohl die List, doch sann er Böses in seiner Seele gegen die Menschen, das sich auch erfüllen sollte. Mit beiden Händen nahm er den weißen, fettglänzenden Teil. Voll grimmigen Zornes wurde sein Herz, als er die mit Kunst verborgenen weißen Knochen erblickte. Seitdem verbrennen die Menschen auf der Erde, wenn sie den Göttern opfern, nur die weißen Knochen auf den Altären. Damals aber brauste Zeus auf: „Sohn des Iapetos, der du mehr Rat weißt als alle, du wolltest also betrügen!" So zürnte Zeus, voll ewigen Rates, vergaß den Betrug nie und vorenthielt den Menschen ... das Feuer. ... Der brave Sohn des Iapetos stahl es von Zeus zurück und brachte es den Menschen, im hohlen Rohr einer Narthexstaude.

... Woher Prometheus das verborgene Feuer wieder nahm, darüber gab es mehrere Erzählungen, die ebenso verloren gingen wie die Tragödie, in der Aischylos das Feuerholen des Titanen auf die Bühne brachte. Da der Schauplatz dieser Tragödie die Insel Lemnos war, wurde geglaubt – und auch dargestellt – daß Prometheus die Flamme aus der Werkstatt des Hephaistos entwendete. Doch ist wenigstens soviel vom Feuerdiebstahl in Worten erhalten, daß Prometheus heimlich zum Feuer des Zeus – wohl zum Herdfeuer des Götterpalastes auf dem Olymp – gelangte. Er nahm davon, barg den Funken im ausgehöhlten Stengel einer Narthexstaude ... und schwang ihn, damit das Feuer nicht erlösche, während er freudig, gleichwie im Flug, zu den Menschen eilte. Es wurde auch erzählt, Prometheus hätte die Sonne selbst erreicht und seine Fackel am Sonnenrand entzündet. [...]

Die Geschichte der Pandora

Es sei jetzt der Wettstreit zwischen Menschen und Göttern – Prometheus und Epimetheus auf der einen Seite, Zeus auf der anderen – weiter erzählt. Er setzte sich mit der Geschichte der Pandora fort. [...]

[Dazu] heißt es bei Hesiod, Zeus habe gesprochen: „Sohn des Iapetos, der du mehr Rat weißt als alle, du freuest dich, da du das Feuer gestohlen und mich irregeführt hast. Dir selbst und den künftigen Menschen wird es zum Schaden gereichen. Denn sie bekommen für das Feuer ein Übel von mir, an dem sie sich alle erfreuen werden, ihr eigenes Weh mit Liebe umgebend." So sprach der Vater der Götter und Menschen und lachte auf. Er befahl dem Hephaistos, sogleich Erde mit Wasser zu vermischen, menschliche Stimme darein zu legen und Kraft, und ein sehnsuchterweckendes, schönes Mädchen zu schaffen, welches den unsterblichen Göttinnen gleich sei an Gesicht. Athene wurde befohlen, ihm beizubringen das Weben, die Arbeit der Frauen; der goldenen Aphrodite, das Haupt des Mädchens mit Liebreiz zu umstrahlen und mit verzehrenden Sehnsüchten. Dem Hermes befahl Zeus, dem Geschöpf hündische Schamlosigkeit und Betrügerei einzuflößen. Alle gehorchten dem Gebot des Herrschers. Der berühmte Meister schuf aus Erde das Gleichnis eines schamhaften Mädchens. Mit Gürtel und Gewand schmückte es Pallas Athene. Die Chariten und Peitho legten ihm goldene Halsbänder um. Die Horen bekränzten das Mädchen mit Frühlingsblumen. In die Brust pflanzte ihm Hermes Lügen, Schmeicheleien und Betrügerei. Der Bote der Götter verlieh ihm Stimme und nannte das Weib Pandora, da alle Olympier es als Geschenk gestiftet, zum Schaden der brotverzehrenden Menschen.

Nachdem die drohende List bereit war, wogegen es keine Wehr gibt, schickte der Vater den berühmten schnellen Boten mit dem Geschenk der Götter zu Epimetheus. Dieser bedachte nicht, was Prometheus ihm einmal gesagt, von Zeus niemals ein Geschenk entgegenzunehmen, sondern es zurückzuschicken, damit kein Übel den Sterblichen daraus erwachse. Er nahm das Geschenk an und merkte erst nachher das Unglück. Früher lebte das Menschengeschlecht ohne Übel auf der Erde, ohne Mühen und Krankheiten, die den Menschen den Tod bringen sollten. Das Weib hob jetzt den Deckel vom großen Gefäß und ließ jene sich überall verbreiten, zur traurigen Sorge der Menschen. Nur Elpis, die Hoffnung, blieb innen im unzerstörbaren Gefängnis, unter dem Rand des Gefäßes, und flog nicht heraus. Vor ihr schlug das Weib den Deckel zu, so wollte es Zeus. Die übrige Schar, die unzählige und traurige, zieht seither unter den Menschen umher, voller Übel ist die Erde, voller Übel das Meer. Krankheiten besuchen die Menschen des Tags, ungerufen kommen sie des Nachts, verhängnisvoll und lautlos, denn die Stimme entzog ihnen Zeus, voll klugen Rates. Keinen Weg gibt es, die Einsicht des Zeus zu täuschen.

So wurde die Geschichte von der Erschaffung der Frau mit der Erzählung fortgesetzt, wie das junge, frisch auf die Welt gekommene Geschöpf aus lauter Neugierde den Deckel eines Behälters hob, von der Art der mächtigen Tongefäße, in denen Öl und Getreide bei uns auch heute noch verwahrt werden, und so die Schar der Übel freiließ, die darin verschlossen waren. Mit diesen Übeln, namentlich mit den Krankheiten, kam auch der Tod auf die Welt. Dadurch vollendete sich die Scheidung zwischen ihnen und den unsterblichen Göttern. Das Geschöpf, die Ahnin aller sterblichen Frauen, hieß Pandora, richtig übersetzt: die „Gabenreiche", die „alles schenkt", ein Name auch der Erde selbst, aus der sie geschaffen wurde. [. . .]

Bestrafung und Befreiung des Prometheus

Prometheus mußte die gleiche Strafe erdulden wie Tityos, und er erlitt sie zudem noch so, daß er am Gipfel des Kaukasos befestigt hing. Hephaistos hatte ihn dort angenagelt. Es hieß, daß Zeus den schlauen Titan Prometheus mit besonderen Fes-

seln band und eine Säule wie einen Pfahl durch seine Mitte trieb. Ein altes Vasenbild zeigt Prometheus „mit der Säule in der Mitte" von einem Adler angegriffen. Zeus habe – so wurde erzählt – den Vogel geschickt, der an der unsterblichen Leber des Prometheus fraß. Alles was der Adler am Tag verzehrte, wuchs in der Nacht ebenso wieder nach. Die Bestrafung sollte sehr lange dauern. Die Fesselung war ursprünglich wohl für alle Ewigkeit gedacht, auf daß die Menschen keinen so schlauen Helfer mehr gegen die Götter hätten. Die verlorengegangene Tragödie des Aischylos „Prometheus der Feuerbringer" endete so, daß es hieß, für dreißigtausend Jahre sei der Titan festgebunden. Das bedeutete damals die längste Weltperiode. In der erhaltenen Tragödie, dem „Gefesselten Prometheus", wird aber die Befreiung schon für die dreizehnte Generation prophezeit. Und so geschah es.
Der Befreier war Herakles, der den quälenden Vogel mit seinem Pfeil erschoß. Insofern würde das Ende dieser Erzählungen vom Wettstreit der Menschen mit den Göttern in die Heroensage gehören. Doch war all das, was Prometheus der Menschen wegen erlitt, eines Gottes Leiden: nach der Auffassung des Aischylos und aller, die wie er menschenfreundlich dachten, kein gerechtes Leiden, sondern eines, dem Zeus selbst ein Ende bereiten mußte. Hesiod begründete die Befreiung damit, daß der Olympier seinem Sohn Herakles Ruhm verschaffen wollte. Aischylos erinnerte uns an die Möglichkeit eines anderen Weltherrschers nach Zeus, ... Prometheus erfuhr von seiner Mutter Themis ... dieses Geheimnis. Um des Geheimnisses Preis wurde er von Zeus freigelassen. Aber auch so mußte er einen Erben seiner Qualen darbieten, einen Unsterblichen, der statt seiner leidend in die Unterwelt einging. Dieser Unsterbliche war der weise Kentaur Chiron, dem Herakles versehentlich mit vergiftetem Pfeil eine unheilbare Wunde beigebracht hatte. Der Erfinder der Heilkunst nahm das Leiden und Sterben des wohltätigen Titanen auf sich. Der befreite Prometheus indessen – damit endete seine Geschichte auf der Bühne des Aischylos – trug fortan, als Zeichen seiner Unterwerfung unter die Macht des Zeus, einen besonderen Kranz.

Karl Kerényi

A 10 Die Erschaffung des Menschen aus Lehm

I. Ägyptische Inschriften, dem Schöpfergott Chnum-Re gewidmet (1.–2. Jh. n. Chr.)

Er hat die Menschen auf der Töpferscheibe gebildet,
er hat die Götter gezeugt, die Erde zu bevölkern
und den Kreis des Weltozeans.
Er kommt zur rechten Zeit, um allen Leben zu spenden,
die auf seiner Scheibe entstanden,
er machte das Kraut, um alle Tiere zu erhalten,
und den Lebensbaum für den (die) Lebendigen ...
Er hat den Himmel gemacht bis zum heutigen Tage,
der vollkommene Gott aus unvordenklichen Zeiten,
der von der Frühe an am Himmel einherfährt und das Land
mit seinen Wohltaten anfüllt.

Schicksal und Unterhalt der Kinder stehn ihm zu Diensten;
Wasser und Wind stehn ihm zu Diensten,
und was aus seinem Munde hervorgeht, leidet keinen Verzug.
Er ist der Urheber von allem,
denn es ist kein Werk, bei dem er fehlte.
30 Du bist der Meister der Töpferscheibe, dem es gefällt,
auf der Scheibe zu bilden,
der wohltätige Gott, der das Land belebt,
der die Keime der Erde (miteinander) in Berührung bringt . . .
Du bist der Allmächtige . . . und du hast die Menschen auf der Scheibe gebildet,
du hast (die Götter) erschaffen,
Kleinvieh und Großvieh hast du gestaltet,
alles hast du auf deiner Scheibe gebildet, täglich,
in deinem Namen Chnum, der Töpfer.
31 Du bist der Herr von Esne, der Gott der Töpferscheibe,
der die Götter formte,
der die Menschen bildete und auch die Tiere . . .

II. Überlieferung der Batak von Java

Als der Schöpfer den Himmel, die Sonne, den Mond und die Erde geschaffen hatte, beschloß er, nachdem er in geraumer Zeit alle Vorbereitungen getroffen hatte, auch für Lebewesen auf der Erde zu sorgen. So wollte er denn Menschen schaffen.
Er nahm etwas Lehm und knetete daraus eine menschliche Gestalt. Darauf rief er einen der von ihm erschaffenen Geister, um der Gestalt Leben zu geben, und setzte ihn in das Haupt des Wesens. Die Lehmform war jedenfalls zu schwer, denn der Geist konnte sie nicht tragen. Sie fiel hin und schlug auf dem Boden in tausend Stücke. Und da die Form durch den Geist bereits beseelt war, besaß jede der Scherben Leben. Sie verbreiteten sich über die Erde und wurden zu den scheusäligen bösen Geistern, denen die Menschen hernach den Namen Teufel gaben.
Der Schöpfer bedachte sich und merkte, daß er dem von ihm gebildeten Wesen keine Lebenskraft gegeben hatte, die doch nötig war, damit es als ordentlicher Mensch wirken konnte. Und so formte er ein neues Gebilde aus Lehm, das war besser als das erste; er gab ihm das Aussehen eines Mannes und die Kraft der Dreiheit: Leben und Gemüt, Willen und Charakter, Geist und Seele. Als er dem Wesen diese Eigenschaften verliehen hatte, wurde es lebendig, und der Mensch war erschaffen.

III. Überlieferung der Maidu in Nordkalifornien

Nicht lange nach der Erschaffung der Erde hielten sich der Erdgeweihte[(1)] und der Koyote in Estobüsin Yamani[(2)] auf. Der Erdgeweihte sprach: „Ich will jetzt Menschen machen." Um die Mitte des Nachmittags begann er damit, nachdem er nach Tadoikö[(3)] zurückgekehrt war. Aus dunkelroter, mit Wasser vermengter Erde machte er zwei Figuren, einen Mann und eine Frau; jenen legte er zu seiner Rechten, diese zu seiner Linken in seinem Hause nieder.

Dann legte er sich selbst mit ausgebreiteten Armen zwischen beiden flach auf den Rücken. So lag er und schwitzte[4] den ganzen Nachmittag und die ganze Nacht. Früh am Morgen begann die Frau, ihn an der Seite zu kitzeln; er aber hielt still, ohne zu lachen. Hernach erhob er sich und stieß ein Stück harzigen Holzes in den Boden: sogleich flammte Feuer auf.
Die beiden Menschen waren sehr hellfarbig, so hell, wie heutigentags keiner mehr ist; ihre Augen waren rot, ihre Haare schwarz, ihre Zähne glänzten, und sie waren sehr schön.
Es heißt, daß der Erdgeweihte mit den Händen der beiden nicht recht fertig wurde, da er nicht wußte, wie er sie am zweckmäßigsten gestalten sollte. Der Koyote meinte, die Menschen müßten Hände gleich den seinigen haben, der Erdgeweihte aber sprach: „Nein, ihre Hände sollen den meinigen gleichen", und so geschah es auch.
Als der Koyote fragte, warum denn ihre Hände so sein sollten und nicht anders, erwiderte der Erdgeweihte: „Damit sie auf Bäume klettern können, wenn sie von Bären verfolgt werden." Der erste Mann hieß Kuksu und das erste Weib Laidamlülüm Kule, das bedeutet „Morgensternfrau".

A 11 Der Schöpfungsbericht des Jahwisten: (Gen 2,4b–3,24)

Gen 2 4b Zur Zeit, als Gott der Herr Erde und Himmel machte, 5 gab es auf der
Erde noch keine Feldsträucher und wuchsen noch keine Feldpflanzen; denn Gott
der Herr hatte es auf die Erde noch nicht regnen lassen, und es gab noch keine
Menschen, die den Ackerboden bestellten. 6 Aber Feuchtigkeit stieg aus der Erde
auf und tränkte die ganze Fläche des Ackerbodens.
7 Da formte Gott der Herr den Menschen aus Erde vom Ackerboden und blies in
seine Nase den Lebensatem. So wurde der Mensch zu einem lebendigen Wesen.
8 Dann legte Gott der Herr in Eden, im Osten, einen Garten an und setzte dorthin
den Menschen, den er geformt hatte. 9 Gott der Herr ließ aus dem Ackerboden
allerlei Bäume wachsen, verlockend anzusehen und mit köstlichen Früchten, in der
Mitte des Gartens aber den Baum des Lebens und den Baum der Erkenntnis von
Gut und Böse.
10 Ein Strom entspringt in Eden, der den Garten bewässert; dort teilt er sich und
wird zu vier Hauptflüssen. 11 Der eine heißt Pischon; er ist es, der das ganze Land
Hawila umfließt, wo es Gold gibt. 12 Das Gold jenes Landes ist gut; dort gibt es
auch Bdelliumharz und Karneolsteine. 13 Der zweite Strom heißt Gihon; er ist es,
der das ganze Land Kusch umfließt. 14 Der dritte Strom heißt Tigris; er ist es, der
östlich an Assur vorbeifließt. Der vierte Strom ist der Eufrat.
15 Gott der Herr nahm also den Menschen und setzte ihn in den Garten von Eden,
damit er ihn bebaue und hüte. 16 Gott der Herr gebot dem Menschen: Von allen
Bäumen des Gartens darfst du essen, 17 doch vom Baum der Erkenntnis von Gut
und Böse darfst du nicht essen; denn wenn du davon ißt, wirst du sterben.
18 Dann sprach Gott der Herr: Es ist nicht gut, daß der Mensch allein bleibe. Ich
will ihm eine Hilfe machen, die ihm entspricht.

19 Gott der Herr formte aus dem Ackerboden alle Tiere des Feldes und alle Vögel
des Himmels und führte sie dem Menschen zu, um zu sehen, wie er sie benenne.
Und wie der Mensch jedes lebendige Wesen benannte, so sollte es heißen. 20 Der
Mensch gab Namen allem Vieh, den Vögeln des Himmels und allen Tieren des
Feldes. Aber eine Hilfe, die dem Menschen entsprach, fand er nicht.
21 Da ließ Gott der Herr eine Ohnmacht auf den Menschen fallen, so daß er ein-
schlief, nahm eine seiner Rippen und verschloß ihre Stelle mit Fleisch. 22 Gott der
Herr baute aus der Rippe, die er vom Menschen genommen hatte, eine Frau und
führte sie dem Menschen zu. 23 Und der Mensch sprach:

Das endlich ist Gebein von meinem Gebein
und Fleisch von meinem Fleisch.
Frau soll sie heißen,
vom Mann ist sie genommen[1].

24 Darum verläßt der Mann Vater und Mutter und bindet sich an seine Frau, und
sie werden ein Fleisch. 25 Beide, der Mensch und seine Frau, waren nackt, aber sie
schämten sich nicht voreinander.
Gen 3,1 Die Schlange war schlauer als alle Tiere des Feldes, die Gott der Herr
gemacht hatte. Sie sagte zu der Frau: Hat Gott wirklich gesagt: Ihr dürft von keinem
Baum des Gartens essen? 2 Die Frau entgegnete der Schlange: Von den Früchten
der Bäume im Garten dürfen wir essen; 3 nur von den Früchten des Baumes, der in
der Mitte des Gartens steht, hat Gott gesagt: Davon dürft ihr nicht essen, und dar-
an dürft ihr nicht rühren, sonst werdet ihr sterben.
4 Darauf sagte die Schlange zur Frau: Nein, ihr werdet nicht sterben. 5 Gott weiß
vielmehr: Sobald ihr davon eßt, gehen euch die Augen auf; ihr werdet wie Gott
und erkennt Gut und Böse. 6 Da sah die Frau, daß es köstlich wäre, von dem
Baum zu essen, daß der Baum eine Augenweide war und dazu verlockte, klug zu
werden. Sie nahm von seinen Früchten und aß; sie gab auch ihrem Mann, der bei
ihr war, und auch er aß.
7 Da gingen beiden die Augen auf, und sie erkannten, daß sie nackt waren. Sie
hefteten Feigenblätter zusammen und machten sich einen Schurz. 8 Als sie Gott
den Herrn im Garten gegen den Westwind[2] einherschreiten hörten, versteckten
sich der Mensch und seine Frau vor Gott dem Herrn unter den Bäumen des Gar-
tens. 9 Gott der Herr rief nach dem Menschen und sprach: Wo bist du? 10 Er ant-
wortete: Ich habe dich im Garten kommen hören; da bekam ich Angst, weil ich
nackt bin, und habe mich versteckt. 11 Darauf fragte er: Wer hat dir gesagt, daß du
nackt bist? Hast du von dem Baum gegessen, von dem zu essen ich dir verboten
habe? 12 Der Mensch antwortete: Die Frau, die du mir beigesellt hast, sie hat mir
von dem Baum gegeben, und so habe ich gegessen. 13 Gott der Herr sprach zu der
Frau: Was hast du da getan? Die Frau antwortete: Die Schlange hat mich verführt,
und so habe ich gegessen.

---

[1] Im Urtext „denn vom Mann ist sie genommen": Wortspiel mit den Ausdrücken für Mann (isch) und Frau (ischah).

[2] Wörtlich: Tagwind. Gemeint ist der Wind, der in Palästina am späten Vormittag von Westen her aufkommt und Kühlung bringt.

14 Da sprach Gott der Herr zu der Schlange:
Weil du das getan hast, bist du verflucht
unter allem Vieh und allen Tieren des Feldes.
Auf dem Bauch sollst du kriechen
und Staub fressen alle Tage deines Lebens.
15 Feindschaft stifte ich zwischen dir und der Frau,
zwischen deinem Nachwuchs und ihrem Nachwuchs.
Er trifft dich am Kopf,
und du triffst ihn an der Ferse.
16 Zur Frau sprach er:
Viel Mühsal bereite ich dir, oft wirst du schwanger sein,
unter Schmerzen gebierst du Kinder.
Dennoch verlangt dich nach dem Mann,
doch er wird über dich herrschen.
17 Zum Menschen sprach er: Weil du auf deine Frau gehört und von dem Baum
gegessen hast, von dem zu essen ich dir verboten hatte:
So ist verflucht der Ackerboden deinetwegen.
Unter Mühsal wirst du von ihm essen
alle Tage deines Lebens.
18 Dornen und Disteln läßt er dir wachsen,
und die Pflanzen des Feldes mußt du essen.
19 Mit Schweiß im Gesicht wirst du dein Brot essen,
bis du zurückkehrst zum Ackerboden.
Von ihm bist du ja genommen.
Denn Staub bist du, zum Staub mußt du zurück.
20 Der Mensch nannte seine Frau Eva (Leben), denn sie wurde die Mutter aller
Lebendigen. 21 Gott der Herr machte dem Menschen und seiner Frau Röcke aus
Fellen und bekleidete sie damit. 22 Dann sprach Gott der Herr: Seht, der Mensch
ist geworden wie wir; er erkennt Gut und Böse. Daß er jetzt nicht die Hand aus-
streckt, auch vom Baum des Lebens nimmt, davon ißt und ewig lebt! 23 Gott der
Herr schickte ihn aus dem Garten von Eden weg, damit er den Ackerboden
bestellte, von dem er genommen war. 24 Er vertrieb den Menschen und ließ östlich
des Gartens von Eden die Kerubim lagern und das lodernde Flammenschwert, da-
mit sie den Weg zum Baum des Lebens bewachten.

A 12 Die Schöpfung und der Tod

Überlieferung der Nupe im Sudan

Zuerst erschuf Soko, Gott, die Dagbatschi, die Schildkröten. Dann bildete Soko die Menschen. Zuletzt machte Soko die Steine. Von allen machte er je ein Männchen und ein Weibchen. Aber weder die Dagbatschi noch die Menschen noch die Steine bekamen damals Kinder. Dann gab Soko den Dagbatschi das Leben. Danach schenkte Soko den Menschen das Leben. Aber den Steinen gab Soko das Leben nicht. Und niemand hatte damals Kinder. Dagbatschi wollte gern einen Jungen zum

Ausschicken haben. Dagbatschi kam zu Soko und sagte: „Gib mir ein Kind!“ Soko antwortete: „Ich habe den Dagbatschi und den Menschen Leben gegeben, aber die Erlaubnis, Kinder zu bekommen, habe ich ihnen nicht gegeben.“ Es war damals so: wenn die Menschen ganz alt geworden waren, wurden sie wieder jung. Aber Kinder gab es nicht.

Dagbatschi kam wiederum zu Soko und sprach: „Gib mir Kinder!“ Soko erwiderte: „Du kommst immer und willst Kinder! Weißt du auch, daß, wenn die Lebenden zwei, ja drei Kinder bekommen haben, sie dann sterben müssen? Willst du sterben, wenn dein Kind kommt?“ Dagbatschi sagte: „Ja, wenn meine Frau schwanger ist, will ich sterben.“

Dann fragte Soko die Menschen: „Wollt ihr auch Kinder haben, um dann zu sterben?“ Und die Menschen sagten: „Wir wollen unsere Kinder sehen und dann sterben.“ Soko fragte die Steine: „Wollt ihr auch Kinder haben und dann sterben?“ Doch die Steine sagten: „Nein, wir wollen keine Kinder haben und nicht sterben.“ Da sprach Soko: „Es ist gut! So soll es sein!“

Soko sprach zu Dagbatschi: „Dein Wille soll geschehen. Du kannst zu deinen Lebzeiten deine Frau schwängern. Dann aber mußt du sterben.“ Darauf ward Dagbatschis Frau schwanger. Als ihre Schwangerschaft drei Monate gewährt hatte, starb er. Drei Monate nach Dagbatschis Tode wurden seine Kinder geboren.

Drei Monate später ward das Weib des Menschen schwanger. Ihr Mann aber blieb am Leben. Die Kinder wurden geboren, und fünf Monate danach starb er. Aber die Steine bekamen keine Kinder und starben auch nicht. Und so kamen die Kinder und das Sterben in die Welt.

A 13 Gilgameschs Suche nach ewigem Leben

Gilgamesch war um 2600 v. Chr. Herrscher über die Stadt Uruk am Euphrat. Er gilt als der Erbauer der großen Stadtmauer von Uruk. Schon bald bildeten sich um seine Gestalt verschiedene mythische Erzählungen, die im ganzen Vorderen Orient verbreitet waren. Diese Erzählungen wurden von einem babylonischen Dichter des 2. Jt. zum Gilgamesch-Epos zusammengestellt.

Der erste Teil des Epos schildert die Kämpfe, die Gilgamesch zusammen mit seinem Freund Enkidu besteht. Sie ziehen gemeinsam gegen das Ungeheuer Chumbaba, das im „Zedernwald“ haust und sie töten den „Himmelsstier“, ein Untier, das vom Himmel herabkam. Die erfolgreiche Laufbahn der beiden Helden wird jäh abgebrochen, als Enkidu erkrankt und stirbt. Fassungslos trauert Gilgamesch über den Tod seines Freundes. Ihm wird bewußt, daß ihn das gleiche Schicksal erwartet. Voller Todesfurcht macht er sich auf die Reise zum Ende der Welt, um seinen Ahnen Utnapischtim aufzusuchen, dem die Götter einst Unsterblichkeit gewährten. Gilgamesch will ihn befragen, wie er Anteil am ewigen Leben erhalten kann. Nach langer, beschwerlicher Wanderung gelangt er an die Küste eines Meeres zur göttlichen Wirtin Siduri.

Gilgamesch sprach zu ihr, zur Schenkin:

I x „Mein Freund, den ich über die Maßen liebte,
II 1 Der mit mir durch alle Beschwernisse zog;
2 Enkidu, den ich über die Maßen liebte,
3 Der mit mir durch alle Beschwernisse zog –
4 Er ging dahin zur Bestimmung der Menschheit[1].
5 Um ihn hab ich Tag und Nacht geweint,
6 Ich gab nicht zu, daß man ihn begrübe –
7 Ob mein Freund nicht doch aufstünde von meinem Geschrei –
8 Sieben Tage und sieben Nächte,
9 Bis daß der Wurm sein Gesicht befiel.
10 Seit er dahin ist, fand ich das Leben nicht,
11 Strich umher wie ein Räuber inmitten der Steppe.
12 Nun, Schenkin, hab ich dein Antlitz erblickt –
13 Möchte ich den Tod, den ich so fürchte, nicht ersehen!"
14 Die Schenkin sprach zu ihm, zu Gilgamesch:
III 1 „Gilgamesch, wohin läufst du?
2 Das Leben, das du suchst, wirst du nicht finden!
3 Als die Götter die Menschheit erschufen,
4 Teilten den Tod sie der Menschheit zu,
5 Nahmen das Leben für sich in die Hand.
6 Du, Gilgamesch – dein Bauch sei voll,
7 Ergötzen magst du dich Tag und Nacht!
8 Feiere täglich ein Freudenfest!
9 Tanz und spiel bei Tag und Nacht!
10 f. Deine Kleidung sei rein, gewaschen dein Haupt,
Mit Wasser sollst du gebadet sein!
12 Schau den Kleinen an deiner Hand,
13 Die Gattin freu' sich auf deinem Schoß!
14 Solcher Art ist das Werk *der Menschen*!"

Gilgamesch will nicht auf den Rat Siduris hören. Schließlich weist sie ihm den Weg zum Fährmann Urschanabi, der sich bereitfindet, ihn über die „Wasser des Todes" zur Insel Utnapischtims überzusetzen. Nach der Landung schildert Gilgamesch Utnapischtim den Tod seines Freundes und seine eigene Furcht vor dem Tod:

20 „Ach, wie soll ich stumm bleiben? Ach, wie schweigen?
21 Mein Freund, den ich liebte, ist zu Erde geworden!
Enkidu, mein Freund, den ich liebte, ist zu Erde geworden!
22 Werd ich nicht auch wie er mich betten
Und nicht aufstehn in der Dauer der Ewigkeit?"

Utnapischtim erzählt, daß er selbst und seine Frau die Unsterblichkeit von den Göttern erhielten, nachdem sie in einer Arche zusammen mit je einem Paar von allen Tieren die Sintflut überlebt hatten. Gilgamesch erkennt, daß es für ihn diesen Weg zur Unsterblichkeit nicht gibt.

---

[1] Will sagen: „Er ist gestorben."

229 Gilgamesch sprach zu ihm, zu Utnapischtim:
230 „Ach, wie soll ich handeln, wo soll ich hingehn?
231 Da der Raffer das Innere mir schon gepackt hat!
232 In meinem Schlafgemach sitzt der Tod,
233 Selbst wenn ich den Fuß an einen Ort des Lebens setzen will: auch da ist der Tod!"
. . .
Utnapischtim sprach zu ihm, zu Gilgamesch:
264 „Du, Gilgamesch, kamst, hast dich abgemüht, abgeschleppt –
265 Was soll ich dir geben, daß du kehrst in die Heimat?
266 Ein Verborgenes, Gilgamesch, will ich dir enthüllen,
267 Und ein *Unbekanntes* will ich dir sagen:
268 Es ist ein Gewächs, dem Stechdorn *ähnlich,*
269 Wie die *Rose* sticht dich sein Dorn in die Hand.
270 Wenn dies Gewächs deine Hände erlangen,
Wirst du wieder jung werden!"
271 Kaum hatte Gilgamesch dieses gehört, grub er einen Schacht.
272 Da band er schwere Steine an die Füße,
273 Und als zum Apsû sie ihn niederzogen,
274 Da nahm er's Gewächs, ob's auch stach in die Hand,
275 Schnitt ab *von den Füßen* die schweren Steine,
276 Daß ihn *die Flut* ans Ufer warf.
277 Gilgamesch sprach zu ihm, zum Schiffer Urschanabi:
278 „Urschanabi, dies Gewächs ist das Gewächs gegen die *Unruhe,*
279 Durch welches der Mensch sein *Leben* erlangt!
280 Ich will's bringen nach Uruk-Gart, es dort zu essen geben und dadurch das Gewächs erproben!
281 Sein Name ist ‚Jung wird der Mensch als Greis';
282 Ich will davon essen, daß mir wiederkehre die Jugend."–
283 Nach zwanzig Doppelstunden nahmen sie einen Imbiß ein,
284 Nach dreißig Doppelstunden schickten sie sich zur Abendrast.
285 Da Gilgamesch einen Brunnen sah, dessen Wasser kalt war,
286 Stieg er hinunter, sich mit dem Wasser zu waschen.
287 Eine Schlange roch den Duft des Gewächses.
288 *Verstohlen* kam sie herauf und nahm das Gewächs;
289 Bei ihrer Rückkehr warf sie die Haut ab[2]!
290 Zu der Frist setzte Gilgamesch weinend sich nieder,
291 Über sein Antlitz flossen die Tränen:
292 „Ach, rate mir doch, Schiffer Urschanabi!
293 Für wen, Urschanabi, mühten sich meine Arme?
294 Für wen verströmt mein Herzblut?
295 Nicht schafft' ich Gutes mir selbst –
296 Für den Erdlöwen[3] wirkte ich Gutes! . . ."

---

[2] D. h., durch die Kraft des Gewächses verjüngte sie sich.
[3] = für die Schlange?

300 Nach zwanzig Doppelstunden nahmen sie einen Imbiß ein,
301 Nach dreißig Doppelstunden schickten sie sich zur Abendrast.
Als sie hinein nach Uruk-Gart kamen,
302 Sprach Gilgamesch zu ihm, zum Schiffer Urschanabi:
303 „Steig einmal, Urschanabi, auf die Mauer von Uruk, geh fürbaß,
304 Prüfe die Gründung, besieh das Ziegelwerk,
Ob ihr Ziegelwerk nicht aus Backsteinen ist,
305 Ihren Grund nicht legten die sieben Weisen! . . ."

Sekundärtexte

1. Exegetisch-theologische Auslegung des Mythos

14 Der von Gott geschaffene ist der in Sünde und Tod begrenzte Mensch

Zum Reden vom Geschaffensein des Menschen oder von der Menschenschöpfung gehört vom Anfang an und über die ganze Erde hin eine Spannung: das Erschaffensein von einem Gott steht in Spannung zur Sterblichkeit und zur Sünde als Möglichkeit des Menschengeschöpfes. Diese Spannung kann auf sehr vielfältige Weise zum Ausdruck kommen; nur ein Beispiel: In Enuma eliš wird von den Göttern zum Bilden des Menschen Blut der rebellischen Götter verwandt. Die Spannung als solche ist also keineswegs etwas nur der Bibel Eigenes; sie ist weltweit verbreitet. Dabei ist aber festzuhalten: der sogenannte „Sündenfall" ist nicht der Schöpfung allgemein, sondern der Erschaffung des Menschen zugeordnet; die hier dargestellte Spannung hat es nicht mit der Weltschöpfung zu tun, sondern nur mit der Erschaffung des Menschen.

1. Die häufigste Form, in der diese Spannung dargestellt wird, ist der Kreis der Erzählungen von Frevel und Strafe. Hier ist der Unterschied zwischen J und P in Gen 1–11 besonders auffällig, weil P gar keine ausgeführte Erzählung von Schuld und Strafe der Menschen in der Urzeit bringt, sondern nur feststellt, daß die Menschheit sehr verderbt war (6,11f.), und damit den Vernichtungsbeschluß Gottes begründet. Wieder erzählt J konkret, was P begrifflich sagt, in einer Reihe von Erzählungen, in denen jedesmal von einem Vergehen berichtet wird, das Gott bestraft. In jeder Erzählung (Gen 3,1–24; 4,1–16; 6,1–4; 9,20–21; 11,1–9) ist das Vergehen etwas wie eine Grenzüberschreitung und in jeder ist die Strafe eine Eingrenzung des Menschendaseins. Jede der Strafen aber läßt dem Menschen sein Leben.

a) In der christlichen Tradition, der katholischen wie der evangelischen, ist von den Erzählungen von Schuld und Strafe allein die erste als für den Glauben relevant hingestellt worden. Die Lehre vom Sündenfall hat in dem in Gen 3 erzählten Vorgang das für die Menschheit bestimmende Herausfallen aus einem vorher integren Status des von Gott gut geschaffenen Menschen gesehen. Die Lehre vom Sündenfall entspricht dem Text des Alten Testamentes darin, daß es sich bei dem in Gen 3 Erzählten wirklich um Menschheitsgeschehen handelt.

Es wird in Gen. 3 nicht von Adam und Eva, nicht von einem Einzelmenschen, sondern von *dem* Menschen erzählt. Der Mensch im Urgeschehen ist der Mensch

vor den geschichtlichen Sonderungen z. B. in Völker; in ihm ist die Menschheit noch einheitlich.
Dazu gehört aber auch, daß es im Urgeschehen geschichtliche Epochen noch nicht gibt. Auch wo von einem Nacheinander berichtet wird, bleibt dieses Geschehen doch Urgeschehen, d. h. jenseits der Geschichte.
So sind dann auch die verschiedenen Erzählungen von Frevel und Strafe (3; 4; 6; 9; 11) nicht als Ereignisfolge gemeint, sondern als miteinander zum Urgeschehen gehörend. „Die Absicht dieses Sondergutes des J in der Urgeschichte ist vielmehr, daß er in diesen Erzählungen von Schuld und Strafe den vielen Möglichkeiten des Geschöpfes nachgeht, sein Handeln gegen den Schöpfer zu richten: im Ungehorsam, d. h. einem direkt gegen Gott gerichteten Tun, in der extremsten Möglichkeit des Mordes an seinem Bruder, in der Verletzung der Ehrfurcht den Eltern gegenüber (Kanaan). Hinzu kommen die Möglichkeiten eines Handelns gegen Gott in der Gemeinschaft: die allgemeine Verderbnis (Sintflut, Gen 19), die Hybris einer genealogischen Überschreitung (6,1–4) und die Hybris einer technischen Überschreitung (Gen 11) der dem Menschen gesetzten Grenzen." J will darin die vielen Möglichkeiten des Geschöpfs, sich gegen den Schöpfer zu stellen, entfalten.
Damit ist ein Verständnis der Urgeschichte abgewiesen, das den eigentlichen, das Geschick der Menschheit bestimmenden Sünden*fall* allein in Gen 3 dargestellt sieht, alles Folgende aber auf der Ebene der „gefallenen Menschheit". J stellt in Wirklichkeit den von Gott geschaffenen Menschen in der Vielfalt der Möglichkeiten, seine Grenzen zu überschreiten, dar.
Man wird dagegen einwenden, die Vertreibung aus dem Paradies, dem Garten Gottes, habe den Charakter des unbedingt Einmaligen; hier sei deswegen der entscheidende Einschnitt. Das ist nicht der Fall. Vielmehr sind die Geschichten von Schuld und Strafe einander parallel, und die Strafe Gottes, so verschieden sie auch sein kann, zielt immer auf irgendeine Eingrenzung oder Abgrenzung des Menschen: der Ausschluß aus dem Garten Gottes, die Vertreibung vom Ackerland (Kains), die Zerstreuung (11) oder die Abkürzung des Lebensalters (6,1–4). Das wird allerdings erst deutlich, wenn man Gen 2–3 auf dem Hintergrund der Gruppe von Erzählungen sieht, die vom Verlust des Urparadieses handeln und die es auf der ganzen Welt gibt.
[. . .]
2. Was ist dann der positive theologische Sinn des Redens von Schuld und Strafe im Urgeschehen?
a) Wo immer in frühen Zeiten vom Anfang, dem Entstehen, der Schöpfung des Menschen gesprochen wurde, hat man neben die Aussage von der Erschaffung die andere von der Begrenztheit des Menschen gesetzt, und zwar sehr häufig der Begrenztheit in dem zweifachen Sinn der Sterblichkeit (dazu Krankheit, Gebrechen, Schmerzen, Leid) und Fehlsamkeit. Mit beidem wird eine Spannung zum Ausdruck gebracht, die dem Menschsein eignet. Sie kann sehr verschieden dargestellt werden, gehört aber zum Selbstverständnis des Menschen in der ganzen Menschheit: daß das Sterbenmüssen wie auch die Fehlbarkeit nicht etwas Selbstverständliches sind, sondern etwas, was eigentlich nicht sein sollte. Dazu tritt dann häufig die Überzeugung, daß beides in einem Zusammenhang stehe, daß also Tod, Schmerz und Qual von den Menschen verschuldet seien. Sowohl die zweifache Begrenztheit des

Menschen wie auch die Verschuldung werden als Urzeitgeschehen dargestellt; dies bedeutet, daß sie für die ganze Menschheit gelten.
Hier ist zunächst sehr nachdrücklich festzustellen, daß diese Grundzüge a) das Eintreten des Todes, der Schmerzen und der Qualen als etwas zur Erschaffung des Menschen in Spannung Stehendes, b) das Eintreten eines Vergehens, das mit der Erschaffung des Menschen in Spannung steht, c) die Verbindung von beidem in der Weise der Bestrafung einer Verfehlung nicht spezifisch biblisch, sondern allgemein menschlich sind. Und zur Art dieses Redens vom Menschen ist zu sagen, daß es nicht in dem aufgeht, was wir Religion nennen; es ist in ihm auch das, was wir Philosophie (bzw. Wissenschaft) nennen, oder das, was später als Philosophie neben oder gegen die Religion trat. Es ist ein Reden, das noch vor einer möglichen Scheidung von Theologie und Philosophie (bzw. Wissenschaft) liegt, in dem Religion und Philosophie noch eins sind.
[. . .]
d) In der Urgeschichte selbst ist deutlich zum Ausdruck gebracht, daß der Gott ungehorsam gewordene und von Gott getrennte Mensch der von Gott gesegnete Mensch bleibt. Der Mensch, der wieder zu Staub wird, der mit Schmerzen Kinder gebiert, der in mühsamer, aufreibender Arbeit sein Brot erwirbt, bleibt das Geschöpf, durch das die Schöpferkraft Gottes weiterwirkt, ja er kann in Freude ausrufen: „Ich habe mit Gott einen Menschen gewonnen!"
Und von diesem, aus der Nähe Gottes vertriebenen Menschen wird gesagt: „Damals fing man an, den Namen Jahwes anzurufen", d. h. das Anrufen Gottes in Klage und Lob gehört zum Menschsein des von Gott entfernten Menschen.
Aber auch das vom Schöpfer seinem Geschöpf gegebene Mandat, die Erde zu unterwerfen, bleibt bestehen. Zwar stellt der Jahwist dar, daß der Mensch in diesem Auftrag ganz besonders gefährdet ist, die ihm gesetzten Grenzen zu überschreiten; aber trotzdem bleibt ihm diese Begabung als eine dem Menschen vom Schöpfer anvertraute Begabung. Sie hat den gleichen universalen Charakter wie das Geschaffensein, das Gesegnetsein und die Begrenztheit des Menschen.
Von diesem universalen Gotteshandeln am Menschen kommt die Bibel her, zu ihm führt sie am Ende wieder zurück.

Claus Westermann

A 15 Der Sündenfall

Wohl keiner anderen Erzählung des Alten Testaments haben die Christen soviel Aufmerksamkeit geschenkt wie der vom Sündenfall; bis in unsere Kirchenlieder hat sie Einlaß gefunden.
Das ist merkwürdig. Denn innerhalb des Alten Testaments selbst spielt sie keine große Rolle. Erst ganz am Ende des Alten Bundes erwähnt sie ein biblischer Schriftsteller, und das nur nebenher (Weish 2,24). Mit den großen Themen der Heilsgeschichte: dem Bundesschluß, der Gesetzgebung, der Erwählung oder auch der Schöpfung, hält sie keinen Vergleich aus. Doch gehört die Wirkgeschichte eines Textes mit zur Auslegung, und die Geschichte hat unseren Text wichtig gemacht.

Der Sündenfall ist nicht historisch, als sei er an einem bestimmten Ort zu bestimmter Zeit geschehen; er geschieht beständig, zu jeder Zeit, an allen Orten. Denn Adam und seine Frau sind wir alle; auch die Menschen der Zukunft werden es sein, wie die der Vorzeit es waren.

Was hat der Jahwist sagen wollen, als er vom Sündenfall Adams und seiner Frau erzählte? Die Antwort auf diese Frage ist schwierig. Das liegt nicht nur am Thema, sondern auch am Verfasser. Er verwendet Motive, die andere vor ihm geformt haben. Doch verkehrt er sie oft in ihr Gegenteil. [. . .] Das soll an einem Beispiel gezeigt werden, das uns mitten hineinführt in die Aussage der Erzählung.

Die Schlange

Welche Rolle spielt die Schlange beim Sündenfall? Sie ist sicher nicht nur ein Tier; denn sie kann sprechen. Sie scheint sogar klüger zu sein als der Mensch. Schon Weish 2,24 identifiziert sie deswegen mit dem Teufel, einer bösen, übermenschlichen Macht.

Auf der anderen Seite ist sie gewiß auch ein Tier; denn der Teufel kriecht nicht auf dem Bauch, er beißt den Menschen nicht in die Ferse, und der Mensch kann ihm nicht den Kopf zertreten; all das trifft nur für das Tier zu.

Daß ein Ding – oder ein Tier – nicht nur es selbst, sondern zugleich eine Macht, eine höhere Wirklichkeit der Welt ist, weist auf einen Mythos. Die Schlange wäre also ein mythisches Symbol.

In der Tat bietet sich ein weit verbreiteter Mythos zur Erklärung an. Die Schlange wäre niemand anders als der große Drache, der gegen Menschen und Götter kämpft, die Macht des Verderbens und der todbringenden Unordnung in der Welt – genau das, was die christliche Theologie *Teufel* oder *Satan* nennt. Es verwundert deswegen nicht, daß schon die Offenbarung des Johannes die Schlange als mythischen Drachen gedeutet hat (12,9; 20,2).

Dennoch bietet diese Erklärung unüberwindliche Schwierigkeiten. Die Schlange, die zur Frau spricht, ist kein Drache. Sie kriecht zwar noch nicht auf dem Bauch, sondern steht aufrecht auf ihrem Schwanz, wie man es auf vielen alten Darstellungen sehen kann. Dennoch ist sie nicht furchtbar, wie ein Drache es sein muß. Zudem tritt sie keineswegs als Feind des Menschen auf. Daß sie mit ihrem Rat den Menschen ins Verderben bringen wolle, lesen wir in den Text hinein. Nehmen wir die Erzählung so, wie sie lautet, kann man sich kaum vorstellen, die Schlange habe die tatsächliche Wirkung ihres Ratschlags vorausgesehen: Sie hätte ja ihre eigene Verfluchung beabsichtigt. Nein, die Schlange hat ebensowenig wie die Frau gewußt, wohin das Essen von der verbotenen Frucht führen würde.

Im Gegenteil: Die Schlange ist dem Menschen wohlgesinnt. Jahwe Gott hat dem Menschen die Weisheit vorenthalten: Er darf nicht vom Baum der Erkenntnis essen. Er hat dem Menschen angedroht, er werde sich nur den Tod daran essen. Die Schlange will den Menschen weise und damit den Göttern ähnlich machen: Er wird nicht sterben.

Und die Schlange behält recht. Dem Menschen gehen die Augen auf, er gewinnt die Erkenntnis, Gott selbst gibt zu, er sei „geworden wie unsereins" (3,22), und er stirbt nicht am Tage, da er von dem Baum ißt.

Im biblischen Text sind erstaunlich viele Reste eines alten Mythos erhalten. Doch ist es nicht der Mythos vom Chaosdrachen, sondern der von der weisen Schlange. Man kann ihn etwa so rekonstruieren: Die Schlange ist ein göttliches Wesen, Hüterin der Weisheit. Sie will den Menschen weise und damit gottähnlich machen. Aber ein anderer Gott hat dem Menschen die Weisheit verwehrt. Er fürchtet, der Mensch würde zu mächtig. Die Schlange überlistet ihn und verschafft dem Menschen die Weisheit. Doch der andere Gott bleibt stärker. Er erniedrigt die Schlange; Staubfressen ist Sinnbild der Ohnmacht. Er trennt Menschen und Schlange. Erst durch seinen wirkmächtigen Fluch werden beide zu Feinden. Er trennt den Menschen vom Leben und behält sich selbst das ewige Leben vor. Es ist ein tragischer Mythos, ganz ähnlich dem von Prometheus; der Mythos von der Mißgunst der Götter, die den Menschen nicht mächtig werden lassen. Er ist uns äußerst anstößig, und seine Anstößigkeit tritt uns in 3,22 noch unverhüllt vor Augen.

Aber was hat der Jahwist aus dem bedenklichen Material gemacht! Erst wenn wir wissen, was es ursprünglich war, erkennen wir, was daraus geworden ist. Was ist die Schlange jetzt?

Sie ist ein Tier; alle Göttlichkeit ist ihr ausgetrieben, mit Ausnahme der Züge, die sie noch braucht, um in der Erzählung überhaupt fungieren zu können. Ausdrücklich wird sie als Feldtier, das Jahwe Gott gemacht hatte, eingeführt (3,1). Das heißt aber: Sie ist ganz und gar abhängig von Gott, undenkbar als sein Rivale. Mehr noch: Sie gehört zu den Tieren, denen der Mensch den Namen gab; er ist ihr Herr, sie ihm unterworfen (2,19f). Das ist unvereinbar mit der Rolle, die sie spielt. Aber die Rolle stammt aus der Vorlage; die Korrektur ist vom Verfasser. Seine Auffassung ist maßgeblich, und er will die Schlange entmythologisieren, das heißt entgöttlichen, entmachten. Wir haben, wollen wir uns auf ihn berufen, nicht das Recht, sie zu remythologisieren, ihr die abgeschriebene Macht wieder zuzusprechen. Ähnlich hatte, wenn auch folgerichtiger und unmißverständlicher, die Priesterschrift aus dem Chaosdrachen bloßes Wasser gemacht. Auch das Fluchurteil trifft die Schlange als Tier, nicht als Macht. Das Staubfressen, ursprüngliches Symbol für Ohnmacht, ist hier ganz realistisch gemeint. Zwischen Schlange und Mensch herrscht ewige Feindschaft; immer wird die Schlange in die Ferse des Menschen beißen; dafür zertritt ihr der Mensch den Kopf. Mensch und Schlange sind dabei als Sammelbegriffe, als Kollektive verstanden, was durch das Wort *Same* (Nachkommenschaft) auch ausdrücklich gesagt wird.

Eine herkömmliche Deutung hat im Urteil über die Schlange das Protoevangelium, die erste Verheißung des Erlösers, gesehen. Der Text gibt das nicht her. Er ist ein Fluch und keine Verheißung, und auf einen endgültigen Sieg des Menschen über die Schlange deutet kein Wort. Das einzige für den Menschen Tröstliche liegt darin, daß der Mensch den *Kopf* der Schlange trifft, die Schlange nur die *Ferse* des Menschen erreicht. Darin liegt ein Vorteil des Menschen in diesem Kampf.

Ganz ohne Symbolkraft allerdings ist die Schlange dabei nicht geblieben. Sie steht wohl für alle Tiere, die dem Menschen feindlich sind. Die Eintracht zwischen Mensch und Tier ist verloren. Zwischen einem Teil der Tiere und den Menschen ist Krieg, in dem der Mensch, wenn auch unter Verlusten, die mächtigere Partei bleibt.

4 Bibel und Mythos 53340

Das entscheidende Argument gegen die Dämonisierung der Schlange wird man allerdings aus der inneren Folgerichtigkeit des ganzen Werkes nehmen. Wäre die Schlange als böse, übermenschliche Macht verstanden, die am Anfang eine entscheidende Rolle spielt, dann müßte sie beim Jahwisten auch weiterhin Geschichte und Leben bestimmen. Für eine solche Macht ist aber im Fortgang der Erzählung kein Platz. Nie wird sie wieder genannt; nie wird auch nur auf sie angespielt. Das ist undenkbar, wenn ihr Bedeutung zukäme.
Dabei kennt der Jahwist die Macht des Bösen sehr wohl. Aber es ist für ihn das Böse, das die Menschen tun. Gott weiß nach seiner Aussage (Gen 6,5; 8,21), daß das Gebilde des Menschenherzen von Jugend an böse ist, und die jahwistische Urgeschichte ist voller Scheußlichkeiten, die Menschen verüben (Gen 4; 9,20–25; 11,1–9). Das führt uns zu seiner eigentlichen Botschaft.

Das Böse

Was ist der Ursprung des Bösen? – Darüber haben sich die Menschen der Alten Welt viele Gedanken gemacht, und sie haben verschiedene Antworten darauf gegeben. Mit ihren Antworten ist die des biblischen Schriftstellers zu vergleichen. Den besten Zugang bietet uns der Schluß der Erzählung. Gott wirft erst der Frau, dann dem Manne die böse Tat vor; und beide entschuldigen sich.
Am deutlichsten der Mann. Jeder andere, so sagt er, trägt mehr Schuld als ich: die Frau, ja Gott selbst, der mir die Frau gegeben hat. Die Frau entschuldigt sich wenigstens mit der Schlange. Jeder zeigt auf einen anderen, keiner auf sich selbst.
Das ist genau der Tenor aller heidnischen Erzählungen über den Ursprung des Bösen. Nach ihnen ist das Böse durch den Neid und die Mißgunst der Götter in die Welt gekommen; sie haben es dem Menschen als sein Schicksal bestimmt. Der Mensch ist eine tragische Gestalt: ob es böse Mächte sind, die ihn, zeitweise oder dauernd, in Besitz nehmen und durch ihn das Böse tun; oder ob die Götter das Böse in seine Natur hineingelegt haben, so daß er gar nicht anders kann als Böses tun; oder ob sie auf den Menschen arglistig die bösen Kräfte losgelassen haben, um ihn zu schwächen. In immer neuen Versuchen entschuldigt sich der Mensch: Es sündigt in mir oder durch mich. Die Sünde ist unentrinnbare Bestimmung.
Diese Entschuldigung läßt die Bibel nicht gelten. Ihr Gott nimmt sie dem Menschen nicht ab. Er soll nicht auf andere zeigen, sondern auf sich selbst. Das Böse ist kein Etwas, sondern des Menschen Tat. Er *muß* nicht Böses tun, er *tut* es. . . .

Die Wirkung des Bösen

Die Sünde ist nicht etwas, das der Mensch unter anderem tut. Seine Tat hat, wie keine andere, verhängnisvolle Macht über sein Leben: Sie raubt ihm das Paradies. Die Folge der Sünde ist Zwietracht: Zwietracht zwischen den Menschen mit allem Leid und aller Entwürdigung, die daraus folgen; Zwietracht zwischen den Lebenden, die sich gegenseitig bekämpfen; Zwietracht zwischen Mensch und Materie: Die Materie sträubt sich, schlägt zurück auf den Menschen, sie fügt ihm Wunden zu und raubt ihm seine Kraft.
Sie entzweit Gott und Mensch. Jahwe Gott schaut nicht, wie die Heidengötter, leicht über die Sünde hinweg. Sie ist kein Kavaliersdelikt. Sie ist ihm so zuwider, daß sie

den Menschen aus seiner gnädigen Gegenwart vertreibt. Und nichts, das der Mensch tun könnte, wird ihm wieder Eingang zur gnädigen Nähe Gottes verschaffen. Das flammende Schwert verwehrt ihm für immer den Zutritt.

Ist auch der Tod eine Folge der Sünde? Anders gefragt: Würden die Menschen ohne Sünde nicht sterben? Der Text ist hier gar nicht so eindeutig, wie man ihn bisweilen gelesen hat. Zwar wird dem Menschen der Tod als Strafe angedroht, wenn er vom verbotenen Baum äße. Aber diese Strafe tritt nicht, wie doch ausdrücklich gesagt, sofort ein; und im Strafurteil Gottes wird der Tod nicht eigentlich verhängt; er wird das elende Ende eines mühseligen Lebens sein. Er erscheint als *Grenze* der Strafe, nicht als Strafe.

Nach alttestamentlicher Auffassung ist Tod nicht gleich Tod. Es ist ein gewaltiger Unterschied, ob der Tod ein reiches, erfülltes Leben abschließt oder ein elendes Leben abreißt. Der böse Tod ist nicht schon das biologische Sterben, sondern das elende Ende eines unglücklichen Lebens.

So wird man sagen können: Der furchtbare, angstvolle Tod, die schmerzliche Grenze des Lebens ist eine Folge der Sünde, an der, wie an den anderen Folgen, jeder teilhat, der Mensch ist. Es gäbe ihn nicht, würden die Menschen nicht sündigen.

Daß der Mensch aber überhaupt nicht sterben würde ohne Sünde, ist damit nicht gesagt. Biologische Unsterblichkeit scheint kaum mit unserer Natur vereinbar zu sein.

Der Baum der wahren Erkenntnis

Nach einer, unter Christen weit verbreiteten Überlieferung besteht das Wesen der Sünde im Stolz. Der Mensch spricht sein *Non serviam,* „Ich will nicht dienen!" Weil er nicht gehorchen will, sündigt er.

Dafür kann man sich kaum auf die Erzählung vom Sündenfall berufen. Die Frau will nicht rebellieren gegen Gott; sie will vom Baum essen. Ihr Ungehorsam ist die Folge, nicht die Ursache dessen, was sie eigentlich will. Sie ist eine Durchschnittssünderin, keine heroische Rebellin. Es ist gar nicht nötig, daß wir uns einreden – die meisten glauben es im Herzen ohnehin nicht –, wir wollten uns mit Gott anlegen. So großartig sind wir nicht; wir wollen nur die Frucht des verbotenen Baumes.

Im alten heidnischen Mythos nahm der Mensch seine Sünde ungeheuer ernst. Er wollte die Weisheit der Götter erlangen; er wollte sein wie sie; er wollte seine Grenzen überschreiten. Diesen Mythos hat der biblische Verfasser, wie wir sahen, zur Grundlage seiner Botschaft gemacht. Aber was hat er daraus gemacht?

Die Frau und ihr Mann essen von der verbotenen Frucht. „Nun gingen beiden die Augen auf, und sie erkannten" (3,7). Das klingt großartig, und es scheint eine gewaltige Tat gewesen zu sein, die solche Folgen hat. Aber wir haben nicht zu Ende gelesen: „und sie erkannten – *daß sie nackt waren!"* Das also ist die welterschütternde Erkenntnis, die sie gewannen? Die Erkenntnis, die sie den Göttern gleich macht? Wir müssen uns dabei vor Augen halten, was Nacktheit für den Israeliten bedeutete. Er hielt sie nicht für die Enthüllung des Schönen oder für eine heimliche Verlockung. In seiner nüchternen und dem Geschlechtlichen gegenüber unbefangenen Art galt ihm Nacktheit einfach als Schimpf und Beschämung, ähnlich wie sie in

der Erzählung von des Kaisers neuen Kleidern erscheint. Deswegen machen sich der Mensch und seine Frau sofort – schlechte – Kleider, um die Schande zu beheben.
Und sie erkannten – daß sie nackt waren: In diesem Satz stürzt der Mensch von der höchsten Höhe seines Anspruchs in die Tiefe einer peinlichen, gar nicht großartigen Lage. Im Lichte des Glaubens parodiert und verspottet der Verfasser den Mythos, den der Mensch sich von sich selbst gemacht hatte.
Es kommt noch schlimmer. Die frischgebackenen Götter, die ihre Scham notdürftig mit Feigenblättern verhüllt hatten, hören die Schritte Jahwe Gottes. Sie verstecken sich wie die aufgeschreckten Kinder hinter den Bäumen. Da hören sie die Frage: „Wo bist du?" (3,9). Und die gerade vom Baume der Weisheit gegessen haben, geben eine Antwort, wie sie dümmer nicht sein könnte. Nicht nur verraten sie mit der Antwort sofort, wo sie sich verbergen; sie verraten auch, was sie getan haben. Die Ausrede des Menschen, er verstecke sich, weil er nackt sei, gibt das Geheimnis preis, das er hüten will; er hat vom Baume gegessen.
Im heidnischen Mythos war der Mensch durch den Genuß der Frucht den Göttern wirklich ähnlich geworden. Nur der Neid und die Übermacht der Götter, die ihm das Leben vorenthalten, lassen ihn tragisch scheitern. Von dieser Tragik ist nichts übrig geblieben. Ein erbärmliches Versagen hat den Menschen aus dem Paradies vertrieben. Dadurch wird die Sünde nicht verharmlost, sondern noch unentschuldbarer gemacht.

Diego Arenhoevel

2. Moderne literarische und philosophische Neugestaltung des Mythos

A 16 Prometheus

Erzählung des Mythos: Götter und Menschen sind von gleichem Geschlecht, unterschieden nur als Unsterbliche und Sterbliche. Kein Gott hat die Menschen erschaffen. Sie sind neben den Göttern vom Ursprung her.
Im Weltalter des theogonischen Prozesses wurden die Götter erst zu dem, was sie heute sind. Der Wendepunkt, aus dem der gegenwärtige Zustand der Götter und Menschen hervorgegangen ist, war der große Augenblick, als Zeus die Macht ergriff. Einst vor unendlicher Zeit wurde Uranos durch seinen Sohn Kronos gestürzt, jetzt Kronos durch seinen Sohn Zeus. Die Titanen, das Geschlecht der Uranoskinder, wurden von ihm besiegt, er ordnete nunmehr die Welt, gab allem, was ist, seinen Ort, schuf das neue Gesetz. Die Menschen aber, diese elendesten Wesen, die es gibt, die jämmerlichsten, wollte er vernichten.
Prometheus aber (der Vordenkende), einer der Titanen, gewann eine einzigartige Stellung. Er war zu rechter Zeit, als die anderen Titanen seinen Warnungen und seinem Rat nicht folgten, zu Zeus übergegangen, wurde dessen Berater und Mitordner der Welt, einmütig mit ihm mit Ausnahme eines Punktes. Prometheus sah die Menschen anders als Zeus. Er erkannte zwar wie Zeus ihr jämmerliches Elend, aber er liebte diese elenden Wesen in der Möglichkeit dessen, was sie werden konnten. Daher half er ihnen dadurch, daß er ihnen gab, wodurch sie sich selbst helfen können.

Prometheus allein wagte Zeus entgegenzutreten. Hier lag eine Entscheidung, die das Wesen des neuen Götterreiches traf. Sollten Menschen, diese zunächst elenden, hilflosen Wesen, leben oder nicht? Prometheus wollte, daß sie lebten, und zwar so, daß er ihnen die Mittel gab, sich selbst zu helfen. Die Menschen gewannen eine Selbständigkeit in der Welt, die nicht in Zeus' Plan gelegen hatte. Als den Menschen die Mittel der Selbsthilfe gegeben waren, war selbst Zeus außerstande, sie zu vernichten. Prometheus errang den Sterblichen das Ungeheure, daß sie nicht insgesamt durch Zeus zerschmettert, nicht von der Macht des Hades verschlungen wurden. Die Handlung des Prometheus ist eine ursprüngliche, in ihrer Bedeutung nicht überbietbare Auflehnung gegen Zeus.

Was brachte Prometheus den Menschen? Zunächst das Feuer, vor den Blicken des Zeus verborgen, glimmend in einer Staude. Das Feuer ist aber nur der Anfang. Es wird die Menschen künftig tausendfache Kunst (techne) lehren. Prometheus gab ihnen die Techne in jedem Sinne. Vorher wohnten die Menschen eingegraben in der Erde, in sonnenlosen Höhlen. Jetzt lernten sie Hausbau und die Kunst des Zimmerers. Er spannte ihnen ins Zugjoch den Ur, daß er den Pflug zog und dem Leib des Menschen die zu große Bürde abnahm. Er schirrte das Roß vor den Wagen, erbaute das Schiff. Er ließ sie die verborgenen Schätze der Erde finden, Eisen, Erz, Gold, Silber. Er lehrte sie, durch Arzneien die Krankheiten niederzuwerfen. Vorher kannten die Menschen nicht die Zeichen des Jahresablaufs. Was sie taten, war ohne Ordnung. Prometheus deutete ihnen der Sterne Aufgang und Niedergang, lehrte sie die Zahlen, die trefflichste aller Wissenschaften, lehrte sie die Schrift, die Erinnerung, die Mutter aller Kunde der Sagen. Er gab ihnen viele Weisen der Seherkunst. Kurz: „Von mir, Prometheus, kommt dem Menschen alle Kunst" (techne).

Mit all dem war mehr geschehen als die Feuerbenutzung und die vielen Künste. Mit dem Feuer gab Prometheus den Menschen das Licht des Geistes. Einst waren sie Träumer und stumpfen Sinns. Mit offenen Augen sahen sie doch nicht, mit den Ohren hörten sie nicht, das heißt: sie vermochten nicht zu beobachten. Sie vermischten alles blindlings wie die Gestalten eines Traums. Jetzt wurden sie sich bewußt und des Geistes mächtig.

Um das mit solchen gewaltigen, aber doch beschränkten Kräften ihnen bevorstehende Leben möglich zu machen, nahm er ihnen die Fähigkeit, das Geschick vorauszusehen und gab ihnen dafür die blinde Hoffnung.

Deutende Erörterung des Mythos:

1. Dem Prometheus verdankt der Mensch sein Dasein. Er hat es nur dadurch, daß er nicht wie die Tiere dahinlebt, sondern sich selber hilft. Aber nur dieses eine verdankt er ihm, nämlich die Befähigung, die Natur zu beherrschen, seine Umwelt zu gestalten, rationale Unternehmungen zu wagen. Dagegen gab Prometheus ihm nicht: die Staatsordnung, die Sittlichkeit, das Recht, nicht das Heil der Seele, nicht die Ruhe der inneren Verfassung, nicht Religion und Philosophie. Er brachte das „prometheische" Wesen des Menschen, nicht das, was erst auf diesem Grunde aus dem Menschen selber werden konnte.
2. Prometheus trotzt dem Zeus. Zeus schickt ihm erbarmungslos gesteigerte Qualen. Aber Auflehnung und Strafe haben ihre weitere Geschichte.

Zunächst ist Prometheus' Trotz uneingeschränkt. Gern hat er gefehlt, sagt er, gern zum Heil der Menschen sich dieses Leid erzeugt. Er treibt den Trotz ins Äußerste: „Ganz hasse ich all und jeden Gott." „Mich aber kümmert minder dieser Zeus, denn nichts!"
Will Hermes ihn in Zeus' Auftrag durch die fürchterlichsten Drohungen, die nachher in der Tat verwirklicht werden, zwingen, so ist die Antwort: Das ist vergebene Mühe, wie Wellen, die am Felsen spülen. Niemals wird er aus Angst vor Zeus sich feig gebärden. Niemals entehrt es, vom Feinde solches Leid zu empfangen.
Um Hilfe ruft er niemand an, aber klagend und anklagend wendet er sich zu großen Wirklichkeiten der Natur, die vor allen Göttern ist:

O heiliger Äther! schnell beschwingter Hauch der Luft!
Ihr Stromesquellen! du im Wellenspiel der See
Unzähliges Lachen! Erde, Allgebärerin!
Du allerschauend Sonnenaug', euch ruf ich an!
Seht her, was dulden ich ein Gott von Göttern muß!

Und das letzte Wort:

O Mutter, du heilige Macht! der du trägst,
O Äther, der Welt allsegnendes Licht,
Seht welch' Unrecht ich erdulde!

Dieser Trotz unterscheidet sich von allem menschlichen durch zwei unüberwindliche Mächte des titanischen Gottes: Erstens: „Was soll ich fürchten, den zu sterben nicht verlangt?" Nie wird Zeus ihn töten können. Und zweitens: „Klar weiß ich ja voraus all' meine Zukunft." Er wird seiner Leiden Kelch trinken, „bis einst im Herzen des Zeus Haß und Zorn sich lösen mag!" Prometheus hat schon Uranos und Kronos als Weltherrscher stürzen sehen. Auch Zeus wird stürzen, wenn er sich nicht mit ihm versöhnt, der allein sagen kann, was zur Rettung des Zeus vor diesem Sturz notwendig ist.
Die Frage ist, ob dieser Trotz des Prometheus recht ist.
Der Chor sagt ihm: Ohne Furcht vor Zeus hast du zu sehr den Menschen geliebt. Jetzt könnten ihm die Menschen keine Hilfe bringen, auch wenn sie es wollten. Denn „nimmer von menschlicher Kraft wird Zeus' Gesetz gebrochen". In der Tat wird Prometheus, der titanische Gott, für die Menschen nicht einmal ein Gegenstand des Kultus, in dem sie ihm ihren Dank bezeugten.
Daher raten ihm Okeanos, die Okeaniden, Hermes mehr oder weniger heftig oder mit klagender Milde, seinen Trotz zu mäßigen. Er will nicht, er will lieber alles leiden.
Nun aber der Ursprung der Wende dieses mythischen Dramas: Nicht nur ist Prometheus im Trotz, auch Zeus ist in seiner Gewalt übermütig. Er wird Anlaß zur entsetzlichen Qual der im Wahnsinn durch die Welt gejagten Jo. Er verkennt seine eigenen Grenzen in dem Unmaß seiner Rache an Prometheus. Zeus und Prometheus, beide haben recht und unrecht zugleich. Dies hat Folgen, weil Zeus selber unter einer anderen Macht steht. Auch er kann dem ihm beschiedenen Los nicht entfliehen. Die Moira ist stärker, die Notwendigkeit.
Der Mythos sieht drei Mächte: Zeus, Prometheus und die Moira. Zeus hat die Gewalt, den Prometheus der entsetzlichsten leiblichen Qual zu unterwerfen, aber

nicht die, ihn zu töten. Zeus konnte die Menschen vernichten, aber er kann es nicht mehr, seit Prometheus ihnen ihre Eigenmacht, Denkkraft, Technik, Selbsthilfe gab. Das mythische Drama führt zu einer Versöhnung zwischen Zeus und Prometheus, die im nicht erhaltenen Schlußteil der Trilogie – dem Befreiten Prometheus – dargestellt sein muß. Zeus wird von Prometheus anerkannt, Prometheus wird nicht weiter vergewaltigt. Beide Götter haben sich gewandelt. Aber das Entscheidende ist: das Menschsein, durch Prometheus' Auflehnung ermöglicht, wird nicht rückgängig gemacht. Es ist zu einem Faktor in der Weltordnung geworden.

3. Prometheus wird schuldig, weil er dem Menschen Gutes tut. Was den Menschen zum Menschen macht – das Wissen und Können in unbegrenzter Möglichkeit der Entwicklung – ist verbunden mit Schuld.

Der Trotz liegt im Ursprung des Menschen als Akt des Prometheus. In der Selbsthilfe des Menschen spiegelt sich der Trotz des Prometheus und sein ständiges „Trotzdem". Von vornherein läuft ein Moment des Trotzes im Denken des Menschen und seiner Techne.

Die mythische Chiffer erhellt das Geheimnis, das im Seinsbewußtsein des Menschen, wenn er fragt, gegenwärtig wird. Von nun an lebt jeder Mensch, dem es aufgegangen ist, nicht mehr nur in dem einfachen, schönen, fraglosen Daseinsgefühl, sondern unter immer neu erfahrenen Stößen, in dem Infragegestelltsein seines Daseins.

Daß die Auflehnung gegen Gott durch den Menschen selbst vollzogen sei, scheint in der mythischen Chiffer so ungeheuerlich, daß sie vielmehr durch den titanischen Gott erfolgt, der dem Menschen gegen Gottes Willen seine Gabe bringt. Nemo contra deum nisi deus ipse[1] (ein Satz, den Goethe zitiert – über seine Quelle vermochte ich nichts zu erfahren) besagt vielleicht etwas, was in der Chiffer des Prometheus anschaulich gedacht wurde.

Der Abgrund im Menschsein öffnet sich dem Blick: das Hohe und Mächtige, das gestaltende und handelnde Heldentum, die Würde des Menschen. Aber alles Große im Menschen wird durch Erfahrung und Frage des Menschen selber „fragwürdig".

Wenn aber die Frage aufgetreten ist, dann soll sie festgehalten werden auf der Höhenlage des Menschseins, auf der sie erwuchs und auf der allein sie angemessen begriffen wird. Dann sinkt die Antwort nicht ab, weder in die Weichlichkeit des Leidens noch in das Ressentiment.

4. Unter den Umdeutungen und Stimmungsverschiebungen des Prometheus-Mythos gibt es die Umwendung des Grundgedankens. Einst war es nicht elend, sondern gut mit dem Menschen, ins Unheil führte der prometheische Weg. Horaz (Oden 1,3) schildert den Menschen, der ihn betrat: Dreifaches Erz umschloß des Menschen Brust, der zuerst ohne Furcht das zerbrechliche Boot der wilden See anvertraute. Als er trockenen Auges (fühllos) die wogende See, die Klippen, die Ungeheuer des Meeres schaute, graute ihm nicht vor dem Tode. Gott hatte Land und Meer fürsorglich geschieden, der Mensch läßt freventlich die Schiffe über die Fluten fahren, die er nicht hätte berühren sollen. Vermessen, alles Leid zu ertragen, stürzte er weiter in das Verbotene. Vermessen brachte Prometheus ihm durch Betrug das Feuer. Dädalus wagte sich mit Flügeln in die Luft, Herakles brach in die Unterwelt ein. Nichts ist den Sterblichen zu schwer. In unserer Torheit stürmen

wir zum Himmel, und durch unser Verbrechen zwingen wir Zeus, seine zürnenden Blitze zu schleudern.
Horaz dachte das prometheische Unheil noch auf der Höhe des griechischen Mythos. Diese geht verloren in den interpolierten Versen, in denen die Herrlichkeit eines einstigen Menschentums dargestellt wird, die freventlich verlassen sei. Jetzt heißt es: Der Tod, der früher nach Naturgesetz in die Ferne gerückt langsam kam, wird jetzt beschleunigt. Noch tiefer sinkt das Denken in der modernen Wütigkeit gegen die Technik, stumpf geworden gegen den Prometheus-Mythos: schon 1852 sagt ein Philologe zu den interpolierten Zeilen des Horaz: Die Jämmerlichkeit des Menschen sei durch Prometheus nicht beseitigt. Jede Erfindung vom Feuer an bis herab zu den Webemaschinen und Eisenbahnen mehre, während sie die Natur dienstbar macht, die Sünden und Krankheiten.

Karl Jaspers

Arbeitsaufgaben

1.a) Wie beschreibt der Prometheus-Mythos **(A 9)** das Verhältnis
- zwischen den Menschen und den Göttern (Zeus)
- zwischen den Menschen und Prometheus
- zwischen Prometheus und Zeus?

Charakterisieren Sie die Auswirkungen, die das Eingreifen des Prometheus für das Leben der Menschen und ihr Verhältnis zu den Göttern hat!

b) Wie deutet die Geschichte der Pandora **(A 9)** das Verhältnis zwischen Mann und Frau?

c) Welche Antwort gibt der Mythos auf die Frage nach den Übeln in der Welt, nach Krankheit und Tod?

d) Welche Wunschvorstellungen gegenüber der Autorität der Gottheit spiegeln sich in der Beziehung des Prometheus zu Zeus?

2.a) Die Erzählung des Jahwisten Gen 2–3 **(A 11)** deutet die Existenz des Menschen wie alle mythischen Erzählungen von der Erschaffung des Menschen unter einem doppelten Aspekt. Diesen beiden Aspekten entsprechen in der Erzählung zwei Spannungsbögen, die in v. 16f bzw. v. 18 einsetzen. Arbeiten Sie die beiden Spannungsbögen und die beiden Aspekte heraus! (Vgl. zur Deutung Text **A 14**!)

b) Was sagt der Jahwist **(A 11)** über das Verhältnis von Mann und Frau? Vergleichen Sie hierzu die Deutung des Prometheus-Mythos **(A 9)**!

3.a) Der Jahwist benutzt in seiner Erzählung über den Ursprung des Menschen **(A 11)** zahlreiche über die ganze Erde verbreitete mythische Motive (vgl. Text **A 5**). Nennen Sie solche Motive und versuchen Sie diese zu deuten?

b) Die Erschaffung des Menschen aus Lehm, Ton oder Erde gehört zu diesen weit verbreiteten Motiven. Vergleichen Sie das hierzu vorliegende Beispielmaterial **(A 9, A 10, A 11)**!
- Wie erklären Sie die Verbreitung dieses Motivs?
- Welche Phasen der Erschaffung sind zu unterscheiden
- Welche Deutung des menschlichen Daseins wird dadurch gegeben?

Beachten Sie den Unterschied zur Erschaffung der Tiere beim Jahwisten!

4. Zu den vom Jahwisten **(A 11)** verwendeten Mythologemen gehört der Mythos von der weisen Schlange, den der katholische Alttestamentler Diego Arenhoevel rekonstruiert **(A 15).**

a) Beschreiben Sie die Gemeinsamkeiten dieses Mythos mit dem Prometheus-Mythos **(A 9)**!

b) Welche Erkenntnis verspricht die Schlange, welche Erkenntnis gewinnt der Mensch tatsächlich? – Deuten Sie das Symbol der Nacktheit! (Vgl. **A 15**!)

c) Vergleichen Sie das Verhältnis zwischen Zeus und den Menschen im Prometheus-Mythos mit dem Verhältnis Gottes zu den Menschen in den biblischen Schöpfungsberichten!

d) Charakterisieren Sie die Änderungen, die der Jahwist am Mythos von der weisen Schlange vorgenommen hat!

5.a) Die Mythen von der Erschaffung des Menschen geben unterschiedliche Antworten auf die Frage nach dem Bösen. Vergleichen Sie diese Antworten in Enuma Elisch, Tafel VI **(A 1),** im Prometheus-Mythos **(A 9)** und im jahwistischen Schöpfungsbericht **(A 11)**!

b) Wie schildert der Jahwist das Verhalten der Menschen vor Gott nach dem Sündenfall? – Was wird dadurch über den Ursprung und die Wirkung des Bösen ausgesagt? – Vergleichen Sie Ihre Ergebnisse mit den Ausführungen Arenhoevels **(A 15)**!

c) In der christlichen Tradition wurde Gen 3 im Zusammenhang mit Röm 5,15–19 und 1. Kor 15,21f als Geschichte von der Erbsünde verstanden: Durch seinen Ungehorsam verlor Adam die ursprüngliche Heiligkeit und Gerechtigkeit, die ihm von Gott als Erbgut der Menschennatur verliehen war, und verfiel dem Zorn Gottes, der Macht der Sünde und des Todes. Weil Adam als Haupt der ganzen Menschheit gesündigt hat, gehen nicht nur die Folgen seiner Übertretung, die Neigung zum Bösen, die Leiden und der Tod, sondern auch seine Sündenschuld auf alle Menschen über.

– Nehmen Sie zu dieser Deutung von den Arbeitsergebnissen und den Texten **A 14** und **A 15** her Stellung!

6. Die Mythen von der Erschaffung des Menschen beantworten die Frage nach dem Tod des Menschen.
   a) Worin sehen das Enuma Elisch, Tafel VI **(A 1)** und der Prometheus-Mythos **(A 9)** die Ursache des Todes?
   b) Welchen Zusammenhang beschreibt die Überlieferung der Nupe **(A 12)**?
   c) Charakterisieren Sie die Beschreibung des Todes im Gilgamesch-Epos **(A 13)**!
      – Was ist mit dem Bild des Lebenskrautes, das gewonnen und sofort wieder verloren wird, ausgedrückt?
      – Vergleichen Sie dieses Bild mit den Aussagen über den Lebensbaum in der jahwistischen Erzählung!
      – Welches Verhalten empfiehlt das Gilgamesch-Epos dem Menschen angesichts des Todes? (Beachten Sie auch den Schluß des Epos!)
   d) Wie sieht der Jahwist den Zusammenhang zwischen Sünde und Tod? (Vgl. Sie dazu Text **A 15**!)

7. In der Neuzeit wurde der Prometheus-Mythos sehr beliebt und in Dichtung und bildender Kunst häufig neugestaltet, wobei das Motiv des titanischen Trotzes gegen die Gottheit besonders ausgeprägt wurde. Prometheus wurde zur Symbolgestalt der Neuzeit. Er drückt ihr Ideal des autonomen, in eigener Verantwortung seine Welt gestaltenden Menschen aus. Auch in der Gegenwartsphilosophie behält dieser Mythos seine Bedeutung. Karl Jaspers erzählt und deutet ihn neu als „Chiffer des Menschseins".
   a) Vergleichen Sie die Rolle des Prometheus in der Hesiod folgenden Erzählung **(A 9)** mit der an Aischylos orientierten Neugestaltung des Mythos durch Jaspers **(A 16)**!
   b) Welche Deutung erfährt die menschliche Arbeit und der technische Fortschritt des Menschen im Prometheus-Mythos?
      Welche Funktion hat die Arbeit im Enuma Elisch, Tafel VI **(A 1)**? Beschreiben Sie im Vergleich die Wertung der menschlichen Arbeit in den biblischen Schöpfungsberichten (**A 3** und **A 11**)! Eine Beschreibung technischer Errungenschaften findet sich Gen 4,17–24. Wodurch unterscheidet sie sich von der Sicht des Mythos?
      Welche Zusammenhänge sehen Sie zur neuzeitlichen Sicht der Natur und Wertung des kulturellen Fortschritts?

8.a) Für Karl Jaspers ist das bildhafte Denken des Mythos nicht vergangen und durch das begrifflich-rationale Denken abgelöst, sondern die mythischen Symbole haben gegenüber der wissenschaftlichen Begrifflichkeit einen eigenständigen Wert (**J 11**).
      – Wie begründet Jaspers diese Wertung des Mythos?
      – Welche Grundregeln zum rechten Umgang mit der Chiffersprache des Mythos stellt er auf?
   b) Der katholische Theologe Gisbert Greshake stellt die biblischen Urgeschichten in Beziehung zu den Aussagen der Bibel über die „Letzten Dinge", Ende der Welt, Wiederkunft Christi und Weltgericht **(J 17).**
      – Worin sieht er die Beziehungen?
      – Warum drückt sich die christliche Hoffnung in Bildern und Symbolen aus?
      – Welche Auslegungsregeln für die Bildersprache der Bibel werden gegeben?

III Jesus der Christus: Ein Mythos?

Quellen

17 Der Christushymnus: Phil 2,6–11

6 Er war wie Gott,
hielt aber nicht daran fest, Gott gleich zu sein,
7 sondern entäußerte sich,
wurde wie ein Sklave
und den Menschen gleich.
Sein Leben war das eines Menschen;
8 er erniedrigte sich
und war gehorsam bis zum Tod,
bis zum Tod am Kreuz.
9 Darum hat ihn Gott über alle erhöht
und ihm den Namen verliehen, der jeden Namen übertrifft,
10 damit vor dem Namen Jesu
alle Mächte im Himmel, auf der Erde und unter der Erde
ihre *Knie beugen,*
11 *und jede Zunge bekennt:*
HERR IST JESUS CHRISTUS
zur Ehre Gottes, des Vaters.

18 Das älteste Zeugnis von der Auferweckung Jesu: 1 Kor 15,1–11

1 Ich erinnere euch, Brüder, an das Evangelium, das ich euch verkündigt habe. Ihr
habt es angenommen und steht fest darin. 2 Durch dieses Evangelium werdet ihr
gerettet, wenn ihr an dem Wortlaut festhaltet, den ich euch verkündigt habe; sonst
wärt ihr vergebens zum Glauben gekommen.
3 Denn vor allem habe ich euch überliefert, was auch ich empfangen habe:
Christus starb für unsere Sünden,
wie es die Schriften gesagt haben,
4 und wurde begraben.
Er ist am dritten Tag auferweckt worden,
wie es die Schriften gesagt haben,
5 und erschien dem Kefas, dann den Zwölf.
6 Danach erschien er mehr als fünfhundert Brüdern zugleich; die meisten von ihnen
sind noch am Leben, einige sind entschlafen.

7 Danach erschien er dem Jakobus, dann allen Aposteln.
8 Als letztem von allen erschien er auch mir, der unzeitigen Geburt. 9 Denn ich bin der Geringste von den Aposteln; ich bin nicht wert, Apostel genannt zu werden, weil ich die Gemeinde Gottes verfolgt habe. 10 Doch durch Gottes Gnade bin ich, was ich bin, und sein gnädiges Handeln an mir blieb nicht ohne Wirkung. Mehr als sie alle habe ich mich abgemüht – nicht ich, sondern die Gnade Gottes zusammen mit mir. 11 Aber ob ich es bin oder die anderen: das ist unsere Botschaft, und das ist euer Glaube geworden.

A 19 Die Auferweckungsbotschaft am leeren Grab Jesu: Mk 16,1–8

1 Als der Sabbat vorüber war, kauften Maria aus Magdala, Maria, die Mutter des Jakobus, und Salome wohlriechende Öle, um zum Grab zu gehen und Jesus zu salben. 2 Am ersten Tag der Woche kamen sie in aller Frühe zum Grab, als eben die Sonne aufging. 3 Sie sagten zueinander: Wer wälzt uns den Stein vom Eingang des Grabes? 4 Doch als sie hinblickten, sahen sie, daß der Stein bereits weggewälzt war; er war sehr groß. 5 Sie gingen in das Grab hinein und sahen auf der rechten Seite einen jungen Mann sitzen, der mit einem weißen Gewand bekleidet war; da erschraken sie sehr. 6 Er aber sprach zu ihnen: Erschreckt nicht! Ihr sucht Jesus von Nazaret, den Gekreuzigten, er wurde auferweckt; er ist nicht hier. Seht die Stelle, wohin man ihn gelegt hatte. 7 Nun aber geht und sagt seinen Jüngern und Petrus: Er geht euch voraus nach Galiläa; dort werdet ihr ihn sehen, wie er euch gesagt hat. 8 Da gingen sie hinaus und flohen vom Grab; denn Schrecken und Entsetzen hatte sie gepackt. Und sie sagten niemand etwas davon; denn sie fürchteten sich sehr.

A 20 Die Auferweckungsbotschaft bei Mattäus: Mt 28

1 Nach dem Sabbat, in der Morgendämmerung des ersten Tages der Woche, kamen Maria aus Magdala und die andere Maria, um nach dem Grab zu sehen. 2 Plötzlich entstand ein gewaltiges Erdbeben; denn ein Engel des Herrn kam vom Himmel herab, trat ans Grab, wälzte den Stein weg und setzte sich darauf. 3 Seine Erscheinung war wie ein Blitz und sein Gewand weiß wie Schnee. 4 Die Wächter zitterten und bebten vor Schrecken und fielen wie tot zu Boden. 5 Der Engel aber sprach zu den Frauen: Fürchtet euch nicht! Ich weiß, ihr sucht Jesus, den Gekreuzigten. 6 Er ist nicht hier; denn er wurde auferweckt, wie er gesagt hat. Kommt und seht die Stelle, wo er lag! 7 Geht sofort zu seinen Jüngern und sagt ihnen: Er ist von den Toten auferweckt und geht euch voraus nach Galiläa; dort werdet ihr ihn sehen. Das ist meine Botschaft an euch. 8 Sogleich verließen sie das Grab, voll Furcht und großer Freude, und liefen, um seinen Jüngern die Nachricht zu bringen.
9 Auf einmal trat ihnen Jesus in den Weg und sagte: Seid gegrüßt! Sie gingen auf ihn zu, warfen sich vor ihm nieder und umfaßten seine Füße. 10 Da sagte Jesus zu ihnen: Fürchtet euch nicht! Geht und bringt meinen Brüdern die Botschaft, sie sollen nach Galiläa gehen; dort werden sie mich sehen.
11 Noch während die Frauen auf dem Weg waren, kamen einige von der Wache in die Stadt und berichteten den Hohenpriestern alles, was geschehen war. 12 Diese

faßten gemeinsam mit den Ältesten den Beschluß, die Soldaten zu bestechen. Sie gaben ihnen viel Geld 13 und sagten: Erzählt den Leuten: Seine Jünger sind bei Nacht gekommen und haben ihn gestohlen, während wir schliefen. 14 Falls es dem Statthalter zu Ohren kommt, werden wir ihn beruhigen und dafür sorgen, daß ihr nichts zu befürchten habt. 15 Die Soldaten nahmen das Geld und taten, was man ihnen befohlen hatte. So kommt es, daß dieses Gerücht bei den Juden bis heute verbreitet ist.
16 Die elf Jünger gingen nach Galiläa auf den Berg, wie Jesus ihnen aufgetragen hatte. 17 Und als sie Jesus sahen, fielen sie vor ihm nieder. Einige aber hatten Zweifel. 18 Da trat Jesus auf sie zu und sagte zu ihnen: Mir ist alle Macht im Himmel und auf der Erde gegeben. 19 Darum geht zu allen Völkern und macht alle Menschen zu meinen Jüngern, tauft sie auf den Namen des Vaters und des Sohnes und des heiligen Geistes 20 und lehrt sie, alles zu befolgen, was ich euch geboten habe. Und ich bin bei euch alle Tage bis zur Vollendung der Welt.

21 Die Himmelfahrt Jesu: Apg 1,9–11

9 Als er das gesagt hatte, wurde er vor ihren Augen emporgehoben, und eine Wolke nahm ihn auf und entzog ihn ihren Blicken. 10 Während sie unverwandt ihm nach zum Himmel schauten, standen plötzlich zwei Männer in weißen Gewändern bei ihnen 11 und sagten: Ihr Männer von Galiläa, was steht ihr da und schaut zum Himmel? Dieser Jesus, der von euch weg in den Himmel aufgenommen wurde, wird ebenso wiederkommen, wie ihr ihn habt hingehen sehen zum Himmel.

22 Auferstehung Jesu unter der Zeugenschaft seiner Feinde

34 Frühmorgens, als der Sabbat anbrach, kam ein Volkshaufe aus Jerusalem und der Umgebung, um das versiegelte Grab zu sehen.
35 In der Nacht aber, in welcher der Herrentag aufleuchtete, als die Soldaten, jede Ablösung zu zweit, Wache standen, erscholl eine laute Stimme am Himmel, 36 und sie sahen die Himmel geöffnet und zwei Männer in einem großen Lichtglanz von dort herniedersteigen und sich dem Grabe nähern. 37 Jener Stein, der vor dem Eingang des Grabes gelegt war, geriet von selbst ins Rollen und wich zur Seite, und das Grab öffnete sich und beide Jünglinge traten ein.
38 Als nun jene Soldaten dies sahen, weckten sie den Hauptmann und die Ältesten – auch diese waren nämlich bei der Wache zugegen. 39 Und während sie erzählten, was sie gesehen hatten, sehen sie wiederum drei Männer aus dem Grabe herauskommen und die zwei den einen stützen und ein Kreuz ihnen folgen, 40 und das Haupt der zwei bis zum Himmel reichen, dasjenige des von ihnen an der Hand geführten aber die Himmel überragen. 41 Und sie hörten eine Stimme aus den Himmeln rufen: „Du hast den Entschlafenen gepredigt", 42 und es wurde vom Kreuze her die Antwort laut: „Ja!"

43 Jene erwogen nun miteinander, hinzugehen und dies dem Pilatus zu melden. 44 Und während sie noch beratschlagten, sieht man wieder, wie die Himmel sich öffnen und ein Mensch heruntersteigt und ins Grab hineingeht. 45 Als die Leute um den Hauptmann dies sahen, eilten sie in der Nacht zu Pilatus und verließen das Grab, das sie bewachten, und erzählten alles, was sie gesehen hatten, voller Unruhe und sprachen: „Wahrhaftig, er war Gottes Sohn." 46 Pilatus antwortete und sprach „Ich bin rein am Blute des Sohnes Gottes, ihr habt solches beschlossen." 47 Da traten alle zu ihm, baten und ersuchten ihn dringend, dem Hauptmann und den Soldaten zu befehlen, niemandem zu sagen, was sie gesehen hatten. 48 „Denn es ist besser für uns", sagten sie, „uns der größten Sünde vor Gott schuldig zu machen, als in die Hände des Judenvolkes zu fallen und gesteinigt zu werden." 49 Pilatus befahl nun dem Hauptmann und den Soldaten, nichts zu sagen.

50 In der Frühe des Herrentages nahm Maria Magdalena, die Jüngerin des Herrn – aus Furcht wegen der Juden, da diese vor Zorn brannten, hatte sie am Grabe nicht getan, was die Frauen an den von ihnen geliebten Sterbenden zu tun pflegten – 51 mit sich ihre Freundinnen und kam zum Grabe, wo er hineingelegt war. 52 Und sie fürchteten, die Juden würden sie sehen und sprachen: „Wenn wir auch an jenem Tage, da er gekreuzigt wurde, nicht weinen und klagen konnten, so wollen wir solches wenigstens jetzt an seinem Grabe tun. 53 Wer aber wird uns auch den Stein, der an den Eingang des Grabes gelegt ist, wegwälzen, damit wir hineingelangen, uns neben ihn setzen und tun, was sich gehört? – 54 denn der Stein war groß – und wir fürchten, daß uns jemand sieht. Und wenn wir es nicht können, so wollen wir wenigstens am Eingang niederlegen, was wir zu seinem Gedächtnis mitbringen, wollen wir weinen und klagen, bis wir wieder heimgehen."

55 Und als sie hingingen, fanden sie das Grab geöffnet. Und sie traten herzu, bückten sich nieder und sahen dort einen Jüngling sitzen mitten im Grabe, anmutig und bekleidet mit einem hell leuchtenden Gewande, welcher zu ihnen sprach: 56 „Wozu seid ihr gekommen? Wen sucht ihr? Doch nicht jenen Gekreuzigten? Er ist auferstanden und weggegangen. Wenn ihr aber nicht glaubt, so bückt euch hierher und seht den Ort, wo er gelegen hat, denn er ist nicht da. Denn er ist auferstanden und dorthin gegangen, von woher er gesandt worden ist." 57 Da flohen die Frauen voller Entsetzen.

58 Es war aber der letzte Tag der ungesäuerten Brote, und viele gingen weg und wandten sich nach Hause, da das Fest zu Ende war. 59 Wir aber, die zwölf Jünger des Herrn, weinten und trauerten, und ein jeder, voller Trauer über das Geschehene, ging nach Hause.

Apokryphes Petrusevangelium

A 23 Der Mythus von Osiris

Der Gott, dessen Tod und Auferstehung alljährlich im alten Ägypten abwechselnd mit Trauer und Freude gefeiert wurde, war Osiris, die volkstümlichste aller ägyptischen Gottheiten. Es bestehen hinlängliche Gründe, ihn in einer seiner Erscheinungsformen mit Adonis und Attis einzureihen als Personifikation der großen alljährlichen Veränderungen der Natur, insbesondere des Getreides. [. . .]
Die Geschichte des Osiris wird in zusammenhängender Form nur von Plutarch er-

zählt, dessen Bericht in der Neuzeit durch das Zeugnis der Denkmäler bestätigt und in gewisser Beziehung erweitert worden ist.
„Osiris war der Sprößling eines Liebeshandels zwischen dem Erdgott Seb (Keb oder Geb, wie der Name zuweilen transskribiert wird) und der Himmelgöttin Nut. Die Griechen sahen in seinen Eltern ihre eigenen Gottheiten Kronos und Rhea. Als der Sonnengott Ra entdeckte, daß seine Gemahlin ihm untreu geworden war, erklärte er mit einem Fluch, daß sie in keinem Monat und in keinem Jahre niederkommen solle. Die Göttin hatte aber noch einen Liebhaber, den Gott Toth oder Hermes, wie die Griechen ihn nannten. Dieser spielte mit der Mondgöttin das Damespiel und gewann von ihr einen zweiundsiebenzigsten Teil jedes Tages. Er stellte fünf ganze Tage aus diesen Teilen zusammen und fügte sie dem ägyptischen Jahre mit seinen dreihundertundsechzig Tagen hinzu. Dies war der mythische Ursprung der fünf ergänzenden Tage, welche die Ägypter alljährlich am Ende jedes Jahres einfügten, um zwischen Mond- und Sonnenzeit Übereinstimmung herzustellen. Auf diesen fünf Tagen, die als außerhalb der zwölf Monate des Jahres liegend betrachtet wurden, ruhte der Fluch des Sonnengottes nicht, und daher wurde Osiris an dem ersten von diesen geboren. Bei seiner Geburt erklang eine Stimme, die da sprach, der Herr des Alls sei auf die Welt gekommen. Manche behaupteten, ein gewisser Pamyles habe die Stimme vom Tempel zu Theben gehört, die ihm befahl, mit einem Schrei zu verkünden, daß ein großer König, der wohltätige Osiris, geboren sei. Osiris war jedoch nicht das einzige Kind seiner Mutter. Am zweiten der Ergänzungstage gebar sie den älteren Horus, am dritten den Gott Set, den die Griechen Typhon nannten, am vierten die Göttin Isis und am fünften die Göttin Nephtys.
Später heiratete Set seine Schwester Nephtys und Osiris seine Schwester Isis.
Als König auf Erden regierend, befreite Osiris die Ägypter aus dem Zustand der Wildheit, gab ihnen Gesetze und lehrte sie, die Götter zu ehren. Vor seiner Zeit waren die Ägypter Kannibalen gewesen. Isis aber, die Schwester und Gattin des Osiris, entdeckte wildwachsenden Weizen und Gerste, und Osiris führte den Anbau dieser Getreidearten in seinem Volke ein. Das gab von da an den Kannibalismus auf und nahm die Getreidekost freundlich auf. Zudem soll Osiris der erste gewesen sein, der die Früchte von den Bäumen pflückte, den Wein an Stöcken emporzog und die Trauben kelterte. In seinem Eifer, diese wohltätigen Entdeckungen der ganzen Menschheit mitzuteilen, übertrug er die gesamte Regierung Ägyptens seiner Gemahlin Isis, reiste um die Welt und verbreitete die Segnungen der Zivilisation und des Ackerbaus, wohin er kam. In Ländern, deren hartes Klima oder karger Boden den Weinbau unmöglich machten, lehrte er die Bewohner, sich über den Mangel an Wein dadurch zu trösten, daß sie aus Gerste Bier brauten. Beladen mit dem Reichtum, mit dem dankbare Völker ihn überschüttet hatten, kehrte er nach Ägypten zurück, und wegen der Wohltaten, die er der Menschheit gebracht hatte, wurde er allgemein als Gottheit begrüßt und verehrt. Sein Bruder Set aber, den die Griechen Typhon nannten, zettelte mit zweiundsiebzig anderen eine Verschwörung gegen ihn an. Er nahm seinem großen Bruder heimlich Maß, fertigte einen großen Koffer von gleicher Größe an und verzierte ihn prunkvoll. Als sie einmal alle bei Trunk und Lustbarkeit saßen, holte er den Koffer herein und versprach im Scherz, ihn demjenigen zu schenken, dem er genau passen sollte. Nun versuchten sie es alle hinter-

einander, aber er paßte keinem. Als letzter stieg Osiris hinein und legte sich hin. Hierauf liefen die Verschwörer herzu, schlugen den Deckel zu, nagelten ihn fest, löteten ihn mit geschmolzenem Blei zu und schleuderten den Koffer in den Nil. Dies geschah am siebenten Tage des Monats Athyr, da die Sonne im Zeichen des Skorpions steht, und im achtundzwanzigsten Jahre der Regierung oder des Lebens des Osiris. Als Isis davon hörte, schnitt sie eine Locke von ihrem Haare ab, legte Trauerkleider an und wanderte untröstlich umher, um den Leichnam zu suchen.
Auf Anraten des Gottes der Weisheit suchte sie in den Papyrussümpfen des Delta Zuflucht. Sieben Skorpione geleiteten sie auf ihrer Flucht. Eines Abends, als sie müde war, kam sie an das Haus einer Frau, die vor Schrecken über den Anblick der Skorpione ihr die Tür vor der Nase zuschlug. Da kroch einer der Skorpione unter der Tür durch und stach das Kind der Frau, so daß es starb. Als Isis aber das Wehe-klagen der Mutter hörte, wurde ihr Herz gerührt. Sie legte die Hände auf das Kind und sprach ihre mächtigen Zauberformeln. Da wurde das Gift aus dem Körper des Kindes vertrieben, und es lebte. Später schenkte Isis selbst in den Sümpfen einem Sohne das Leben. Sie hatte ihn empfangen, während sie in Gestalt eines Falken über dem Leichnam ihres toten Gatten hin und her geflattert war. Das Kind war der jüngere Horus, der in seiner Jugend den Namen Harpocrates führte, d. h. das Kind Horus [. . .]
Inzwischen war der Koffer mit dem Körper des Osiris den Fluß abwärts geschwommen, bis er endlich in Byblus an der syrischen Küste ans Land geschwemmt wurde. Hier wuchs plötzlich ein schöner Erikabaum empor und schloß die Lade in seinem Stamm ein. Der König des Landes, der den Wuchs des Baumes bewunderte, ließ ihn abhauen und machte ihn zu einer Säule seines Hauses. Aber er wußte nicht, daß die Truhe mit dem toten Osiris darin war. Isis erfuhr hiervon, reiste nach Byblus und setzte sich in bescheidenem Gewande mit tränenüberströmtem Antlitz an der Quelle nieder. Mit niemandem wollte sie sprechen, bis des Königs Dienerinnen kamen. Diese begrüßte sie freundlich, flocht ihnen das Haar und hauchte auf sie aus ihrem göttlichen Leibe einen wundersamen Duft. Als die Königin nun aber die geflochtenen Haare ihrer Dienerinnen sah und den süßen Duft gewahr wurde, der von ihnen ausging, ließ sie die fremde Frau kommen, nahm sie in ihr Haus auf und machte sie zur Wärterin ihres Kindes. Isis aber gab dem Kinde zum Saugen ihren Finger statt ihrer Brust und begann des Nachts alles, was an ihm sterblich war, wegzubrennen, während sie selbst in der Gestalt einer Schwalbe um die Säule flatterte, in der sich ihr toter Bruder befand, und traurig zwitscherte. Aber die Königin entdeckte, was Isis tat, und schrie auf, als sie ihr Kind in Flammen sah, verhinderte dadurch aber, daß es unsterblich wurde. Da offenbarte sich die Göttin und bat um die Säule des Daches. Man gab sie ihr, und sie schälte die Truhe heraus, sank darüber hin, umarmte sie und wehklagte so laut, daß das jüngere Kind des Königs gleich auf der Stelle vor Schreck starb. Den Baumstamm hüllte sie aber in feine Leinwand, goß Salbe darauf und schenkte ihn dem König und der Königin. Und das Holz steht in einem Tempel der Isis und wird von der Bevölkerung von Byblus bis auf den heutigen Tag verehrt. Und Isis setzte die Truhe in ein Boot, nahm das älteste Kind des Königs mit und segelte davon. Sobald sie allein waren, öffnete sie die Truhe, legte ihre Wange auf die ihres Bruders, küßte ihn und weinte. Aber das Kind trat leise hinter sie, um zu sehen, was sie tue. Da wandte sie sich um und sah es

zornig an, und das Kind konnte ihren Blick nicht ertragen und starb. Manche sagen indessen, so sei es nicht gewesen, es sei vielmehr ins Meer gestürzt und ertrunken. Dieses Kind ist es, von dem die Ägypter bei ihren Gastmählern unter dem Namen Maneros singen.

Isis aber stellte die Truhe beiseite und ging zu ihrem Sohne Horus in die Stadt Buto, und Typhon fand den Koffer, als er einen Eber eines Nachts bei Vollmondschein jagte. Und er kannte den Leichnam und zerriß ihn in vierzehn Stücke, die er auf den Boden streute. Isis aber segelte das Marschland auf und ab in einer Schaluppe aus Papyrus und suchte nach den Stücken. Deshalb tun den Menschen, die in Payrusschaluppen fahren, die Krokodile nichts zuleide, denn sie fürchten oder achten die Göttin. Dies ist auch der Grund, weshalb es viele Gräber des Osiris in Ägypten gibt, denn Isis begrub jedes Glied, wo sie es fand. Andere behaupten dagegen, sie habe in jeder Stadt ein Bildnis von Osiris begraben, und vorgegeben, es sei sein Leichnam, damit er an vielen Orten verehrt werden möge, und damit Typhon, wenn er nach dem wirklichen Grabe suchte, es nicht fände. Die Genitalien des Osiris waren indessen von den Fischen aufgefressen worden, deshalb machte Isis eine Nachbildung von ihnen, und diese Nachbildung wird von den Ägyptern noch heute bei ihren Festen gebraucht . . ."

So sieht der Mythus oder die Legende des Osiris aus, wie sie von griechischen Schriftstellern erzählt und durch mehr oder weniger fragmentarische Notizen oder Anspielungen in der heimischen ägyptischen Literatur ergänzt wird [. . .]

Nach heimischen ägyptischen Berichten, welche die des Plutarch ergänzen, setzte sich Isis, nachdem sie den Leichnam Osiris' gefunden hatte, mit ihrer Schwester Nepthys daneben und stimmte eine Klage an, die in späteren Jahrhunderten das Vorbild für alle ägyptischen Totenklagen geworden ist. „Komm in dein Haus," so jammerte sie, „komm in dein Haus, o Gott On! Komm in dein Haus, du, der du keine Feinde hast. O schöner Jüngling, komm in dein Haus, auf daß du mich sehen mögest. Ich bin deine Schwester, die du liebst; du sollst dich nicht von mir trennen. O schöner Knabe, komm in dein Haus . . ."

Die Wehklagen der beiden traurigen Schwestern waren nicht umsonst. Voll Mitleid mit ihrem Kummer sandte der Sonnengott Ra den schakalköpfigen Gott Anubis herab vom Himmel, der mit der Hilfe der Isis und Nephtys, des Toth und Horus den zerbrochenen Körper des ermordeten Gottes zusammenfügte, in Leinenbinden hüllte und alle sonstigen Zeremonien ausführte, welche die Ägypter an den Leichen der Verstorbenen zu vollziehen pflegten. Darauf fächelte Isis die kalte irdische Hülle mit ihren Flügeln; Osiris lebte wieder auf, und von nun an regierte er als König der Toten in der anderen Welt. Dort führte er die Titel eines Herrn der Unterwelt, Herrn der Ewigkeit, Beherrschers der Toten. Dort in der Halle der beiden Wahrheiten hielt er als Richter, umgeben von zweiundvierzig Beisitzern, von denen je einer aus jedem Hauptbezirk Ägyptens gekommen war, Verhör mit den Seelen der Verstorbenen, die ihm ihre feierliche Beichte ablegten und, nachdem ihr Herz auf der Waage der Gerechtigkeit gewogen war, den Lohn der Tugend in einem ewigen Leben oder die wohlverdiente Strafe für ihre Sünden empfingen.

In der Auferstehung des Osiris sahen die Ägypter das Unterpfand für ein ewiges Leben jenseits des Grabes, das auch sie erwarten würde. Sie glaubten, jeder Mensch werde in einer anderen Welt ewig leben, wenn nur seine überlebenden Freunde für seinen Körper das taten, was die Götter mit dem Körper des Osiris vorgenommen hatten. So waren die an den menschlichen Toten abgehaltenen Zeremonien eine genaue Nachahmung derjenigen, welche Anubis, Horus und die übrigen an dem toten Gotte vollzogen hatten. „Bei jedem Begräbnis wurde eine Darstellung des göttlichen Mysteriums vollführt, das in alter Zeit über Osiris stattgefunden hatte, als es seinem Sohn, seinen Schwestern, seinen Freunden, die um seine verstümmelten Überreste versammelt waren, durch ihre Zauberformeln und Manipulationen gelang, seinen gebrochenen Leib in die erste Mumie zu verwandeln, die sie später wieder zum Leben erweckten und mit den Mitteln ausstatteten, ein neues, individuelles Leben jenseits des Grabes zu beginnen. Die Mumie des Verstorbenen war Osiris. Die berufsmäßigen Klageweiber waren seine beiden Schwestern Isis und Nephtys; Anubis, Horus und alle Götter der Osirislegende versammelten sich um den Leichnam." Auf diese Weise wurde jeder tote Ägypter gleichbedeutend mit Osiris und trug seinen Namen. Vom mittleren Königreich[1] an war es üblich, den Verstorbenen als „Osiris Soundso" anzureden, als wäre er der Gott selbst, und das stehende Eigenschaftswort „wahr in der Rede" hinzuzufügen, weil wahrhaftige Rede für Osiris charakteristisch war. Die tausende mit Inschriften versehenen und mit Bildern geschmückten Grabmäler, die im Niltal geöffnet worden sind, beweisen, daß das Mysterium der Auferstehung zum Heile eines jeden toten Ägypters stattgefunden hat. Wie Osiris starb und auferstand, so hofften alle Menschen gleich ihm zu ewigem Leben zu erstehen.

James G. Frazer

A 24 Kornosiris

Osiris als Körnerleiche, aus der die Keime aufgesprossen sind, wird von einem Priester begossen. Das Geschick des Osiris steht in engem Zusammenhang mit dem Säen und Aufsprießen des Getreides. Am Fest des Osiris im Dezember formte man in seinen Kultstätten seine Gestalt aus Korn und Erde und bewässerte sie. Wenn das Getreide keimte, war der Gott wieder lebendig geworden. Ebenso legte man den Verstorbenen aus Erde geformte Bilder des Osiris, in die Getreidekörner gesteckt waren, mit ins Grab.

25 Die Apotheose des Romulus

Romulus hatte diese unsterblichen Taten vollbracht (bezieht sich auf die vierzigjährige Friedenszeit unter seiner Herrschaft). Als er nun eine Heerschau auf dem Marsfeld abhielt, um das Heer zu mustern, zog plötzlich ein Gewitter auf mit laut krachenden Donnerschlägen. Durch eine dichte Dunstwolke verbarg es den König, so daß sein Anblick der Volksmenge entzogen war. Danach war Romulus nicht mehr auf der Erde. Endlich hatte sich die Furcht gelegt, nachdem aus dem stürmischen Wetter ein mildes und ruhiges Tageslicht zurückgekehrt war. Sobald nun die römische Jugend den Sitz des Königs leer sah – auch wenn sie fest an die Aussagen der Väter, die ganz in der Nähe gestanden hatten, glaubten, daß Romulus durch einen Windstoß in die Höhe hinweggenommen sei – war sie geschlagen durch die Furcht davor, nun als Waisen zurückzubleiben, und hielt sich eine Zeit lang in stummer Trauer. Nachdem einige wenige den Anfang gemacht hatten, grüßten alle den Romulus als Gott, als Gottes Sohn, als König und Gründer der Stadt Rom. Mit Bitten erflehten sie seine Huld, damit er gnädig die Nachkommenschaft beschirme.
Ich glaube, daß es damals einige Leute gab, die schweigend den Verdacht hegten, daß der König von den Händen der Väter zerrissen worden sei. Denn auch dieses dunkle Gerücht breitete sich aus. Für die Verbreitung jener anderen Sage sorgte die Bewunderung des Mannes (Romulus) und der augenblickliche Schreck. Durch die Klugheit eines einzigen Mannes soll der Sache noch mehr Glauben geschenkt worden sein. Denn da die Bürgerschaft aufgewühlt war von der Sehnsucht nach dem König und auf die Väter erbittert war, trat Proculus Julius in der Volksversammlung auf, wie überliefert ist, als wichtiger Gewährsmann dieser bedeutenden Sache. „Quiriten", sagte er, „Romulus, der Vater dieser Stadt ist heute beim ersten Morgenlicht vom Himmel herabgestiegen und mir entgegengetreten. Da ich verwirrt vor Schreck ehrerbietig dastand und ihn im Gebet bat, daß er mir erlauben möchte, ihm ins Angesicht zu schauen, sagte er: ‚Geh und melde den Römern, daß es der Wille der Himmlischen ist, daß mein Rom das Haupt des Erdkreises sei. Darum sollen sie den Kriegsdienst pflegen und sollen wissen und es den Nachkommen überliefern, daß keine menschliche Macht den Römern widerstehen kann'. Nachdem er dies gesagt hatte, verschwand er in der Höhe". Es ist wunderbar, wieviel Glauben dem Mann mit dieser Meldung geschenkt wurde und wie die Sehnsucht nach Romulus beim Volk und beim Heer durch den Glauben an seine Unsterblichkeit gestillt worden ist.

Titus Livius

A 26 Auferstehung der Toten in der jüdischen Apokalyptik

1. Auferstehung der Toten und messianische Heilszeit (Hen 51,1–5)

Die folgenden Reden aus dem (äthiopischen) Henochbuch entstanden im 1. oder 2. Jh. v. Chr.

51,1 In jenen Tagen wird die Erde die, welche in ihr angesammelt sind, zurückgeben und auch die Scheol (Unterwelt) wird wiedergeben, was sie empfangen hat und die Hölle wird, was sie schuldet, herausgeben. 2 Er (der Messias) wird die Gerechten und Heiligen unter ihnen auswählen, denn der Tag ihrer Erlösung ist nahe. 3 Der Auserwählte (Messias) wird in jenen Tagen auf meinem Thron sitzen und alle Geheimnisse der Weisheit werden aus den Gedanken seines Mundes hervorkommen, denn der Herr der Geister hat es ihm verliehen und hat ihn verherrlicht. 4 In jenen Tagen werden die Berge wie Widder springen und die Hügel wie Lämmer hüpfen, die mit Milch gesättigt sind. Alle werden Engel im Himmel werden. 5 Ihr Antlitz wird vor Freude leuchten, weil in jenen Tagen der Auserwählte (Messias) sich erhoben hat, die Erde wird sich freuen, die Gerechten werden auf ihr wohnen und die Auserwählten werden auf ihr gehen und wandeln.

2. Auferstehen als Erwachen einer neuen, unvergänglichen Welt (4 Esr 7,26–33)

Das vierte Buch Esra entstand nach der Zerstörung Jerusalems (70 n. Chr.). Es will Glaube und Hoffnung des Judentums stärken, nachdem die messianischen Hoffnungen, die sich mit dem Befreiungskampf gegen Rom verbanden, zusammengebrochen waren.

7,26 Denn siehe, Tage kommen, wann die Zeichen, die ich dir früher gesagt, eintreffen, da wird die unsichtbare Stadt erscheinen und das verborgene Land sich zeigen, 27 und jeder, der aus den Plagen, die ich dir vorausgesagt, gerettet ist, der wird meine Wunder schauen.

28 Denn mein Sohn, der Christus (Messias), wird sich offenbaren samt allen bei ihm und wird den Übriggebliebenen Freude geben, 400 Jahre lang. 29 Nach diesen Jahren wird mein Sohn, der Christus, sterben und alle, die Menschenodem haben. 30 Dann wird sich die Welt zum Schweigen der Urzeit wandeln, sieben Tage lang, wie im Uranfang, so daß niemand übrigbleibt. 31 Nach sieben Tagen aber wird der Äon, der jetzt schläft, erwachen und die Vergänglichkeit selber vergehen. 32 Die Erde gibt wieder, die darinnen ruhen, der Staub läßt los, die darinnen schlafen, die Kammern erstatten die Seelen zurück, die ihnen anvertraut sind.

33 Der Höchste erscheint auf dem Richterthron, dann kommt das Ende . . .

3. Die Gestalt des Auferstehungsleibes (syr. Bar 49,1–51,10)

Die spätjüdische Apokalypse des Baruch wurde ebenfalls nicht lange nach der Zerstörung Jerusalems geschrieben.

49,1 „Aber noch weiter will ich dich anflehen, o Allmächtiger, und will um Gnade flehen zu dem, der alles geschaffen hat: 2 In welcher Gestalt werden wohl die (weiter)leben, die an deinem Tage am Leben sind? Oder wie kann ihr nachheriger Glanz alsdann andauern? 3 Werden sie etwa alsdann die jetzige Gestalt anziehen

und bekleidet sein mit den durch die Bänder verbundenen Gliedern, die jetzt in Sünden sind, und mit denen die Sünden vollführt werden? Oder verwandelst du etwa die, die in der Welt gewesen sind, ebenso wie auch die Welt selbst?"
50,1 Da antwortete er und sprach zu mir: „Höre, Baruch, dieses Wort und schreibe in das Gedächtnis deines Herzens alles was du erfährst! 2 Denn sicherlich gibt die Erde alsdann die Toten zurück, die sie jetzt empfängt, um sie aufzubewahren, indem sie nichts ändert an ihrem Aussehen; sondern wie sie sie empfangen hat, ebenso gibt sie sie zurück, und wie ich sie ihr überliefert habe, ebenso läßt sie sie auch auferstehen. 3 Denn alsdann ist es nötig, denen, die leben, zu zeigen, daß die Toten (wieder)aufgelebt sind, und daß (wieder) gekommen sind, die fortgegangen waren. 4 Und wenn die einander erkannt haben, die (sich) jetzt kennen, alsdann wird das Gericht mächtig sein, und herbeikommen wird das, was vorher erwähnt ist.
51,1 Und nachdem der festgesetzte Tag vorübergegangen ist, alsdann wird sich hernach das Aussehen derer, die sich verschulden, verwandeln und auch die herrliche Erscheinung derer, die recht handeln. 2 Denn das Aussehen derer, die jetzt gottlos handeln, wird schlimmer gestaltet, als es ist, wie sie (auch) Pein erdulden müssen. 3 Auch die herrliche Erscheinung derer, die jetzt auf Grund meines Gesetzes gerecht gehandelt haben, die Einsicht in ihrem Leben hatten und die die Wurzel der Weisheit in ihr Herz eingepflanzt hatten, – deren Glanz wird alsdann in verschiedener Gestalt erstrahlen, und das Aussehen ihrer Angesichter wird sich verwandeln in ihre leuchtende Schönheit, so daß sie annehmen und empfangen können die unsterbliche Welt, die ihnen alsdann verheißen ist . . ."

Sekundärtexte

▲ 27 Die Christusmythen und Jesus von Nazareth

Neuenschwander nennt drei Mythenkreise, die für die kirchliche Lehre von Christus bedeutsam wurden. Im Judentum wird für die Endzeit ein neuer David erwartet, der ein ewiges israelitisches Weltreich mit paradiesischen Zuständen errichten wird. Nach dem Exil taucht hier ebenfalls die Vorstellung vom „Menschensohn" auf, der am Ende der Tage auf den Wolken des Himmels kommen und zum ewigen Weltherrscher eingesetzt werden soll (Dan 7,13 f.). Der eigentliche Christus-Mythus findet sich kaum in jüdischen Quellen, hat aber auf das Neue Testament großen Einfluß gehabt. Es handelt sich um den Mythus von einem himmlischen Wesen oder Sohn Gottes, der vom Himmel herabsteigt, Satan und die verderblichen Geistermächte besiegt und wieder in den Himmel hinaufsteigt.

Die Lage wird dadurch bedeutend kompliziert, daß sich die Mythologie mit einer geschichtlichen Person verbindet. Jesus von Nazareth selbst ist kein Mythus und keine mythologische Gestalt, aber mythische, längst vor ihm feststehende Prädikate werden auf ihn übertragen. So ist die biblische und die kirchliche Christologie nicht die Entfaltung des Wesens und der Bedeutsamkeit des wirklichen Jesus von Nazareth. H. Gunkel stellt mit Recht fest: „Jesus ist, das war die Kardinalüberzeugung, der Christus. So übertrug man auf Jesus das, was man vom Christus bereits wußte.

Und so sind ganz allogene, ja die groteskesten Züge Attribute Jesu geworden ... In der ganzen Christologie des NT ist die historische Person Jesu und ihr Eindruck nur ein Faktor neben anderen; die Hauptstücke der Christologie aber kommen nicht von dem historischen Jesus her, sondern sind unabhängig von ihm und vor ihm entstanden ... Was war alles mit Jesus identifiziert worden, der Magiergott von Ap. Joh 5, der gerettete Sonnenknabe und Drachensieger von Kap. 12, der übernatürlich gezeugte Heros der Kindheitsgeschichte, der zur Hölle und zum Himmel Gefahrene! Alles dies ist auf Jesum übertragen worden, weil es schon vor ihm Christo gehörte; und das ist, so behaupten wir, das Geheimnis der neutestamentlichen Christologie überhaupt." [...]
In der Kirche geschichtlich wirksam wurde nicht so sehr der Eindruck der Persönlichkeit Jesu, sondern der Christusmythus, bestenfalls in seiner eigentümlichen Verbindung mit Jesus von Nazareth, oft aber als bloßer Mythus, zu dem Jesus nur den Namen hergab. Was Jesus von den Menschen gewollt hat, kam höchstens zufallsweise nebenher zur Geltung. Bezeichnend für die Sachlage in der alten Kirche ist ein Ausspruch wie der von Hippolyt: „Das Wort sprang vom Himmel in den Leib der Jungfrau; es sprang aus dem Mutterleib an das Holz; es sprang von dem Holz in den Hades; es sprang hinauf auf die Erde wieder – o der neuen Auferstehung! –, sprang von der Erde in den Himmel. So setzte es sich zur Rechten des Vaters."

Ulrich Neuenschwander

A 28 Auferstehung als zeitgebundene Ausdrucksform für die Autorität Jesu

Die Vorgegebenheiten

Sehr bald, schon in den ersten Jahrzehnten der Entwicklung nach Jesus, trat die Tradition über ihn in ein Stadium ein, das von dem Judentum Palästinas charakteristisch verschieden war. Welches ist die religiöse Situation, die nun ... die Traditionen über Jesus in Gegensatz und Analogie mitzuformen begann? ...
Eine zentrale Gestalt der außerjüdischen religiösen Propaganda ist der göttliche Mann, der sogenannte theios aneer. Diese Gestalt entstammt dem Griechentum; ... Der göttliche Mann predigt ein tugendhaftes, weises und doch in die Dinge der Welt eingreifendes Leben, das von Verzicht auf Fleisch- und Weingenuß und von geschlechtlicher Enthaltsamkeit geprägt ist. Er vollzieht Heilungen, die als Dämonenaustreibungen beschrieben werden, da alle Krankheiten als dämonische Besessenheit gelten. Ja er erweckt Tote. Damit rückt er in die Nähe jüdischer Exorzisten. Aber dies ganze Gebiet ist nicht speziell jüdisch, sondern allgemein hellenistisch-orientalisch.
Auch diese hellenistisch-orientalische Welt hat also ihre Heilbringer. Man findet sie – im folgenden nenne ich religiöse Phänomene von ursprünglich sehr verschiedener Herkunft – in den älteren Naturgottheiten, die nun aber eine ihre ursprüngliche lokale Heimat übergreifende Bedeutung gewinnen, wie Attis, Adonis, Isis und Osiris; ferner in Heroen wie Herakles. Bedeutende Philosophen sind unter den Heilbringern, wie Pythagoras, nun Seite an Seite mit den obenge-

nannten göttlichen Menschen wie Apollonius von Tyana; auch hervorragende Herrscher wie Alexander der Große und Augustus. Sie heißen Gottessöhne oder Heroen. Man berichtet von ihrer Erzeugung durch die Gottheit und ihrer wunderbaren Geburt, unter Umständen von ihrer Geburt aus der Jungfrau. Sie bleiben nicht im Tode, sondern steigen auf in die Himmelswelt oder werden erweckt. Sie erscheinen ihren Anhängern nach ihrem Tode. Sie helfen den Menschen durch ihre Lehren, die auf ein tugendhaftes, tätiges und strenges Leben hinweisen. Sofern sie Mysteriengottheiten darstellen, ziehen sie durch sakramentale Taufen und Waschungen, die bis in die Randerscheinungen des offiziellen Judentums hinein zu finden sind – wir denken an Johannes den Täufer –, sowie durch heilige Mahle und mysterienhafte Begehungen ihre Anhänger aus der Todessphäre dieser Sinnenwelt auf ihren eigenen Weg, den Weg des Lebens. Besonders die Spielarten der vielverzweigten sogenannten Gnosis wollen den Menschen aus der Nichtigkeit dieses Lebens, aus Tod und Finsternis, zum Aufstieg in die Welt des Lichtes und des Lebens führen; der gnostische Gesandte vermittelt diesen Aufstieg.

Die Autorität Jesu

... Die älteste Berichterstattung nimmt die Autorität Jesu als einfach gegeben noch so selbstverständlich hin, daß sie ihn noch zeichnen kann als einen, der die Bezeichnung »gütig« als Anrede abweist (Mark. 10,17 f.; Luk. 18,18 f.). Dann aber wird die Person Jesu – als Ausdruck seiner Autorität – so wichtig, daß der erste Evangelist diese Abweisung im Munde Jesu nicht mehr ertragen kann (Matth. 19,16 f.). Der Jesus der älteren, der Markus-Tradition, vollzieht seine helfenden Taten noch in einer magienahen Atmosphäre. Dann aber wird diese Unbefangenheit als für seine Autorität schädlich empfunden; nun, im ersten Evangelium, heilt er durch das Wort, und das massiv Magische verschwindet aus den Texten. Die Autorität wird von der Ebene tätigen Handelns auf seine Person übertragen. Der Jesus der ältesten Traditionsschicht fordert den rechten Gehorsam bis zur Drangabe des Lebens, ohne seine Person als Begründung in diese Forderung einzubringen. Die Späteren formulieren: es ist eine Drangabe des Lebens um Jesu willen gemeint. Der Jesus, der hilft und fordert und ermächtigt, wird zu dem Jesus, der dies Tun programmatisch als den Sinn seiner Sendung proklamiert. Die Wichtigkeit und Bedeutungsschwere des Lehrens und Tuns Jesu, die zunächst einfach da ist, wächst sich aus zur Wichtigkeit und Bedeutung seiner Person. Die Bedeutung seiner Person, das ist jetzt der Ausdruck für seine Autorität; die Autorität ist bei dieser Verschiebung nun natürlich auf dem Wege, einen umfassenden, ausnahmslosen Charakter zu gewinnen. Sie hört auf, Autorität im Dialog, Autorität mit Auswahl zu sein.

Im Laufe dieser Entwicklung wird die Autorität Jesu in zweierlei Weise ausgedrückt: man spricht einmal von dem Weg Jesu, den er nach seinem Tode ging, dann auch von der Existenz, die vor seinem irdischen Leben lag; und man bejaht zweitens seine Autorität in der Weise, daß man ihm bestimmte Titel und Würdebezeichnungen verleiht.

[. . .]

Der Weg Jesu wird nun zum Ausdruck für seine Autorität. Die entscheidende Wende ist die Überzeugung seiner Anhänger, Jesus sei nach seinem Kreuzestode nicht im

Tode geblieben. Eine alte Tradition, die auf die jüdischen Christen zurückgehen wird, berichtet von Visionen, in denen der Auferstandene seinen Anhängern erschien (1. Kor. 15,5–8). Es werden Einzelvisionen (Kephas-Petrus, Jakobus und Paulus) sowie Gruppenvisionen (die Zwölf, fünfhundert Gläubige, alle Apostel) genannt. Die Tradition über eine Vision des Jakobus ist im Neuen Testament sonst ganz verschwunden; die über die Vision des Petrus hat im Neuen Testament sonst nur noch geringe Spuren hinterlassen (Luk. 24,34; Joh. 21,1–14; Luk. 5,1–11). Der Zeitpunkt der einzelnen Visionen bleibt in 1. Kor. 15,5–8 völlig unbestimmt. Wir werden nicht fehlgehen, wenn wir für das Nacheinander dieser sechs Visionen einen Zeitraum von mehreren Jahren annehmen. Denn als Paulus seine Christusvision hatte, die sechste in 1. Kor. 15,5–8, existierte die Urgemeinde schon längere Zeit. Vor allem aber: das, was dem Paulus in dieser seiner Vision widerfuhr, war nach der Darstellung der Apostelgeschichte (9,3) eine Vision vom Himmel her, über die er selber auch in nicht massiver Weise als über einen Vorgang »in ihm« (Gal. 1,16) sprechen kann. Das heißt aber, in diesen Berichten von dem erscheinenden lebendigen Jesus spielt das Grab Jesu, seine Öffnung und das Geschick des Leichnams Jesu keine Rolle.

[. . .]

Erst im weiteren Verlauf der Tradition gewinnt das Grab für die Auferstehungsbotschaft Bedeutung, Jesus sagt in allen drei Synoptikern dreimal seinen Tod und seine Auferstehung voraus, die Frauen finden das Grab leer, erzählen das aber nicht weiter (Mark. 16,1–8). Nach dem Lukas-Evangelium berichten die Frauen es dann doch weiter (24,1–11), und Matthäus (28,1–10) verknüpft die Geschichte von den Frauen, die das Grab leer finden, sogar mit einer Vision Jesu vor eben diesen Frauen am leeren Grabe, ja mit der Teilnahme einer römischen Grabeswache, also Jesus fernstehender Dritter, an den Begleitumständen von Jesu Auferstehung.

[. . .]

Schließlich bleibt es nicht bei der Auferstehung, nachdem sie im Verlauf der Tradition als Hervorgehen aus dem Grabe verstanden ist. Denn nun wird einer so verstandenen Auferstehung das Verlassen der Erde noch hinzugefügt. Nach dem Lukas-Evangelium (24,50–53) fährt Jesus in die Himmelswelt auf noch am Auferstehungstage; nach dem jetzigen, vielleicht nicht ursprünglichen Anfang der Apostelgeschichte (1,3) findet die Himmelfahrt statt, nachdem der Auferstandene noch vierzig Tage lang mit den Seinen Umgang gehabt und sie unterwiesen hat.

Es liegt auf der Hand, daß der Entwicklungsweg dieser vielfach verschlungenen Tradition von uns historisch im einzelnen nicht genau und verläßlich nachgezeichnet werden kann. Wir werden uns diese ganze in sich nicht widerspruchsfreie Vorstellungswelt der alten Christen nach der weltanschaulichen Seite hin heute kaum zu eigen machen können. Und dies um so weniger, als wir wissen, ähnliche Dinge wurden in der Antike von Naturgottheiten, Heroen, großen Philosophen und bedeutenden Herrschern berichtet. Original christlich ist nicht der Umstand, daß *diese* Vorstellungswelt von Auferstehung und Auffahrt auf Jesus angewendet wird. Bedeutsam ist vielmehr, daß diese Vorstellungswelt auf *Jesus* angewendet wird. Der Glaube an die Auferstehung ist eine altchristliche Ausdrucksform, und zwar eine umweltbedingte Ausdrucksform, für die Autorität, die Jesus über jene Menschen gewonnen hat. Wir heute werden diese Ausdrucksform nicht als für uns verbindlich empfinden können. Die mit dieser Ausdrucksform gemeinte Autorität Jesu kann für uns aber sehr wohl verbindlich werden.

Der Weg Jesu kann im Neuen Testament nun auch noch für die Zeit vor seinem Erdenleben ausgemalt werden; sozusagen nach der entgegengesetzten Richtung hin wie bei Auferstehung und Auffahrt. ... Ja der Weg Jesu kann nun zurückverfolgt werden bis in die Himmelswelt: vor seiner Menschwerdung war er dort bei Gott und stieg, von Gott entsendet, zur Erde herab, seine himmlisch-göttliche Wesenheit ablegend (Phil. 2,6–7; Gal. 4,4). Vor seiner Menschwerdung war er das göttliche Wort, der »Logos«, durch den die Welt geschaffen wurde (Joh. 1,3; Hebr. 1,2), der dann, als das Licht der Welt, Mensch wird und die rechte Kunde von Gott bringt (Joh. 1,1–18). Auch für diese Vorstellungsreihe stehen religiöse Vorstellungen der urchristlichen Umwelt Modell.

[...]

So kommt also alles darauf an, einen Unterschied zu machen zwischen der Autorität, die Worte und Verhaltungsweise Jesu über einen Menschen gewinnen können, und den mancherlei Möglichkeiten, in denen solch eine Autorität Jesu zu den Zeiten des Neuen Testaments und später ihren Ausdruck gefunden hat. Diese Unterscheidung zwischen dem Vorhandensein der Autorität und ihren Ausdrucksformen ist angesichts unserer heutigen geistigen Situation eminent wichtig. Wo ein Mensch der Antike von dem, was Jesus will, überzeugt wurde, konnte er für diese seine Überzeugung ohne Denkschwierigkeiten zu den Ausdrucksmitteln greifen, die Neues Testament und Kirche ihm damals darboten; das heißt zu den Titulaturen für Jesus und zu den Vorstellungen über den Weg, der Jesus von der Himmelswelt über die Erde durch Tod und Auferstehung in die himmlische Existenz zurückführte. Wir heute können nun zwar genauso wie die alten Christen von der Autorität eines Wortes oder einer Verhaltensweise Jesu überzeugt werden. Wir sind heute aber nicht mehr imstande, solche unsere Überzeugung in den religiösen und weltanschaulichen Formen des Neuen Testamentes auszudrücken. Daher sollten wir uns hüten, die Christlichkeit eines Menschen danach zu befragen und zu beurteilen, ob er – um die beiden beliebtesten Testfragen herauszugreifen – Jesus für Gottes Sohn hält und ob er an Jesu Auferstehung glaubt. Und selber in dieser Weise befragt, sollten wir nicht ängstlich zurückweichen, sondern sollten klar antworten: In dem wörtlichen Sinne, in dem diese Titel im Neuen Testament gebraucht werden, kann ich sie nicht übernehmen. Das Neue Testament verpflichtet mich dazu auch gar nicht, denn schon auf seinem eigenen Boden findet eine Entwicklung statt – wir skizzierten sie ja soeben kurz –, die von einer Anerkennung der Autorität Jesu ohne jede Titulierung führt zu einer Reihe einander ablösender oder ergänzender Titulaturen und zu einem immer durchgebildeteren System von Vorstellungen über den Weg Jesu. Wollte ich sie annehmen, so müßte ich mit ihnen antike Denk- und Vorstellungsformen annehmen. Und das kann ich nicht. Ich kann aber verstehen, daß man damals diese Ausdrucksformen für die Autorität Jesu wählte. Und ich bin mit jenen alten Christen darin einig, daß Jesu Handeln und Worte – nicht pauschal, aber in bestimmten und wichtigen Punkten – für mich Autorität geworden sind.

Herbert Braun

A 29 Auferstehung und Mythus. Kritik an den Mythusanalogien.

Es ist als eine oberflächliche und unerwiesene Meinung zu kennzeichnen, die religionsgeschichtliche Forschung habe die Abhängigkeit der Auferstehung Jesu von der Mythologie festgestellt. Vielmehr läßt gerade die religionsgeschichtliche Vergleichung die stärksten Bedenken gegen jede Art von Mythisierung der Auferstehung Jesu entstehen. Nicht am wenigsten haben die scharfsinnige Kritik K. Holls und die umfangreichen Untersuchungen A. Schweitzers die schroffe Distanz zwischen Urchristentum und der hellenistisch-orientalischen Mythologie und Mysterienfrömmigkeit gezeigt und zu einer wesentlichen Klärung der Lage beigetragen. Im einzelnen lassen sich folgende kritische Argumente gegen das Verflochtensein von Mythus und christlichem Auferstehungszeugnis aufweisen.

Erstens: Die Tatsache des allgemeinen religionsgeschichtlichen Motives der sterbenden und wiederauflebenden Gottheit und die Möglichkeit der Motivwanderung darf nicht den Anlaß geben, sofort von einer Abhängigkeit, Beeinflussung oder gar von inhaltlicher Identität zu sprechen. Wissenschaftliche Aufgabe ist es vielmehr, die wesentlichen Unterschiede nach Form, sachlichem Inhalt und tiefster Tendenz nicht zu übersehen und selbst bei scheinbarer formaler Analogie die entscheidende inhaltliche Verschiedenartigkeit herauszuarbeiten.

Neben diesen methodischen Gesichtspunkt tritt die vor allem auch von Harnack betonte Feststellung: „Es führt ... keine Überlieferung auf die Annahme, daß in den Kreisen, aus welchen Petrus und die ersten Jünger stammten, bzw. in dem damaligen frommen Judentum Palästinas, ein solcher Mythus überhaupt bekannt gewesen ist oder gar innerhalb der Religion eine Stelle gehabt hat." Die Fremdheit der Auferstehung Jesu zeigt sich auch in der „vollkommenen Überraschung, mit welcher das Ostererlebnis bei den Zwölfen auftaucht". Die Besonderheit der geistigen Atmosphäre Israels im Unterschied zur synkretistischen Umwelt bedarf einer wesentlichen Berücksichtigung. Ihr Verständnis steht im Gegensatz zu den mythologischen Vorbedingungen.

Als entscheidendes Argument, das einen diametralen Gegensatz zur üblichen Mythenbildung und ihren Analogien statuiert, fällt die Geschichtsbezogenheit der Auferstehung Jesu ins Gewicht. ... Die Auferstehung Jesu hat zum Inhalt ein Geschehen an einer ganz bestimmten historischen Persönlichkeit, das in der Einmaligkeit und Unwiederholbarkeit geschichtlicher Wirklichkeit konkrete Züge trägt. In einem Mythus handelt es sich um eine Reihe von relativ wichtigen Geschehnissen, die sich so oder auch anders zugetragen haben können, die Auferstehung Jesu aber existiert nur in dieser besonderen Konkretheit ihrer Geschichtsbezogenheit oder sie ist überhaupt nicht vorhanden. Damit bricht auch jedes Analogieverhältnis zu den Naturkulten und Vegetationsriten zusammen, die dem stetig sich wiederholenden Rhythmus des Naturgeschehens angepaßt sind. Die klare Verwurzelung der Auferstehung Jesu in der Geschichte, obwohl sie an sich keine historische Tatsache darstellt, sprengt das Grundschema aller mythologischen Symbolik, die stets naturgebunden und zeitlos ist gegenüber der Geschichtsgebundenheit und zeitlichen Fixierung der Auferstehung Jesu.

Im Zusammenhang damit steht die weitere Erkenntnis, daß es dem Auferstehungszeugnis selbst nicht auf die Verkündigung einer allgemeinen religiösen Wahrheit in der Symbolsprache des Mythus ankam, sondern auf „erfahrene wirkliche Tatsachen". Schon das Bemühen der christlichen Zeugen, die Tatsächlichkeit der Auferstehung Jesu möglichst zu erhärten, „widerlegt die Annahme", dieses Bekenntnis „sei aus der Rezeption des Mythus vom verstorbenen und wiederbelebten Gott zu erklären" (Harnack). Paulus betont von der „Osterhistorie" nach G. Kittel: „daß ihr Vorgang sicher beglaubigt ist und daß man hingehen und die Augenzeugen fragen kann". Er „verweist die Gemeinde weder auf seine Schauungen und inneren Erlebnisse . . . noch auf das, was feststeht, weil [man] es sich erzählt oder weil es in der Gemeinde so verbreitet ist, sondern er zählt ihr die kritisch gesichteten und beurteilten Zeugen auf"(1). Die Botschaft von der Auferstehung Jesu ist demnach an der konkreten und perfekten Wirklichkeit des Ereignisses leidenschaftlich interessiert, eine Haltung, welche der mythischen Stimmung völlig fremd ist[2]. Das Zeugnis redet von der Auferstehung Jesu nicht als von einem vorgeschichtlichen, überzeitlichen Etwas, sondern als von einem in der gegenwärtigen Geschichtlichkeit wirksam gewordenen, von geschichtlichen noch lebenden Menschen erlebten Ereignis.

Ferner ist zu beachten, daß das Wort von der Auferstehung Jesu im Unterschied zu den mannigfaltigsten Mythen gar nicht von einer „Gottheit" handelt, die stirbt und wieder lebendig wird, sondern von dem Menschen Jesus von Nazareth. Das Außerordentliche ist, daß eine Auferstehung verkündigt wird, die sich nach dem geschichtlich feststellbaren Tod Jesu gerade an dieser geschichtlichen Persönlichkeit vollzogen hat. Das für die Mythusanalogien entscheidende Vergleichsmoment der sterbenden und auferstehenden „Gottheit" ist also von vornherein hinfällig. Das Einzigartige der Auferstehungsbotschaft ist die Auferweckung eines Menschen aus dem Tode, wovon in den Mythen überhaupt keine Rede ist.

Außerdem ist bedeutsam, daß die Mythen zwar von einem Sterben sprechen, niemals aber konkret einen Kreuzestod bezeugen. Vergänglichkeit gibt es auch in Natur und Kosmos, ist Inhalt des Mythus, der Kreuzestod Jesu aber ist ein Akt in der Geschichte. Weil es im Mythus um die symbolhafte Darstellung eines Naturvorganges geht, der letztlich autonom nach eigenen Gesetzen abläuft, der demnach auch während des Sterbensprozesses schon die Lebenskräfte des Wiederauferstehens in sich trägt, kann gar nicht die Frage entstehen, wodurch eigentlich die Auferstehung erfolgt. Es ist im Mythus nebensächlich, ob die Gottheit selbst wieder zum Leben erwacht oder ihr durch Einwirken und Mithilfe der Mysten magische Kräfte

---

[2] Vgl. Gerhard Kittel: „Der ‚historische' Jesus" in „Mysterium Christi", 1931, S. 51 f., 54; besonders treffend S. 52: „Die Mythen und Spekulationen und Philosophen der Zeit wissen von Erlösern und Erlösung. Aber bei keinem von ihnen, nicht bei einem der Götter wie Osiris, oder bei einem der Halbgötter wie Herakles, und auch nicht bei den himmlischen Gestalten der Gnosis hat der Gläubige das geringste Interesse eines historischen Realismus. Der Erlöser steht außerhalb der Zeitkategorien; ob und wann in irgendeiner grauen Vorzeit das, wovon der Mythus redet, einmal wirkliche reale Historie war, ist eine Frage, die im Ernst überhaupt nicht zur Diskussion steht, weil sie von vollkommener Gleichgültigkeit ist. Die in ritueller und liturgischer Versenkung gegebene zeitlose Begegnung mit der Symbolik des Mythus ist vollkommene Gabe, ist Erlösung."

zuwachsen. Für die christliche Auferstehungserkenntnis ist es dagegen von höchster Wichtigkeit, daß Tod und Auferstehung nicht in einem selbstverständlichen Naturzusammenhang stehen, sondern, was meistens übersehen zu werden pflegt, daß allein Gottes Eingreifen den Tod überwindet und Jesus von den Toten erweckt. Die Auferstehung ist hier kein eigengesetzlicher Naturprozeß, sondern Gottes souveräne Tat, die im Mythus keine Parallele hat.

Die gleiche unaufhebbare Differenz zeigt sich im Blick auf die Bedeutung, welche die Auferstehung für die Gläubigen hat. Das griechische, in der Mythologie lebende Denken stellt die mystische Einheit mit der Gottheit, das magisch-sakramentale Erleben der Unsterblichkeit in den Mittelpunkt. Von solcher mystischen Vergottung und einem Unsterblichkeitsgenuß aber weiß das urchristliche Auferstehungsbekenntnis nichts, es verkündigt dagegen, daß Christus für die Sünden der Menschheit gestorben und auferweckt wurde. Auch an diesem wesentlichen Punkte wird die antimythische Inhaltlichkeit der Auferstehung Jesu und das Fehlen jeder Analogie evident. Die Auferstehungsbotschaft sagt vielmehr das Gegenteil von dem aus, was die Mysterien und ihre Mythologien ihren Anhängern verheißen.

Endlich ist noch auf die Eigenart des in der Auferstehung begründeten urchristlichen Sendungsbewußtseins hinzuweisen. Obwohl an den heidnischen Kultstätten verkündigt, wird die Auferstehungsbotschaft als ein neuer, aber im Grund ähnlicher Mythus keineswegs empfunden, sondern im Gegenteil in ihrer ärgerniserregenden Andersartigkeit erkannt und verworfen. Wäre die Auferstehung Jesu nichts weiter als ein Mythus gewesen, ihr Zeugnis wäre ebenso erträglich gewesen wie hundert andere Mythen. Die Auferstehungsbotschaft erscheint der damaligen Umwelt eben nicht als eine der landläufigen Kultlegenden, so daß Jesus Christus als neuer Kultheros harmonisch neben die vielen anderen Kultheroen zu stehen käme. Die Botschaft aber lautet in strenger Ausschließlichkeit: Einer allein ist der Kyrios. Hier fehlt jede Analogie. Dieses Zeugnis tritt im Kontrast zur Toleranz der ganzen mythischen Welt mit einem intoleranten Absolutheitsanspruch auf, der die Gültigkeit und das Recht aller Mythologien in Frage stellt.

Wir kommen zu dem Ergebnis, daß die religionsgeschichtliche Forschung keineswegs als eine Instanz für die Mythisierung der Auferstehung Jesu gelten kann und eine solche ernsthafter Prüfung nicht standhält. *Die völlige Andersartigkeit der Wirklichkeit der Auferstehung verbietet prinzipiell eine Anwendung des Mythusbegriffes und läßt im einzelnen die Unmöglichkeit eines Analogieverhältnisses zu den religionsgeschichtlichen Mythen heraustreten.* In ihrer eindeutigen Geschichtsbezogenheit ist die Auferstehung Jesu gegen jedes mythologische Mißverständnis gesichert, zugleich aber ist sie auch zutiefst die *Erfüllung des Mythus.* In bezug auf die Fragen der spätjüdischen Apokalyptik gibt die Auferstehung Jesu die Antwort von dem Anbruch der neuen Gotteswelt und die Verheißung eschatologischer Erfüllung. In bezug auf den gnostischen Mythus mit seiner Sehnsucht nach Licht und Leben und seiner Frage nach der rechten Wegbereitung zum Himmel gibt die Auferstehungsbotschaft die Antwort, daß „Licht und Leben", „Weg und Wahrheit" allein in dem Auferstandenen begründet ist.

Walter Künneth

30 Eine Himmelfahrt?

In der ältesten Kirche gab es keine Tradition von einer sichtbaren Himmelfahrt Jesu vor den Augen der Jünger. Aber es gibt die eine Ausnahme: *Lukas,* von vornherein mehr als andere an der leibhaftig erwiesenen Wirklichkeit des Auferstandenen und der Augenzeugenschaft der Apostel interessiert, *trennt anders als die übrigen Zeugen Auferweckung und Erhöhung zeitlich:* Einzig er kennt eine separate Himmelfahrt in Betanien, welche die Zeit der Erscheinungen Jesu auf Erden (vor der himmlischen bei Paulus) abschließt und die Zeit der Weltmission der Kirche bis zu Jesu Wiederkunft mit Emphase eröffnet[1]. So besonders deutlich in der auf das Lukasevangelium (nach 70) folgenden wohl erst zwischen 80 und 90 geschriebenen Apostelgeschichte. In dem aus dem zweiten Jahrhundert stammenden nachträglichen Markus-Schluß wird diese separate Himmelfahrtsvorstellung übernommen, in Anlehnung zugleich an die Formulierung bei der Entrückung des Elija[2] und das Psalmwort vom Sitzen zur Rechten des Vaters[3].

Selbstverständlich hat Jesus keine Weltraumfahrt angetreten: Himmelfahrt – wohin, wie rasch und wie lange eigentlich? Diese für heutiges Verständnis unvollziehbare Vorstellung war damals allerdings nicht ungewöhnlich. Nicht nur von Elija und Henoch im Alten Testament, sondern auch von anderen Großen der Antike wie Herakles, Empedokles, Romulus, Alexander dem Großen und Apollonius von Tyana wird eine Himmelfahrt berichtet: eine „Entrückung", bei der anders als bei einer „Himmelsreise" weder der Weg zum Himmel noch die Ankunft im Himmel, sondern nur das Entschwinden von der Erde geschildert wird. Die Wolke bedeutet dabei zugleich Nähe und Unnahbarkeit Gottes. Das Entrückungsschema stand Lukas somit als Vorstellungsmodell und Erzählungsform zur Verfügung.

Vermutlich hat er selbst die traditionelle Erhöhungszusage zu einer Entrückungsgeschichte ausgestaltet, für die alle wesentlichen Bauelemente in den früheren Grabes- und Erscheinungsgeschichten bereitlagen. Warum? Es dürfte Lukas nicht allein um die Veranschaulichung der unanschaulichen Erhöhungsaussage gegangen sein. Vielmehr wie in seinem ganzen Evangelium um eine energische Korrektur der noch immer verbreiteten frühen Naherwartung der Parusie, der Wiederkunft Jesu: statt untätiges Warten die Mission der Welt! Nicht Jesus selbst, der sich in den Himmel entfernt und den Jüngern die Aufgabe überlassen hat, sondern der Heilige Geist kommt jetzt, um die Jünger für die bevorstehende Missionszeit – in Kontinuität mit der Zeit Jesu jetzt die Zeit der Kirche! – auszurüsten, bis schließlich am Ende der Zeit Jesus ebenso anschaulich wiederkommen wird. Lukas will sagen: Ostern haben nur die verstanden, die nicht zum Himmel emporstaunen, sondern in der Welt für Jesus Zeugnis ablegen[4].

So erscheint die Himmelfahrtsgeschichte – insbesondere in der nachträglichen Fassung der Apostelgeschichte mit Wolke und Engeln – geradezu als umgekehrte Parusiegeschichte. Noch im Lukas-Evangelium wie wieder im Markus-Nachtrag scheinen die Ostererscheinungen und Himmelfahrt am selben Ostertag erfolgt zu sein. Einzig

---

[1] Lk 24,50–52; Apg 1,9–14.
[2] 2 Kg 2,11.
[3] Ps 110,1.
[4] Apg 1,11.

die spätere Apostelgeschichte – in offensichtlicher Anlehnung an die heilige biblische Zahl 40 (40 Wüstenjahre Israels, Fasttage Elijas und Jesu) – erwähnt 40 Tage zwischen Ostern und Himmelfahrt: die symbolische Zahl für eine Gnadenzeit. *Nicht* als eine *zweite „Heilstatsache"* nach Ostern ist Himmelfahrt zu verstehen und zu feiern, *sondern* als ein besonders herausgehobener *Aspekt des einen Ostergeschehens.*

Hans Küng

A 31 Die Entstehung des Auferstehungsglaubens in der jüdischen Apokalyptik

Der Allmacht ... Gottes bleibt das Reich des Todes nicht entzogen. So kommt an der Grenze des Alten Testaments, im Übergang von der spätesten Prophetie zur Apokalyptik, die Hoffnung auf eine *Auferstehung* auf. Ihr tritt allerdings sogleich der Prediger mit seiner Einsicht in die radikale Vergänglichkeit des Menschen entgegen:

„Denn das Geschick der Menschen und das Geschick des Tieres –
ein Geschick haben sie beide.
Wie dieses stirbt, so sterben auch jene,
und einen Odem haben sie alle.
Einen Vorzug des Menschen vor dem Vieh gibt es nicht;
denn alles ist eitel.
Alles geht an einen Ort,
alles ist aus Staub geworden,
und alles kehrt zum Staub zurück.
Wer weiß,
ob der Geist der Menschen auffährt zur Höhe,
der Geist des Viehs aber hinabfährt zur Erde?"
(Koh 3,19–21; vgl. Hi 14,7ff).

Der Mensch gestaltet sein Los nicht selbst, sondern ist unabwendbar an sein Schicksal gebunden. Darin hat er keinen Vorrang vor dem Tier; denn für beide ist der Tod die endgültige Grenze des Lebens. Angesichts der Nichtigkeit des Irdischen bleibt nur die Freude an den eigenen Werken (3,22; 9,10). Mit dieser Aussage lehnt der Prediger für sich und vielleicht einen weiteren Kreis – ähnlich später den Sadduzäern (vgl. Lk 20,27) – die (hellenistische) Vorstellung ab, daß der menschliche „Geist" nach dem Tode „aufwärts fahre". Vielmehr wird der Mensch wieder zu Staub, während sein Geist zu Gott zurückkehrt, von dem er kommt (Koh 12,7; Ps 104,29). Dennoch weiß der Prediger von einem Gericht (4,17), wenn auch nicht als jenseitiger Vergeltung von Gut und Böse.

Israel hat in seiner Geschichte Jahwe als den Gott der Lebenden erfahren, und die Toten im „Land des Vergessens" gewußt, in dem sie von ihrem Gott „geschieden" sind (Ps 88,6ff.); wenn es auch bekennen konnte, daß die Unterwelt zu Jahwes Machtbereich gehört (Am 9,2; Ps 139,8; Prov 15,11; Hi 26,6), ja daß die Gottesgemeinschaft über den Tod hinaus erhalten bleibt (Ps 73,24; 49,16). Dagegen war die ägyptische Religion sehr stark von einem Jenseitsglauben beherrscht, der ein allgemeines Totengericht erwartete und den Leib des Menschen für ein neues Leben bewahrte. Erhofften die Ägypter eine Teilhabe des Königs und später jedes Menschen am Schicksal des Osiris, so ist im babylonischen wie im syrisch-palästinischen Raum ein Auferstehungsglaube nicht nachweisbar. Zwar verehrte man auch in Israels Umwelt sterbende und auferstehende Götter, aber ihre Rückkehr zur Erde wurde nicht mit dem Los der Menschen gleichgesetzt, so daß sie persönlich auf ein Leben nach dem Tode hoffen konnten. Wenn beim Aufkommen des Auferstehungsglaubens im Alten Testament fremde Einflüsse nachwirken sollten, sind sie eher im Parsismus zu suchen.

Die sog. Jesaja-Apokalypse verheißt ein Freudenmahl, das allen Völkern das Ende jeder Trauer bringen soll; dazu wird nach der Meinung eines Ergänzers auch der Sieg über den Hauptfeind des Menschen gehören: „Und Jahwe wird den Tod für immer vernichten" (Jes 25,8; vgl. 26,19). Das Danielbuch (12,1–3) lehrt über diese Erwartung einer Überwindung des Todes hinaus eine doppelte Auferstehung, die nicht allen Menschen zuteil wird, sondern auf Israel beschränkt bleibt. In der größten Zeit der Bedrängnis wird das Gottesvolk bewahrt werden, doch nicht in seiner Gesamtheit. Die Geretteten sind im Buch des Lebens verzeichnet:

„Und viele von denen, die im Land des Staubes schlafen, werden erwachen, die einen zum ewigen Leben, die anderen zur ewigen Schmach."

Wenn die spätere Apokalyptik diese Gedanken aufnimmt, gewinnen sie zunehmend an universaler Weite:

„In jenen Tagen wird die Erde die, welche in ihr angesammelt sind, zurückgeben, und auch die Scheol wird wiedergeben, was sie empfangen hat, und die Hölle wird, was sie schuldet, herausgeben" (Hen 51,1).

Die Menschen sollen an der Wende der Welt teilhaben; doch bringt die Zukunft Heil wie Unheil. Die prophetische Erwartung eines Gerichts wird – ausgeweitet zur Sichtung der Menschheit – für jenes Leben übernommen:

„Denn es gibt ein Gericht nach dem Tode, wann wir zu neuem Leben gelangen; da wird der Name der Gerechten kund, der Frevler Taten werden offenbar." „Mehr sind der Verlorenen als der Erlösten" (4. Esra 14,35; 9,15).

Wer an dem kommenden Dasein teilhat – alle oder nur die Gerechten? – bleibt umstritten. Auch die Vorstellungen darüber, wie das neue Leben aussehen wird, sind verschieden; immer stärker werden sie durch den nicht alttestamentlichen Gegensatz von Leib und Seele geprägt. Indem die Auferstehung nicht mehr symbolisch die Wiedererweckung des Volkes darstellt (Ez 37), sondern universal erwartet wird, wird sie zugleich individuell verstanden. Das eine entspricht dem anderen; denn das Gericht ergeht nach den Taten des einzelnen. Erst mußte wohl die Einheit des Volkes zerbrechen, bevor der einzelne ein Weiterleben nach dem Tode ersehnte. So ist die Auferstehungshoffnung zugleich durch die Frage nach Gottes Gerechtigkeit getragen: Hält Gott denen die Treue, die ihm im Leben bis zum Tode treu sind? Der Glaube will sich nicht damit zufrieden geben, daß irdische Zustände schicksalhaft – unveränderlich sind, wie es der Prediger (Koh 3,19ff.; 9,2ff.) beklagt.

Werner H. Schmidt

A 32 Der Glaube an die Auferweckung Jesu nicht aus der jüd. Auferstehungshoffnung ableitbar

1. *Entstehung des Glaubens durch Reflexionen der Jünger?* Seit der Aufklärung ist in verschiedenen Varianten immer wieder neu die Frage gestellt worden, ob sich der Auferweckungsglaube nicht auch ohne Annahme von Erscheinungen psychologisch und historisch plausibel machen läßt.

Neuerdings greift man besonders auf die spätjüdische Auferstehungserwartung zurück: Jüdische Traditionen über das Martyrium und die Entrückung prophetischer Figuren der Endzeit (Elija, Henoch) und deren Anwendung auf das Geschick Johannes des Täufers könnten, so meint man, Kategorien bereitgestellt haben, die den Jünger Jesu und Jesus selber nicht fremd waren und mit denen die Jünger nach dem Tode das Geschick ihres Meisters als Martyrium und göttliche Rechtfertigung, als Tod und Auferweckung verstehen und interpretieren konnten. Die Entstehung des Glaubens an die Auferweckung Jesu von Nazaret wäre dann vermittelt durch Reflexionen der Jünger, die gründen auf zeitgenössischem religionsgeschichtlichem Material, entscheidend aber auf Jesus selbst: seinem Wirken, seinem Geschick, seinem Tod, seiner Person, dem Glauben, den er gestiftet hat. Die Rede von seiner Auferweckung wäre Ausdruck durchgehaltenen Glaubens und glaubenden Bekenntnisses zu Jesu entscheidender Bedeutung, Sendung und Autorität trotz seines Todes.
[. . .]

2. *Einwände gegen eine psychologisch-religionsgeschichtliche Rekonstruktion:* Diese Einwände haben im Fall der Erscheinungen zweifellos sehr viel mehr Gewicht als im Fall des leeren Grabes. Man bedenke:

a) Angesichts einer Kette von – das wird man wohl zugeben müssen – weithin hypothetischen Schlußfolgerungen im Zug einer psychologisch-historischen Ableitung des Auferweckungsglaubens kann die Frage zunächst umgedreht werden: Wäre es für die Urgemeinde nicht sehr viel einfacher gewesen, Jesus statt als einen Auferweckten einfach als einen jener *Märtyrer-Propheten* zu verkünden, die verfolgt und getötet wurden und die vor Gott doch im Recht waren, deren Gräber gerade deshalb zur Zeit Jesu ausgebaut und gepflegt und die als Fürbitter verehrt wurden? Warum ist gegen diese damaligen Tendenzen um Jesus kein Grabeskult entstanden? Wäre eine solche Verkündigung von den Zeitgenossen nicht sehr viel besser verstanden worden als die Verkündigung eines bereits vor der allgemeinen Totenerweckung Auferweckten, was doch nach den vorausgegangenen Ereignissen von vornherein verdächtig erscheinen mußte?

b) Nach einzelnen alttestamentlichen Texten errettet und erhöht Gott zwar den frommen Dulder, aber von „Offenbarungen“ solcher Erhöhter ist nichts bezeugt. Im Alten Testament ist nirgendwo die Rede von der Auferweckung eines einzelnen aus dem Tod, die der endzeitlichen Auferweckung vorausginge. *Henoch* und *Elija* gelten zur Zeit Jesu deshalb als Zeugen der Auferweckungswirklichkeit, weil sie nach der Überlieferung ohne Tod und Grablegung zu Gott entrückt wurden. Die im Alten Testament selbst nicht bezeugte spätere Erwartung, Elija werde vor der

Endzeit wiederkommen, den gewaltsamen Tod der Propheten erleiden und dann auferweckt werden, erscheint in der Bezeugung zu schmal, in der Datierung zu umstritten und in der Rekonstruktion zu unsicher, als daß sie eine tragfähige Brücke zur überzeugenden Herleitung des Glaubens an die Auferweckung Jesu sein könnte. Im Neuen Testament wird denn auch kein einziges Mal mit Henoch, Elija oder auch Johannes dem Täufer für die Auferweckung Jesu argumentiert. Henoch und Elija wird auch nirgendwo die Funktion eines endzeitlichen Heilsmittlers zugeschrieben, dem man als dem Erstauferweckten zugehören müßte.(1)

c) Die von Markus referierte, aber nicht geteilte Volksmeinung von einer angeblichen Auferweckung des *Täufers* ist, gerade wenn sie dem völlig hellenisierten und in Rom erzogenen Herodes Antipas zugeschrieben wird, historisch nicht gesichert. Sie ist möglicherweise von Markus, vielleicht im Kontrast zur Auferweckung Jesu, gebildet worden. Als Erklärung reicht aus: Es geht um eine volkstümliche Meinung von der Wirksamkeit Jesu selber, in dessen Gestalt der vor kurzem getötete Täufer weiterwirkte.

d) Die Vorstellung von einer Auferweckung des *Messias* oder gar eines *gescheiterten Messias* war ein absolutes Novum in der jüdischen Tradition, das die apokalyptische Vorstellungswelt sprengt und für das Judentum bei allem Glauben an die Auferweckung der Toten bis heute unannehmbar blieb. Nach den neutestamentlichen Quellen ist nur Jesus durch Auferweckung ausdrücklich bestätigt worden, so daß seine Auferweckung und Einsetzung zum Messias, Herr, Sohn mit einer eventuellen Erhöhung auch anderer Gerechter und Märtyrer nicht verglichen werden kann. Im Judentum erscheint die Auferweckung der Gerechten als Folge ihres gerechten Tuns, im Christentum als Folge der Auferweckung Jesu und der Zugehörigkeit zu ihm.

Als Schlußfolgerung drängt sich bezüglich dieses ersten psychologisch-historischen Erklärungsversuches der Entstehung des Osterglaubens auf: Selbstverständlich ist der ursprüngliche christliche Auferweckungsglaube durch und durch jüdisch geprägt. Selbstverständlich hat die jüdische Tradition den ersten Jüngern zahllose Verstehenshilfen geboten. Selbstverständlich ist also nichts einzuwenden gegen die Tatsache von Reflexionen der Jünger über den Tod Jesu aus jüdischem Glauben. Aber eine direkte Ableitung des Glaubens an Jesu Auferweckung aus diesem jüdischen Glauben durch Reflexionen der Jünger über Jesu Botschaft und Geschick scheint zumindest bisher nicht überzeugend bewiesen zu sein. Es stellt sich unabweislich nicht nur die Frage neuer Reflexionen, sondern auch die neuer Erfahrungen. Am gewichtigsten dürfte nämlich die weitere Frage sein: Darf sich eine historisch-psychologische Rekonstruktion der Entstehung des Auferweckungsglaubens mit historischem Recht als die „eigentliche" Meinung der neutestamentlichen Zeugnisse ausgeben, wenn diese selber konstant das Gegenteil sagen? Ist es überhaupt gestattet, sie ständig gegen ihre eigentliche Intention zu interpretieren? Allzuleicht vernachlässigt man das in allen neutestamentlichen Texten bezeugte Moment des Neuen.

3. Entstehung des Glaubens durch neue Erfahrungen der Jünger? Wenn man nicht historisch spekuliert, sondern sich streng an die Zeugnisse selber hält, so läßt sich nicht bestreiten: Nach den neutestamentlichen Schriften in ihrem einhelligen Zeugnis haben die Jünger die Auferweckung Jesu nicht aus Jesu Geschick erschlossen, sondern sie haben ihn selber nach seinem Tod als den Lebendigen *erfahren*.

Hier ist zu überlegen:

a) Weder die unbestreitbare Flucht der Jünger vor Ostern noch die ebenso unbestreitbare neue Qualifikation ihres Glaubens nach Ostern lassen sich hermeneutisch eskamotieren zugunsten einer durch den Tod Jesu kaum unterbrochenen Kontinuität des Glaubens. Erst jetzt bekennt ihn der Glaube als den auferweckten Messias, den erhöhten Herrn, den kommenden Menschensohn, den Gottessohn. *Keine unmittelbare Fortsetzung* der Sache Jesu nach seinem Tod ist bezeugt, *sondern* betont eine *Diskontinuität*. Die Quellen berichten nichts von einer Umkehr des weinenden Petrus vor Ostern, nichts von isolierten Reflexionen der zweifellos an ihrem Meister irregewordenen und geflohenen Jünger, die dann zu seinen Zeugen und Sendboten werden.

b) Sämtliche neutestamentlichen Osterzeugnisse sind gekennzeichnet durch einen nicht eliminierbaren *Gegensatz* zwischen dem, was die *Jünger* taten und tun, und dem, was *Gott* an und durch Jesus getan hat. Nirgendwo verstehen sich die Jünger gleichsam als Gottes und Jesu mehr oder weniger standhafte Mitkämpfer, sondern als die im Glauben Gescheiterten und von Gott durch Jesus Überwundenen. Gerade umgekehrt wie in der Interpretation der Auferweckung in Goethes Faust: „Sie feiern die Auferstehung des Herrn, denn sie sind selber auferstanden."

c) Der Osterglaube ist ein Neuansatz, der im Neuen Testament übereinstimmend nicht auf irgendwelche Vorbilder, nicht auf eigene Erkenntnisse, nicht auf einen heimlich durchgehaltenen Glauben, sondern auf – freilich zugleich gelebte und interpretierte – *neue Erfahrungen,* auf wahre Begegnungen mit dem auferweckten Gekreuzigten zurückgeführt wird. Die Zeugen berichten und interpretieren Widerfahrnisse mit dem auferweckten Jesus, welche die Verwirrten und Geflohenen mit Petrus an ihrer Spitze zur Umkehr und natürlich auch zu neuem Nachdenken gebracht haben.

d) Gedeutet wurden diese Widerfahrnisse selbstverständlich im *alttestamentlich-jüdischen Erfahrungshorizont* mit Hilfe gängiger und zum Teil alter Begrifflichkeit: Mit „erscheinen", „offenbaren" etwa wird schon im griechischen Text des Alten Testaments die Erscheinung, die Offenbarung Gottes beschrieben. Paulus, der als Christenverfolger den christlichen Auferweckungsglauben wohl gekannt, aber sicher nicht geteilt hat, beruft sich, wie wir hörten, auf eine ihm ganz persönlich widerfahrene Christusoffenbarung: in welcher der Auferweckte „gesehen wurde", „sich sehen ließ", „erschien", „sich offenbarte", ja, in welcher Paulus den Auferweckten „sah". Dieses „Erscheinen" und das ihm entsprechende „Sehen" lassen sich nicht kritisch eliminieren oder überspielen. In der Sprache alttestamentlicher Berufungsvisionen spricht hier Paulus von einer Erfahrung, welche die Grundlage bildet für die überraschende Berufung des Christenverfolgers zum Apostel Jesu Christi und welche von ihm den Erscheinungen der anderen Apostel gleichgeordnet wird.

e) Diese Erscheinungen geschehen – ganz anders als diejenigen in der Kindheitsgeschichte bei Mattäus oder in der Apostelgeschichte – nie in der Nacht, im Schlaf oder im Traum, sondern in *voller Wachheit*. Was für Paulus eine einzigartige und grundlegende Erfahrung und Begegnung war – unterschieden offensichtlich auch von sonstigen „Visionen und Offenbarungen des Herrn", die Paulus als Apostel für sich persönlich gehabt hat und die nicht Inhalte der Predigt sind –, wird von Lukas ausführlich im Stil einer Visionslegende beschrieben.

f) Gewiß führt jenes alte Glaubensbekenntnis im 1. Korintherbrief diese „Erscheinungen" an, um die dort genannten Zeugen durch die Epiphanieformel „ist erschienen" als Zeugen in ihrer Berufung zur Verkündigung zu legitimieren. Doch nur weil ihnen Jesus „erschienen" ist, können sie als Verkündiger der Auferweckungsbotschaft legitimiert und verpflichtet sein. Mit dieser Zeugenformel wird historisch mehr gesagt als nur ein Legitimationsausweis. Es soll nicht nur die Geltung bestimmter Autoritäten und ihrer Botschaft behauptet werden, sondern zugleich sollen die Erscheinungen als Anlaß der Entstehung der Botschaft überliefert werden. Der Hinweis des Paulus auf die Hauptzeugen, die er persönlich kennt, und auf weitere noch lebende Zeugen bestätigt, daß es sich hier zugleich um einen theologischen und einen historischen Sachverhalt handelt. Nach diesem Zeugnis scheint es eindeutig, daß die Jünger nicht aufgrund eigener Reflexionen, sondern aufgrund von Erfahrungen, welcher Art auch immer, mit dem Auferweckten zum Glauben gekommen sind. Nicht ihr Glaube hat demnach Jesus für sie zum Leben erweckt, sondern der von Gott zum Leben Erweckte hat sie zum Glauben und zum Bekenntnis geführt. Er lebt in keiner Weise von seiner Jünger Gnade, sondern sie von ihm. Weil also echte *Auferweckungszeugnisse*, konnten sie zugleich *Legitimationsausweise* sein. Die Auferweckungsbotschaft ist zwar Glaubenzeugnis, aber nicht Glaubenserzeugnis. Wenn wir uns also an die neutestamentlichen Zeugnisse halten wollen, so müssen wir ausgehen von Begegnungen, wie immer zu erklären, des lebendigen Jesus mit seinen Jüngern: Wiederbegegnungen und zugleich Neubegegnungen mit dem lebendigen Gekreuzigten, für welche die Initiative von Gott und nicht von den Jüngern ausgeht und für welche die Erfahrung des Paulus den Abschluß bildete.

Hans Küng

33 Die Mythologisierung der Person Jesu als Entfaltung der Bedeutsamkeit seiner historischen Gestalt

Nicht die Eschatologie zeigt im Urchristentum mythische Züge, wohl aber erinnert die Funktion, die die Gestalt Jesu für die christliche Gemeinde erlangte, an das Archetypische des Mythos. Die Bestimmung des Menschen und der Welt ist für den Christen definitiv und unüberholbar in der Gestalt Jesu offenbart. Die christliche Liebe wird als Nachvollzug des Verhaltens Jesu begriffen. Der christliche Kultus ist in seinen zentralen Ereignissen Nachvollzug der Taufe, die Jesus auf sich nahm, und des letzten Mahles, das er feierte. Mit Christus sterben und auferstehen, das ist seit Paulus das Leitmotiv christlichen Selbstverständnisses. Diesem archetypischen Verständnis der Gestalt Jesu entspricht der normative Charakter, den die apostolische Anfangszeit für das christliche Bewußtsein behalten hat. Alle diese Züge zeigen eine frappante Ähnlichkeit mit der gründenden Urzeit des Mythos. Sie unterscheiden sich freilich vom genuinen Mythos dadurch, daß ihr Ursprung in einem unmythischen Geschehen liegt, in einer menschlichen Lebensgeschichte, deren eigene Bewußtseinsverfassung nicht mythisch, sondern eschatologisch geprägt war. Mit der Ursprungsgeschichte des Christentums stellt sich daher – insoweit hat die religionsgeschichtliche Schule richtig gesehen – unabweisbar die Frage, wie es von der unmythischen Geschichte des Menschen Jesus von Nazareth zu der eigentümlichen „Mythologisierung" seiner Person kommen konnte, die sich schon bei Paulus findet. Es ist verständlich, daß man sich diesen Sachverhalt als Beeinflussung von außen zu erklären suchte. Nur erklärt eine solche Annahme den Vorgang nicht, weil die Deutungsfiguren der christologischen Interpretation keineswegs so gebrauchsfertig in der Umwelt bereitgelegen hatten, wie man angenommen hat, und weil selbst in einem solchen Falle noch offen bliebe, wie Christen derartige fremde Vorstellungen als Ausdruck ihres Glaubens übernehmen konnten, den sie ansonsten doch entschieden genug ihrer Umwelt entgegensetzten. Man wird zum Verständnis der urchristlichen Christologie mit einem erheblich größeren Maße an geistiger Produktivität der Christen selbst rechnen müssen als das in der religionsgeschichtlichen Schule üblich gewesen ist. Und dazu gehört auch die Produktion von so etwas wie einem „neuen", christlichen Mythos. ... Der christliche „neue Mythos" entstand als Auslegung des Sinngehaltes eines geschichtlichen Geschehens, und er hat die Bindung an diesen Ursprung, der zugleich sein Thema blieb, nie verloren, hat sich nie zum reinen Mythos verselbständigt. Dennoch ist der Vorgang bemerkenswert genug.

Der Kern des christlichen „neuen Mythos" ist die Vorstellung des vom Himmel herabgekommenen Erlösers. Elemente zu dieser Vorstellung finden sich gewiß reichlich in der religiösen „Umwelt" des Urchristentums. Es mag auch sein, daß sich mehr oder weniger weitgehende unabhängige Parallelen zu ihr nachweisen lassen, obwohl die Forschung, wie erwähnt, in diesem Punkt neuerdings eher wieder zu größerer Zurückhaltung neigt. Die entscheidende Frage bleibt in jedem Fall, wie es von den Ursprüngen christlicher Überlieferung, vom Auftreten Jesu selbst her, zu diesen Gedanken kommen konnte.

Hier erweist sich nun eine Besonderheit der Eschatologie Jesu als aufschlußreich. Bekanntlich hat Jesus die von ihm verkündete kommende Gottesherrschaft zugleich als in seinem Auftreten schon anbrechend gewußt. Dieser eigentümliche Sachverhalt mag darin begründet sein, daß im Leben desjenigen, der sich jetzt schon ganz auf die kommende Herrschaft Gottes einstellt, der Wille Gottes bereits gegenwärtig zur Herrschaft gekommen ist. Dadurch wurde Jesus selbst mit seiner Botschaft von der kommenden Herrschaft Gottes zum Ereignis ihrer Gegenwart, der Gegenwart Gottes selbst. In bedeutsamer Entsprechung dazu besagte die Nachricht von der Auferweckung Jesu, die die Bildung einer christlichen Gemeinde auslöste, den Anbruch der endgültigen, sonst in jüdischer Frömmigkeit von der Zukunft Gottes erwarteten Herrlichkeit eines neuen Lebens in ihm. Dadurch wurde die Gestalt Jesu für die Glaubenden als historische zugleich Erscheinung des Absoluten in der Geschichte, Inkarnation Gottes. Weil die Heilszukunft der Welt in ihm schon Gegenwart war, darum kommt nun für die Menschen alles darauf an, in Verbindung mit ihm zu kommen und zu bleiben: Die Verbundenheit mit seiner irdischen Geschichte, mit seinen Worten, mit seinem Leidensweg, die Teilhabe an der Mahlgemeinschaft mit ihm verbürgt die künftige Teilhabe auch an der todüberwindenden Herrlichkeit, die an ihm erschienen ist, verbürgt Teilhabe an der kommenden Gottesherrschaft. Darum mußte die Geschichte Jesu archetypische Bedeutung für seine Gemeinde gewinnen. Die Deutung der Geschichte Jesu in mythischen Kategorien ist daher nicht als von außen herangetragene Überfremdung ihres ursprünglichen Sinnes zu beurteilen, sondern war durch den dieser Geschichte eigenen Sinn gefordert ...

Aber wenn man, wie das sonst in der religionsgeschichtlichen Schule üblich war, das Mythische der neutestamentlichen Texte besonders in der Vorstellung eines vom Himmel herabgekommenen, in Jesus erschienenen göttlichen Wesens findet, dann läßt sich ein Zusammenhang dieser urchristlichen Vorstellung mit dem eigentümlichen Gedanken einer Gegenwart der Gottesherrschaft – und das heißt doch Gottes selbst – in Jesus historisch kaum von der Hand weisen, und dann muß dieser charakteristische Zug der Eschatologie Jesu und der ersten Gemeinde statt als Ansatz einer Entmythologisierung vielmehr als Ausgangspunkt des spezifisch christlichen Mythos der Inkarnation des Gottessohnes erscheinen, und zwar unabhängig von der Frage, ob dabei ein gnostischer Erlösermythos als Anregung der christlichen Lehrbildung vorausgesetzt werden kann oder nicht.

Allerdings behält der Gedanke der Inkarnation des Gottessohnes, als Mythos betrachtet, ein höchst befremdliches und störendes Element in sich. Er besagt nämlich nicht nur, daß der Gott in Menschengestalt *erschienen* sei, sondern daß er *identisch* geworden sei mit einem geschichtlichen Menschen, einer historischen Person, bis in ihr Leiden und ihren Tod hinein. Nicht zufällig ist das *vere homo* ein jahrhundertelang umstrittenes Bekenntnis geblieben, das von den Christen wohl nicht zu Unrecht als das eigentlich Besondere und Einzigartige ihres Glaubens verstanden worden ist. Der Hellenismus kannte wohl Legenden, die von Epiphanien der Himmlischen in menschlicher oder anderer Gestalt zu berichten wußten, aber nie bis zu dem Punkte unauflöslicher Identität mit der angenommenen Gestalt. Und er kannte andererseits Mythen vom Sterben und Auferstehen von Göttern, wobei aber immer an ein Geschehen gedacht war, das sich in der göttlichen Sphäre selbst vollzog. Der Inkarnationsgedanke hingegen hat die Substanz des Mythos, das Wesen der Gottheit selbst, gebunden an ein historisches Geschehen, an eine historische Person. Man hat mit Recht immer wieder betont, daß darin nicht nur eine beliebige Variation mythischer Grundvorstellungen liege, sondern etwas der Natur des Mythos selbst Konträres, sofern das historisch Einmalige dem das Archetypische, jederzeit Gültige aussprechenden Mythos so entgegengesetzt wie möglich ist. Doch so sehr das zutrifft, es ist doch im Nachhinein geurteilt und erklärt nicht die Verbindung der Sprache des Mythos mit dem historisch Einmaligen, wie sie im christlichen Inkarnationsgedanken vorliegt. Ein Verständnis dieser Verbindung erschließt sich erst dadurch, daß der mythische Ausdruck als Sinndeutung der historischen Gestalt Jesu von Nazareth aus dieser selbst, aus der ihr eigentümlichen Bedeutsamkeit begriffen wird. Das erfordert dann freilich das Zugeständnis, daß im Inkarnationsgedanken kein normaler Mythos vorliegt, sondern Sinndeutung einer historischen Gestalt, aber nun nicht im Sinne einer Überfremdung des ursprünglichen Evangeliums durch eine überall in der Umwelt des Urchristentums wuchernde Mythologie, sondern als Entfaltung der dieser historischen Gestalt eigentümlichen Bedeutsamkeit. Daß die für sich genommen mythologische Vorstellung eines zur Erlösung der Menschen vom Himmel herabsteigenden Gottes als die dieser Gestalt einzig angemessene Kategorie verstanden werden konnte, ergibt sich, wie oben ausgeführt, aus der Eigenart der Eschatologie Jesu, aus der Gegenwart der Herrschaft Gottes, also Gottes selbst, in seinem Auftreten und seiner Geschichte. Die Verbindung von Historie und Mythos im Inkarnationsgedanken, die sonst wie eine Kombination von Feuer und Wasser erscheinen mag, erklärt sich von diesem Ausgangspunkt her zwanglos.

Wolfhart Pannenberg

A 34 Jesus von Nazaret – kein Mythos

Wir wissen von Jesus von Nazaret unvergleichlich mehr historisch Gesichertes als von den großen asiatischen Religionsstiftern:
mehr als von *Buddha* († um 480 v. Chr.), dessen Bild in den Lehrtexten (Sutras) auffällig stereotyp bleibt und dessen stark systematisierte Legende weniger einen historischen als einen idealtypischen Lebensablauf wiedergibt;
mehr erst recht als von Buddhas chinesischem Zeitgenossen *Kung-futse* (Meister Kung, † vermutlich 479 v. Chr.), dessen zweifellos reale Persönlichkeit trotz aller Bemühungen wegen der Unzuverlässigkeit der Quellen nicht exakt zu erfassen ist und die erst nachträglich mit der chinesischen Staatsideologie des „Konfuzianismus“ (einem im Chinesischen unbekannten Wort; sachgemäßer: „Lehre oder Schule der Gelehrten“) verknüpft wurde;
mehr schließlich als von *Lao-tse,* dessen Gestalt, von der chinesischen Überlieferung als real angenommen, wegen der unzuverlässigen Quellen biographisch überhaupt nicht faßbar ist und dessen Lebensdaten je nach Quellen ganz verschieden im 14., 13., 8., 7. oder 6. Jahrhundert v. Chr. angesetzt werden.
Der kritische Vergleich ergibt in der Tat erstaunliche Unterschiede:
Die Lehren *Buddhas* sind durch Quellen überliefert, die wenigstens ein halbes Jahrtausend nach dessen Tod niedergeschrieben wurden, als die ursprüngliche Religion bereits eine weitgehende Entwicklung erfahren hatte.
Erst seit dem 1. Jahrhundert v. Chr. wird *Lao-tse* als Autor des Tao-te-king bezeichnet, jenes klassischen Buches von „Weg“ und „Tugend“, welches faktisch eine Kompilation aus mehreren Jahrhunderten ist, dann aber für die Formulierung der taoistischen Lehre entscheidend wurde.
Die wichtigsten Überlieferungstexte von *Kung-futse* – die „Biographie“ von Szu-ma Chien und die „Gespräche“ (Lun-yü: eine den Schülern zugeschriebene Sammlung von Aussprüchen Kungs, eingebettet in Situationsberichte) – sind 400 Jahre, das zweite gegen 700 Jahre von der Lebzeit des Meisters entfernt und kaum zuverlässig; authentisch gesicherte Schriften oder eine authentische Biographie Kung-futses gibt es nicht (auch die Chronik des Staates Lu stammt kaum von ihm).
Aber auch wenn man nach Europa blickt: Die älteste uns erhaltene Handschrift der Homerischen Epen stammt aus dem 13. Jahrhundert. Der Text der Sophokleischen

Tragödien beruht auf einer einzigen Handschrift des 8. oder 9. Jahrhunderts. Für das Neue Testament aber ist der Abstand von der Urschrift um vieles kürzer, sind die erhaltenen Handschriften zahlreicher, ist ihre Übereinstimmung größer als bei irgendeinem anderen Buch der Antike: Sorgfältige Handschriften der Evangelien gibt es bereits aus dem 3. und 4. Jahrhundert. In jüngster Zeit aber hat man vor allem in der ägyptischen Wüste noch sehr viel ältere Papyri entdeckt: das älteste Fragment des Johannes-Evangeliums – des letzten der vier Evangelien – liegt heute im Original in der John-Rylands-Bibliothek in Manchester, stammt aus dem Beginn des 2. Jahrhunderts und weicht mit keinem Wort von unserem gedruckten griechischen Text ab. Die vier Evangelien haben somit bereits um das Jahr 100 existiert; mythische Erweiterungen und Umdeutungen (in den apokryphen Evangelien usw.) finden sich vom 2. Jahrhundert an. Der Weg führte offensichtlich von der Geschichte zum Mythos und nicht vom Mythos zur Geschichte!

Jesus von Nazaret ist kein Mythos: seine Geschichte läßt sich *lozieren*. Sie ist keine Wanderlegende wie – betrüblich genug für manchen treuen Eidgenossen – der Schweizer Nationalheld Wilhelm Tell. Sie spielte gewiß in einem politisch unbedeutenden Land, in einer Randprovinz des römischen Reiches. Aber immerhin stellte dieses Land Palästina ältestes Kulturreich im Kern des „fruchtbaren Halbmondes" dar. . . .

Jesus, den manche in der nationalsozialistischen Zeit gerne zum Arier gemacht hätten, stammte zweifellos aus Palästina: genauer aus der nördlich gelegenen Landschaft Galiläa mit einer rassisch freilich nicht rein jüdischen, sondern stark gemischten Bevölkerung, die aber anders als das zwischen Judäa und Galiläa liegende Samarien Jerusalem und seinen Tempel als zentrales Kultzentrum anerkannte. Ein kleiner Wirkungsbereich in jedem Fall: zwischen Kafarnaum am lieblichen See Genesaret im Norden und der Hauptstadt Jerusalem im gebirgigen Süden nur 130 km Luftdistanz, von einer Karawane in einer Woche zu durchqueren.

Jesus von Nazaret ist kein Mythos: seine Geschichte läßt sich *datieren*. Sie ist kein überzeitlicher Mythos von der Art, wie sie die ersten Hochkulturen der Menschheit geprägt haben: Kein Mythos des ewigen Lebens wie in Ägypten. Kein Mythos der kosmischen Ordnung wie in Mesopotamien. Kein Mythos der Welt als Wandlung wie in Indien. Kein Mythos des vollendeten Menschen wie in Griechenland. Es geht um die Geschichte dieses einen Menschen, der in Palästina zu Beginn unserer Zeitrechnung unter dem römischen Kaiser Augustus geboren und unter dessen Nachfolger Tiberius öffentlich aufgetreten und schließlich durch dessen Prokurator Pontius Pilatus hingerichtet wurde.

Hans Küng

Arbeitsaufgaben

1.a) Vergleichen Sie die neutestamentlichen Texte (**A 17–A 21**) und stellen Sie die Gemeinsamkeiten und Unterschiede zusammen! (Aufschlußreich kann es sein, auch die entsprechenden Abschnitte des Lukas- und Johannesevangeliums hinzuzuziehen).
   - Wie würden Sie die Unterschiede in den neutestamentlichen Texten charakterisieren?

b) Worauf stützt sich nach den neutestamentlichen Zeugnissen der Glaube an die Auferweckung Jesu?
   - Welche Rolle spielt das leere Grab Jesu in den Auferstehungszeugnissen?
   - Welche Funktionen haben die Erscheinungen des Auferstandenen?
   - Welche Auswirkung der Erscheinung auf sein Leben bezeugt Paulus? (Vgl. dazu Gal 1,11–24; Apg. 9,1–19!)

2. Vergleichen Sie die Auferstehungsberichte des Markus und Mattäus mit dem des apokryphen Petrusevangeliums (**A 22**), das etwa um 150 n. Chr., also wesentlich später als die kanonischen Evangelien, verfaßt wurde!
   Welche der festzustellenden Weiterentwicklungen halten Sie für die schwerwiegendste? Wie ist sie zu bewerten? (Vgl. **A 34**!)

3. Die neutestamentlichen Schriften wurden im Raum der griechischen und römischen Antike geschrieben. Hier kannte man Mythen von sterbenden und auferstehenden Göttern. Daher stellt sich die Frage, wie die Botschaft von der Auferweckung Jesu sich zu diesen Mythologien verhält. Als Beispiel dient der „Mythus von Osiris" (**A 23**).
   a) Was berichtet er über das Leben und Schicksal des Osiris?
   b) Welche Deutung erfährt das Schicksal des Osiris durch die Darstellung als „Kornosiris" (**A 24**)? – Gibt es einen Rückhalt für diese Deutung im Mythos?
   c) Welche Bedeutung hat Osiris für das Leben und die Religion der Ägypter?
   d) Stellen Sie die Analogien und Unterschiede zum Christusbekenntnis zusammen!

4. Die neutestamentliche Botschaft von der Erhöhung Jesu zur Rechten Gottes entstand im Raum der griechischen und römischen Antike, die in ihren Mythen von der Erhebung großer Menschen und Heroen unter die Götter berichtete. Die „Apotheose des Romulus" (**A 25**) spielte für den Kaiserkult eine große Rolle, da sie als Vorbild und Muster für die Vergottung der römischen Kaiser nach ihrem Tode diente. Wieder stellt sich die Frage nach dem Verhältnis der christlichen Botschaft zu den antiken Mythen.
   a) Erarbeiten Sie eine Gliederung des Berichtes von Livius und vergleichen sie diese mit dem Aufbau von Mt 28!
   b) Vergleichen Sie die Erscheinungsberichte bei Livius und Mattäus unter formalen und inhaltlichen Gesichtspunkten!
   c) Nennen Sie gemeinsame Bauelemente der Berichte von der Entrückung des Romulus auf dem Marsfeld und der Himmelfahrt Jesu!
   d) Erarbeiten Sie das Verhältnis der hellenistischen zu den neutestamentlichen Himmelfahrtsgeschichten und die Deutung der Himmelfahrt Jesu an Hand von Text **A 30**!

5. Die christliche Auferstehungsbotschaft ist vor allem vor dem Hintergrund des jüdischen Auferstehungsglaubens zu sehen, der stärker als im Alten Testament in den apokalyptischen Schriften bezeugt ist.
   a) In welchem Zusammenhang und unter welchen Bildern sprechen die apokalyptischen Texte (**A 26**) von der Auferstehung?
      - Welcher alltägliche Vorgang steht hinter diesen Bildern?
      - Worin liegt die Notwendigkeit, worin die Gefahr dieser bildlichen Redeweise? (Vgl. zu diesem Problemkreis Text **J 17**!)
   b) Charakterisieren Sie die Beschreibung der leiblichen Auferstehung in der Baruchapokalypse!

Ist der Auferstehungsglaube an diese Vorstellung gebunden? (Vgl. 1 Kor 15,35–53!)

c) Welche Rolle spielt der Messias oder Christus im Zusammenhang mit der Auferstehung?
Wie verhält sich hierzu die neutestamentliche Christologie?

d) W. H. Schmidt beschreibt die Entstehung des Auferstehungsglaubens im Judentum **(A 31)**. Wie ist der Auferstehungsglaube im Alten Testament bezeugt?
Worauf wird die Entwicklung der Auferstehungshoffnung zurückgeführt?

6.a) Beschreiben Sie den größeren Zusammenhang, in den die evangelischen Theologen Neuenschwander **(A 27)** und Braun **(A 28)** die hellenistischen und apokalyptischen Texte stellen!

b) Wie wertet Neuenschwander **(A 27)** die Beziehung der kirchlichen Christologie zur Mythologie?

c) Welche Bedeutung kommt nach Braun **(A 28)** der Rede von der Auferweckung Jesu heute zu, wie ist sie historisch zu erklären?

d) Wie deutet Braun zur Begründung seiner These den neutestamentlichen und religionsgeschichtlichen Befund?

e) Stimmen Sie Brauns Kriterien der Christlichkeit zu?
Welche Konsequenzen müßten aus Brauns Position für die Praxis und Verkündigung der Kirche (Gottesdienst, Sakramente, Predigt) gezogen werden?

7. Der evangelische Theologe Künneth **(A 29)** kritisiert die Ableitung der Auferstehung Jesu aus den hellenistischen Mythologien.

a) Stellen Sie die Gründe, die er gegen das Verflochtensein von Mythos und christlichem Auferstehungszeugnis anführt, thesenartig zusammen!

b) Wie deutet er das Verhältnis der Auferstehung Jesu zu den Mythen?

c) Zur Frage nach dem Verhältnis neutestamentlicher Verkündigung zum Mythos heißt es 2 Petr. 1,16: „Wir sind nicht schlau ausgedachten Mythen nachgelaufen, als wir euch die Macht und die Wiederkunft unseres Herrn Jesus Christus kundtaten, da wir doch Augenzeugen seiner Herrlichkeit waren". Über das Geschehen, das in den Mythen und Kulten der Naturgottheiten begangen wurde, sagte der römische Geschichtsschreiber Sallust (86–35 v. Chr.): „Dieses geschah niemals, ist aber immer". Erklären Sie diese Aussagen von Text **A 29** her! (Vgl. dazu vor allem **A 18** und **A 23**)!

8. Das Verhältnis der jüdischen Auferstehungshoffnung zur Auferweckung Jesu untersucht der katholische Theologe Küng **(A 32)**.

a) Welche Theorie zur Entstehung des Auferstehungsglaubens stellt er in Frage? – Welche Einwände erhebt er gegen diese Theorie?

b) Worin sieht Küng selbst den Auferweckungsglauben begründet?

c) Diskutieren Sie die im dritten Abschnitt des Textes vorgetragenen Überlegungen auch im Hinblick auf die Position Brauns!

9.a) Der evangelische Theologe Pannenberg **(A 33)** greift die These von der „Mythologisierung der Person Jesu" auf, gibt ihr aber eine andere Bedeutung als Neuenschwander **(A 27)**. Erklären Sie, was Pannenberg im Unterschied zu Neuenschwander mit dieser Formulierung meint!

b) Erläutern Sie die Begriffe „das Archetypische des Mythos" und „gründende Urzeit des Mythos" mit Hilfe des Textes **J 4!**

c) Wie beschreibt Pannenberg das Verhältnis der christologischen Aussagen zur Mythologie der zeitgenössischen Umwelt?

d) Worin sieht Pannenberg den Kern, worin den Ausgangspunkt und die Berechtigung der „Mythologisierung" der Person Jesu?

e) Am Anfang der Textreihe steht die These, grundlegend für die kirchliche Christologie sei nicht mehr so sehr der wirkliche Jesus von Nazareth als vielmehr ein von ihm und unabhängig von ihm bereits entwickelter Christusmythos. Setzen Sie diese These in Beziehung zu den Texten **A 33 und A 34**!

10.a) Das Auferstehungsverständnis Brauns **(A 28)** ist vor dem größeren Zusammenhang der „Entmythologisierung" und „Existentialen Interpretation" des Neuen Testaments zu sehen, die Brauns Lehrer Rudolf Bultmann in einem aufsehenerregenden Vortrag 1941 forderte. Er sagte unter anderem über das Neue Testament: „Das alles ist mythologische Rede und die einzelnen Motive lassen sich leicht auf die zeitgenössische Mythologie der jüdischen Apokalyptik und des gnostischen Erlösermythos zurückführen. Sofern es nun mythologische Rede ist, ist es für den Menschen von heute unglaubhaft, weil für ihn das mythische Weltbild vergangen ist". ... „Man kann nicht elektrisches Licht und Radioapparat benutzen, in Krankheitsfällen moderne medizinische und klinische Mittel in Anspruch nehmen und gleichzeitig an die Geister- und Wunderwelt des Neuen Testaments glauben". ... „Soll also die Verkündigung des Neuen Testaments ihre Gültigkeit behalten, so gibt es gar keinen anderen Weg, als sie zu entmythologisieren".

Erarbeiten Sie die Position Bultmanns genauer an Hand des Textes **J 9**!
- Was versteht Bultmann unter „mythologischen Motiven" des NT?
- Wie erklärt Bultmann den Begriff „Mythos"?
- Wie charakterisiert Bultmann die „moderne Weltanschauung"?
- Wie ist das Verhältnis zwischen „moderner Weltanschauung" und christlicher Botschaft zu beschreiben?
- Wie kann unmythologisch von Gott als dem Handelnden gesprochen werden?

b) Der evangelische Theologe Karl Barth kritisiert das Auferstehungsverständnis Bultmanns und hinterfragt in diesem Zusammenhang die Grundvoraussetzungen des Entmythologisierungsprogramms **(J 10)**.
- Worin sieht er den Unterschied zwischen seiner und Bultmanns Auslegung der Auferstehungsbotschaft?
- Welche Grundvoraussetzungen der Theologie Bultmanns beschreibt er und wie kritisiert er sie?
- Worin sieht Barth die Axiome der Theologie Bultmanns und welche Überlegungen trägt er zu ihrer Kritik vor?

Informationsmaterialien

I Mythos in Philosophie und Religionsgeschichte

J 1 Leben im Mythos

Sir George Grey wurde 1845 von der britischen Regierung nach Neuseeland geschickt und kurze Zeit später zum Generalgouverneur ernannt. 1855 veröffentlichte er eine Sammlung der Mythen und Sagen der neuseeländischen Völker. Im Vorwort der Sammlung rechtfertigt Grey, warum er als Gouverneur sich mit Mythen und Sagen beschäftigte. Bei seinem Amtsantritt traf Grey eine starke Unzufriedenheit unter der einheimischen Bevölkerung an, die zu Aufständen gegen die britische Kolonialmacht geführt hatte. Um das Volk zu befrieden und seinen Klagen durch Maßnahmen zu begegnen, die die Gefühle und die Grundeinstellung der Eingeborenen nicht verletzten, empfand es Grey als notwendig, daß er ihre Klagen jederzeit völlig verstand. Er merkte, daß diese Verständigung mit Hilfe von Dolmetschern nur unzureichend möglich war. Um das Vertrauen und die Achtung der Bevölkerung zu gewinnen und auf ihre Beschwerden unmittelbar eingehen zu können, lernte er unter großen Mühen – es gab noch keinerlei Bücher darüber – die Sprache der Neuseeländer. Als er die Sprache beherrschte, erlebte er eine neue Enttäuschung:

Bald jedoch zeigte sich eine neue und unerwartete Schwierigkeit. Auf seiten der Aufständischen hatten sich, offen oder geheim, einige der ältesten, unzivilisiertesten und einflußreichsten Häuptlinge der Inseln eingelassen. Mit ihnen hatte ich entweder persönlich oder durch geschriebene Botschaften Fragen zu diskutieren, bei denen es um Krieg oder Frieden ging und von denen die ganze Zukunft der Inseln und der eingeborenen Rasse abhing, so daß es höchst wichtig war, daß ich ihre Gedanken und Absichten völlig verstand und daß sie in keiner Weise die Art der Abmachungen, in die ich mich mit ihnen einließ, mißverstehen konnten.
Zu meiner Überraschung fand ich jedoch, daß diese Häuptlinge entweder in ihren Reden vor mir oder in ihren Briefen häufig zur Erklärung ihrer Ansichten und Absichten Fragmente alter Gedichte und Sprichwörter zitierten, oder Anspielungen machten, die auf einem alten mythologischen System beruhten. Und obwohl es klar war, daß gerade die wichtigsten Abschnitte ihrer Mitteilungen in diese bildlichen Formen gekleidet waren, waren die Dolmetscher in größter Verlegenheit. Sie konnten damals kaum (wenn überhaupt) die Gedichte übersetzen oder die Anspielungen verstehen, und es existierte keine Publikation, die irgend Licht auf diese Gegenstände warf oder die die Bedeutung der großen Masse von Wörtern angab, die die Eingeborenen bei solchen Gelegenheiten gebrauchten. So war ich gezwungen, mich mit einer kurzen allgemeinen Darstellung zu begnügen, was nach Meinung eines anderen Eingeborenen der Briefschreiber als seine Absicht hatte übermitteln wollen durch das Bruchstück eines Gedichtes, das er zitiert oder durch die Anspielung, die er gemacht hatte. Ich muß hinzufügen, daß selbst die große

Mehrheit der jungen christlichen Eingeborenen vor diesen Gegenständen in gleicher Verlegenheit waren wie die europäischen Dolmetscher. Natürlich konnte ich als Gouverneur des Landes nicht erlauben, daß ein so dichter Vorhang zwischen mir und den alten einflußreichen Häuptlingen gezogen blieb, die ich pflichtgemäß für die britischen Interessen und die britische Rasse gewinnen mußte, deren Achtung und Vertrauen wie das ihrer Stämme ich zu sichern trachtete und mit denen es nötig war, möglichst uneingeschränkte Beziehungen zu pflegen. Nur etwas gab es unter diesen Umständen zu tun und das war, mich mit der alten Sprache des Landes bekannt zu machen, seine überlieferten Gedichte und Sagen zu sammeln, ihre Priester zu überreden, mir ihre Mythologie zu übermitteln, und ihre Sprichwörter zu studieren. Für mehr als acht Jahre widmete ich einen großen Teil meiner Zeit diesen Arbeiten. Tatsächlich arbeitete ich an dieser Aufgabe in meinen freien Augenblicken in jedem Teil des Landes, den ich bereiste, und während meiner vielen Reisen von Insel zu Insel. Ich war auch immer von Eingeborenen begleitet, und bei jedem möglichen Aufenthalt verfolgte ich meine Erforschung dieser Gegenstände. . . .

Sir George Grey

J 2 Mythen der Völker

„Die Menschen denken nicht gern. Sie arbeiten nur ungern mit dem, was schwer zu fassen ist. Und darin liegt vielleicht der Grund, daß wir noch so wenig wissen vom Himmel und von der Erde, vom Ursprung der Menschen und der Tiere. Vielleicht und vielleicht auch nicht. Denn es ist schwierig zu verstehen, wie wir selbst wurden und wohin wir einmal kommen, wenn wir nicht mehr leben. Dunkel liegt über allem Anfang und allem Ende. Wie könnte man mehr wissen über das Gewaltigste, das uns umgibt und uns aufrecht erhält, über all das, was wir Luft, Himmel und Meer nennen, und was wir als Menschen aller Wohnplätze und als Tiere, Vögel und Fische aller Länder, Meere und Binnenseen bezeichnen? Nein, niemand kann mit Sicherheit etwas wissen über den Anfang alles Lebens. Aber wer Augen und Ohren öffnet und sich erinnert, was die Alten erzählten, der hat doch das eine oder andere Wissen, das die Leere unserer Gedanken ausfüllen kann. Darum lauschen wir immer gerne dem, der Kunde bringt von der Erfahrung toter Geschlechter. Und alle die alten Mythen, die wir von unseren Vorvätern erhielten, sind die Reden der Toten. Wir sprechen mit allen, die einst vor langer Zeit weise waren. Und wir, die wir scheinbar so wenig wissen, lauschen ihnen gerne."

(Worte eines Eskimo vom Noatakfluß.)

Mythen berichten uns von Göttern, Geistern und Dämonen, von ihrem und der Welt Entstehen und Werden und vom Wirken göttlicher Kräfte und Mächte. Mythen sind daher nicht nur erbauliche und interessante Geschichten, sie haben vielmehr einen tiefen inneren Wert. Meist sind sie aus Zeiten auf uns gekommen, die von der Geschichte nicht mehr erfaßt werden können, sie enthalten aber nicht allein vorgeschichtliche, sondern auch jüngere Elemente, die sie im Laufe ihrer individuellen Geschichte und Entwicklung aufgenommen haben. Ihre Bedeutung liegt darin, daß sie – innerhalb ihrer Kultur – Vermittler religiöser Wahrheit und Erkenntnis sind und als solche geachtet werden.

Mythos und Kult stehen als Ausdruck der Religion im Mittelpunkt des geistigen Lebens und wirken sich bis weit in den Alltag aus. Der Mythos ist die Ursache des Kults, sein Gehalt, sein Sinn. Er wird durch Rezitation oder bildlich vorgeführt – nicht als Spiel der Erinnerung, sondern als Gegenwart: das Geschehen von einst wird nicht dargestellt, es wird in feierlicher Handlung als Sakrament und von neuem *erlebt*. Viele Naturvölker halten die regelmäßige Wiederholung dieses Urzeitgeschehens zur Aufrechterhaltung des Weltordnung und der bestehenden Verhältnisse für erforderlich.

Ist der Kult die Ausdrucksform der Religion, so gibt der Mythos dieser Form den Inhalt. Die Bedeutung des Mythos für die Kultur im allgemeinen kann daher nicht unterschätzt werden. Später wuchert dann der Kult, wird häufig Selbstzweck und läßt den ihm zugrunde liegenden Mythos in den Hintergrund treten oder in völlige Vergessenheit geraten, „der Ritus erschlägt den Mythos". Daher kommt es, daß wir Kulte kennen, deren unterliegender Mythos nicht mehr bekannt ist, auch rühren daher häufig Veränderungen von Mythen. Andererseits gibt es allerdings auch Mythen, für die sich kein bestimmter Kult gebildet hat.

Wir können die Mythen als religiöse Geschichtsberichte ansehen, wobei es weniger um die Form der Erzählung und deren Symbole als um ihren Inhalt geht. Wir beobachten, daß eine historische Gestalt oder ein historisches Geschehen bisweilen zu mythischer Gestalt und mythischem Geschehen wurde. Auch die Motive der Sagen und Märchen sind vielfach mythischer Art. Das Märchen kann als die letzte Verflachungsform des Mythos angesehen werden, indes die Stellung der Sage in diesem Zusammenhang nicht ohne weiteres klar ist. Jedenfalls sind die Grenzen zwischen Mythos, Märchen und Sage fließend, und eine absolute Abtrennung der drei voneinander ist nicht möglich.

Man unterscheidet verschiedene Typen von Mythen.

Die *Göttermythen* (Theogonien) berichten uns von der Entstehung und den Geschicken der Götter.

Die *Schöpfungsmythen* (Kosmogonien) erzählen von der Entstehung der Welt; dabei ist die sogenannte „creatio ex nihilo", die „Schöpfung aus dem Nichts", verhältnismäßig selten. Meist ist die Schöpfung eine Neuschöpfung, nachdem sich vorangegangene Schöpfungen als unzureichend erwiesen hatten. Die *welterklärenden Mythen* (Kosmologien) berichten von der Entwicklung der Welt und ihrer Bestandteile, sowie deren Eigenschaften und Besonderheiten. Hierher gehören beispielsweise die Vegetations- und die Astralmythen.

Die *Heilbringermythen* (Soteriologien) künden vom einstigen kulturschaffenden und erlösungbringenden Wirken von Göttern oder göttlichen Persönlichkeiten auf Erden. Soweit sie in die Zukunft weisen, was nicht selten ist, zählen sie zu den *Mythen von den letzten Dingen* (Eschatologien), die von begrenztem Weltablauf, vom Ende der Zeit, von Tod, Auferstehung und zukünftiger Erlösung und allseitigem Heil sprechen. Zuletzt wären die *erklärenden Mythen* (Ätiologien) zu nennen, die Besonderheiten in der Schöpfung – beispielsweise eigenartige Gesteinsbildungen oder seltsame Pflanzen- und Tierformen – deuten. Reine Mythentypen sind selten anzutreffen.

Neben diesen Mythentypen kennen wir verschiedene Mythenmotive, die teilweise sehr verbreitet sind. Zu ihnen gehören unter anderem: die Neuschöpfung der Welt, die große Flut, die magische Flucht, die übernatürliche Geburt, das Streben des Menschen nach Unsterblichkeit, der Tod eines Gottes als Ursache des Lebens in der Welt, der Besuch im Himmel, der Raub des Feuers. Das Mythenmotiv kann verschiedenartig gestaltet werden, wie wir an vielen Varianten mancher Mythen sehen. Meist gehen verschiedene Motive Mischungen ein, die in jüngerer Zeit häufig noch durch ätiologische Einsprengsel erweitert wurden.
Zuweilen wandern Mythenmotive und ganze Mythen von einer Kultur zur anderen, es wäre aber völlig verfehlt, überall dort solche Wanderungen und Entlehnungen anzunehmen, wo sich in benachbarten Kulturen gleiche Motive finden. Die Frage „unabhängige Entstehung an mehreren Orten oder Entlehnung"? kann heute noch nicht beantwortet werden, da der Entstehungsort und vor allem die Entstehungszeit der meisten Mythen bis jetzt keineswegs eindeutig festliegen.

Rudolf Jockel

J 3 Die Wahrheit des Mythos

Alle glauben zu wissen, was man sich unter einem „Mythos" vorzustellen hat; wenn man es deutsch sagen will, nennt man es Märchen oder Sage. Aber das ist eine Vereinfachung des Mythos, die wir uns nur auf Grund unseres Intellektualismus leisten können. Bei den Naturvölkern (und den meisten Hochkulturvölkern) bildet der Mythos einen *sehr zentralen Punkt der Religion* ... Der Naturmensch nimmt den Mythos sehr ernst: der Mythos darf nicht zu jeder Zeit erzählt werden, nicht jeder darf ihn erzählen, nicht jeder darf ihn hören. Die unterschiedslose, europäisch-überhebliche Geringschätzung der Mythen ließ die Mythen als „kindisch" erscheinen, und so folgerte man: „Der Mythos ist dazu bestimmt, überwunden zu werden: die erklärerischen Momente darin haben die Wissenschaft und die Theologie, die erbaulichen Predigt, Legende und Gesang, die erzählenden Märchen und Dichtung übernommen" (Lehmann).

Wahre und falsche Geschichten

Eine Unterscheidung des Mythos in wahre und falsche Geschichten, die, wie Pettazzoni berichtet, die Pawnee (ein nordamerikanischer Indianerstamm) kennen und die sich überall anwenden läßt, hilft uns sehr zum richtigen Verständnis des Mythos. Die falschen Geschichten – um diese gleich vorwegzunehmen, weil sie für unser Vorhaben weiter nicht wesentlich sind – sind die sog. ätiologischen oder erklärerischen Mythen, die lediglich – naiv und vorwissenschaftlich – Naturzusammenhänge deuten wollen. Sie unterscheiden sich in Thema und Darstellung deutlich von den „wahren" Mythen. Ein Beispiel für eine derartige „falsche" Geschichte, einen ätiologischen Mythos der Wemale, eines Pflanzervolkes auf Westceram (Molukken) berichtet Jensen in seinem Werk „Mythos und Kult bei den Naturvölkern":

„Ulisale, ein schmuckloser Vogel des Waldes, soll früher den reichen Schmuck des Hahnes getragen haben. Als ein noch schmuckloser Hahn des Dorfes ihn eines Tages bei einem Bambusbaum erblickt, ist er über diesen Anblick sehr betroffen und läuft zunächst ins Dorf zurück. Am nächsten Tag aber begibt er sich gleich wieder zu jener Stelle, um dort Ulisale zu treffen und fragt ihn: Warum wohnst du mit deinen schönen Kleidern hier im Unkraut, warum gehst du nicht ins Dorf? Erst als der Ulisale sich hierzu nicht geneigt zeigt, beginnt die richtige Handlung: Der Hahn bietet ihm seine Freundschaft an und geht zur Bekräftigung dieser Abmachung mit ihm zur Palme, um tüchtig Palmwein zu trinken, bis der Ulisale betrunken ist. Dann bittet er ihn um leihweise Überlassung des Kammes, der roten Lappen und des prächtigen Schwanzes, um sich damit im Dorf zeigen zu können. Nach drei Tagen will er alles zurückbringen. Der mißtrauische Ulisale wird schließlich überredet, der Hahn zieht die prächtigen Kleider an und gibt seine schmucklosen dem Ulisale. Dann tanzt der Hahn vor Freude und sagt: Bin ich jetzt schön oder nicht? Und der Ulisale sagt: Du bist schön! Zum Dorf zurückkehrend, weit genug entfernt, ruft der Hahn dem Waldvogel zu: Ich habe dich betrogen, von jetzt an trage ich deine Kleider! Da weinte der Ulisale, und er rief einen großen Raubvogel, damit er mit den Hühnern Krieg anfange und ihn fortführe in Ewigkeit."

Nun muß man wissen, daß die Wemale sehr großen Wert auf Festschmuck legen und vor allem Hahnenfedern dazu benutzen. Die reizende Geschichte soll die Herkunft dieses Schmuckes deuten und auch die Feindschaft zwischen Hühnern und Habicht. Die Wemale werden keine Schwierigkeiten haben, diese Mythe als „falsch", d. h. als Erfindung zuzugeben. Sie werden diese Mythe auch jedem Fremden erzählen, der sie hören will, und sich selbst daran freuen.

Ganz anders die „echten" oder „wahren" Mythen: Ihr Inhalt hat mit dem Ewigen zu tun, es sind vor allem die sogenannten Schöpfungs- und Urstandsmythen! Sie befassen sich mit der Entstehung, Ausgestaltung und Bestimmung der Welt und des Menschen, mit dem Paradies, der Urschuld, dem Ursprung des Todes, der Sintflut, der Einführung der Kulturgüter und der Endzeit. Nach dem Zeugnis der Naturvölker sind diese Mythen „absolut wirklich und wahr"! Ihr Inhalt ist auch so erstaunlich, daß man nicht annehmen kann, er sei von einem analytisch vorgehenden, frei fabulierenden Menschen erfunden worden.

Auch A. E. Jensen hebt dies hervor: „In den ernsten großartigen Mythen, die wir im eigentlichen Sinn als Ausdruck des mythischen Erlebens ansprechen, wird uns das Wesen der Welt auf ganz besondere Art erklärt, nahegebracht und anschaulich gemacht. Neben vielen anderen Merkmalen gehört – ausgesprochen oder unausgesprochen – stets zu ihm, daß das in ihnen geschilderte Geschehen in der Urzeit vor sich ging. Wie sollte es anders sein! Die Beschaffenheit der Welt zeigt sich in einer Ordnung, die von jeher war. Aber der mythische Gedanke setzt voraus, daß alles dies Bestehende ein Gewordenes ist, ein Werk schöpferischer Kräfte, die aus der Unordnung die jetzt bestehende Ordnung, das jetzt Bestehende schufen. Es ist erstaunlich, daß dieser auch der Wissenschaft geläufige Gedanke das menschliche Bewußtsein bereits zu einer Zeit beherrschte, da weder erdgeschichtliche noch paläontologische oder prähistorische Forschungen den Gedanken durch konkrete

Funde stützten. Das mythische Bewußtsein von dem Gewordensein der Dinge ist indessen auch von ganz anderer Art. Hier werden keine Entwicklungsstufen oder stetiges Fortschreiten von den Urelementen bis zur endgültigen Gestalt gemacht, sondern das Hervortreten der Erscheinung ist fast immer ein einmaliger Akt, ein großartiges Geschehen in der Urzeit, dessen Ergebnis eben die heute gültige Form der Erscheinung ist. Diese mythische Idee von dem Gewordensein der Dinge ist keineswegs selbstverständlich, wie man leicht anzunehmen geneigt ist. Man vergegenwärtige sich nur, wie leicht ganze Systeme von andersartigen Aussagen über die Wirklichkeit denkbar sind und die Frage ihres Gewordenseins keines Gedankens gewürdigt wird. Es muß ein unerhörter Vorgang in der Kulturgeschichte der Menschheit gewesen sein, der diese Art der Weltbetrachtung hervorgebracht hat. Sie kann nur auf der tiefen Erkenntnis beruhen, daß der Entstehung einer Erscheinung, ihrem Eintreten in die Wirklichkeit als etwas ‚Neuem', eine hohe Bedeutung zukommt. Nur aus der Erfahrung des besonderen Wesens der schöpferischen Vorgänge kann die Frage nach dem Gewordensein hervorgegangen sein. Über tatsächliche Vorgänge in der Vorzeit standen der früheren Menschheit keinerlei Kenntnisse zur Verfügung, die den Inhalt der mythischen Erzählungen und die Wahrheit der Angaben hätten bestätigen können. Und doch gibt es zweifellos eine mythische Wahrheit. Wie hätten die Mythen sonst bei den Menschen Glauben finden können? Wie konnten sie zur heiligen Überzeugung werden, die die Menschen befähigte, die oft harten, ja unmenschlichen Konsequenzen jener Glaubensvorstellungen auf sich zu nehmen – wie wäre dies möglich, wenn sie nicht eine für diese Menschen gültige Wahrheit enthielten?"

Macht des Wortes

Nicht nur der Inhalt sondern auch die Rezitation selbst ist beim echten Mythos von eminenter Bedeutung. Die Rezitation des Mythos selbst ist Kult, ist wirkmächtig, das Urzeitgeschehen für die gegenwärtige Zeit neu zu veranstalten. „Der Mythos ist eigentlich nichts anderes als das Wort selbst. Er ist nicht eine Spekulation oder ein Gedicht, nicht eine primitive Welterklärung oder eine Philosophie im Keime. Er ist ein gesprochenes Wort, das entscheidende Macht besitzt, indem es wiederholt wird. Denn genau so wie es zum Wesen der heiligen Handlung gehört, daß sie wiederholt wird, liegt es im Wesen des Mythos, daß er erzählt, immer wieder von neuem gesprochen wird . . . Der Mythos ist keine Betrachtung sondern eine Aktualität . . . Das mythische Wort entscheidet, indem es gestaltet . . . das Leben, das vom mythischen Wort entschieden wird, ist aber nicht die ordinäre Wirklichkeit. Die braucht keine Entscheidung, sie wird ‚hingenommen'. Der Mythos nimmt nichts hin, sondern er begeht die Wirklichkeit . . . Was in der Natur jeden Tag geschieht, z. B. der Sonnenaufgang, wird im Mythos etwas Einmaliges. Das mythische Geschehen ist typisch und ewig, es liegt außerhalb aller Zeitlichkeit. Versucht man dennoch, es zeitlich zu fixieren, so muß man es entweder an den Anfang oder an das Ende alles Geschehens stellen, in Urzeit oder Endzeit . . ." (van der Leeuw).

Wesentlich ist auch noch, daß der Mythos nicht Sache des einzelnen „Dichters", sondern Sache der Gemeinschaft des Stammes (der Menschheit?) ist. Mit der Integrität der Gemeinschaft lebt und stirbt der Mythos: „Dies ist gerade die Wahrheit

des Mythos, eine absolute Wahrheit . . ., weil eine Lebenswahrheit. Der Mythos ist wahr und kann nur wahr sein, weil er die Charta des Stammeslebens ist, die Begründung einer Welt, die ohne den Mythos nicht weiterbestehen kann. Andererseits kann die Mythe ohne diese Welt nicht fortbestehen, von der sie einen organischen Teil bildet, als ‚Erklärung' ihres Anfangs, als ihr ursprünglicher Seinsgrund, als ihr ‚Prolog im Himmel'. – Es wird ein Tag kommen, wo die Mythen vom Beginn auch ihre Wahrheit verlieren werden und ‚falsche' Geschichten werden. Das wird dann sein, wenn ihre Welt, die auf den Ruinen der vorhergehenden errichtet ist, zusammenfällt, um einer späteren und anderen Struktur zu weichen. Mit der Zerstörung eines Kulturbereiches verlieren auch die Mythen ihren inneren Sinn, werden reine Unterhaltung. Es ist derselbe Prozeß, durch den das Drama, das einst eine liturgische Handlung war, in eine weltliche Unterhaltung umgeformt wurde, derselbe, durch den die darstellende Kunst als Ziel in sich frei wurde, das mystische Schwirrholz degenerierte zu einem Spielzeug für kleine Kinder und ein alter heiliger Ritus, der auf dem Lauf der Sonne gründete, damit endete, daß er ein Ballspiel wurde" (Pettazzoni).
. . . Die echten Mythen sind Ausdruck des Glaubensbewußtseins der Naturvölker, darum gehören sie im eminenten Sinn zur Religion. Alles andere ist später.

K. Klostermaier

J 4 Der Mythos als exemplarisches Modell

Der Mythos erzählt eine heilige Geschichte, als ein uranfängliches Ereignis, das am Anbeginn der Zeit, *ab initio*(1), stattgefunden hat. Eine heilige Geschichte erzählen, bedeutet aber soviel wie ein Mysterium enthüllen, denn die Personen des Mythos sind keine menschlichen Wesen; sie sind Götter oder kulturbringende Heroen, und deshalb bilden ihre *Taten* Mysterien, die der Mensch nicht erfahren könnte, wenn sie ihm nicht enthüllt würden. Der Mythos ist also die Geschichte von dem, was sich *in illo tempore*(2) zugetragen hat, der Bericht über das, was die Götter und die Heroen am Anbeginn der Zeit getan haben. Einen Mythos „sagen", heißt verkünden, was *ab origine*(3) geschehen ist. Sobald der Mythos einmal „gesagt", d. h. enthüllt worden ist, wird er zur unumstößlichen Wahrheit: er gründet die absolute Wahrheit. „Das ist so, weil es gesagt wurde, daß es so ist", erklären die Netsilik-Eskimos, um die Gültigkeit ihrer heiligen Geschichten und religiösen Überlieferungen zu begründen. Der Mythos verkündet das Erscheinen einer neuen kosmischen „Situation" oder eines uranfänglichen Ereignisses. Er ist also immer der Bericht von einer „Schöpfung"; man erzählt, wie etwas ausgeführt wurde, wie es *zu sein* begann. Aus diesem Grund steht der Mythos in engerem Zusammenhang mit der Ontologie; er spricht nur von *Realitäten,* von dem, was sich *real* ereignet, sich voll manifestiert hat.
Natürlich handelt es sich um heilige Realitäten, denn das *Heilige* ist das *Reale par excellence*(4). Was der Sphäre des Profanen angehört, hat am Sein nicht teil, weil das Profane durch keinen Mythos ontologisch gegründet wurde und kein exemplarisches Modell besitzt. So ist, wie wir sehen werden, der Ackerbau ein durch die

Götter oder die kulturbringenden Heroen geoffenbartes Ritual und damit ein zugleich *reales* und *bedeutsames* Tun. Denken wir zum Vergleich an den Ackerbau in einer desakralisierten Gesellschaft, wo er zu einem profanen, einzig durch den Gewinn gerechtfertigten Tun geworden ist: man pflügt die Erde, um sie auszubeuten, um Gewinn und Nahrung aus ihr zu ziehen. Ihrer religiösen Symbolik entkleidet, wird die Feldarbeit „untransparent" und aufreibend. Sie enthüllt keine Bedeutung mehr, sie ermöglicht keine „Öffnung" zum Universalen hin, zu der Welt des Geistes. Kein Gott, kein kulturbringender Heros hat jemals eine profane Handlung offenbart. Alles, was Götter und Ahnen getan haben, also alles, was die Mythen über ihre Schöpfertätigkeit erzählen, gehört der Sphäre des Heiligen an und hat deshalb am *Sein* teil. Dagegen gehört alles, was die Menschen aus eigener Initiative, was sie ohne mythisches Modell tun, der Sphäre des Profanen an. Es ist deshalb ein eitles und illusorisches, ein letzten Endes irreales Tun. Je religiöser der Mensch ist, desto mehr Modelle hat er für seine Verhaltensweisen und Handlungen. Anders ausgedrückt: je religiöser er ist, desto mehr fügt er sich dem *Realen* ein und desto weniger läuft er Gefahr, sich in nicht exemplarischem, „subjektivem" – mit einem Wort abwegigem Handeln zu verlieren.

Dieser Aspekt des Mythos ist besonders wichtig: der Mythos offenbart das absolut Heilige, denn er berichtet von der Schöpfertätigkeit der Götter und offenbart die Heiligkeit ihres Werks. Mit anderen Worten: der Mythos beschreibt die verschiedenen, manchmal dramatischen Einbrüche des Heiligen in die Welt. Aus diesem Grund dürfen bei vielen Primitiven die Mythen nicht zu jeder beliebigen Zeit erzählt werden, sondern nur in den an Riten besonders reichen Zeiten (Herbst und Winter) oder zur Zeit religiöser Zeremonien, also *in einem heiligen Zeitraum*. Der vom Mythos berichtete Einbruch des Heiligen in die Welt ist es, der die Welt realiter gründet. Jeder Mythos erzählt, wie eine Realität entstand, sei es nun die totale Realität, der Kosmos, oder nur ein Teil davon, eine Insel, eine Pflanzenart, eine menschliche Einrichtung. Mit der Erzählung, *wie* die Dinge entstanden sind, erklärt man sie und antwortet indirekt auf die andere Frage, *warum* sie entstanden sind. Das Warum ist in dem Wie immer schon enthalten, und zwar aus dem einfachen Grund, weil durch die Erzählung, *wie* ein Ding entstanden ist, der Einbruch des Heiligen in die Welt und damit die letzte Ursache aller realen Existenz geoffenbart wird.

Da jede Schöpfung ein göttliches Werk und folglich ein Einbruch des Heiligen ist, bedeutet sie zugleich auch einen Einbruch von Schöpferkraft in die Welt. Jede Schöpfung bricht aus einer Fülle auf. Die Götter erschaffen aus Übermaß an Macht, aus Überfülle von Energie. Schöpfung entspringt einem Überschuß an ontologischer Substanz. Aus diesem Grund wird der Mythos, der diese heilige Ontophanie, diese siegreiche Manifestation einer Seinsfülle erzählt, zum exemplarischen Modell für alle menschlichen Tätigkeiten. Denn er allein offenbart das Reale, das Überfließende und Wirkende. „Wir müssen tun, was die Götter im Anbeginn getan haben" (*Shatapatha Brâhmana,* VII. 2, 1, 4). „So haben es die Götter getan, so tun es die Menschen", fügt *Taittiriya Br.* (I, 5, 9, 4)[5] hinzu. Die Hauptfunktion des Mythos ist, die exemplarischen Modelle für alle Riten und alle wesentlichen Betätigungen des Menschen (Ernährung, Sexualität, Arbeit, Erziehung) festzulegen. Der Mensch, der sich wie ein voll verantwortliches menschliches Wesen verhält, ahmt die beispielhaften Taten der Götter nach, wiederholt ihr Tun, gleich, ob es sich dabei um eine einfache physiologische Funktion wie die Ernährung handelt oder um eine soziale, wirtschaftliche, kulturelle oder militärische Tätigkeit.

In Neu-Guinea sprechen zahlreiche Mythen von ausgedehnten Meerfahrten und geben auf diese Weise „den heutigen Seefahrern Vorbilder". Sie enthalten aber auch Modelle für alle anderen Betätigungen, „für Liebe, Krieg, Fischfang, Herbeiführung von Regen oder was es auch sei ... Der Mythos liefert Vorbilder für jede Etappe des Bootsbaus einschließlich der sexuellen Tabus, die dazugehören". Wenn ein Schiffer aufs Meer hinausfährt, verkörpert er den mythischen Helden *Aori*. „Er trägt die Tracht, die *Aori* im Mythos anlegte; wie *Aori* hat auch er das Gesicht geschwärzt, und im Haar trägt er ein *love* wie jenes, das *Aori* vom Kopf *Iviris* nahm. Er tanzt auf der Plattform und breitet die Arme aus, wie *Aori* seine Flügel ausbreitete ... Ein Fischer sagte mir, wenn er (mit dem Bogen) auf Fischjagd ausgehe, gebe er sich für *Kivavia* selbst aus. Er flehte diesen mythischen Helden nicht um seine Gunst und Hilfe an, er identifiziere sich mit ihm."

Dieser Symbolismus der mythischen Vorgänge findet sich ebenso in anderen primitiven Kulturen. Über die Karuk in Kalifornien schreibt J. P. Harrington: „Alles, was der Karuk tat, tat er nur, weil er glaubte, daß die *Ikxareyavs* dafür in mythischer Zeit ein Beispiel gegeben hatten. Diese *Ikxareyavs* waren die Menschen, die Amerika vor der Ankunft der Indianer bewohnten. Die heutigen Karuk, die nicht mehr wissen, wie sie dieses Wort wiedergeben sollen, schlagen Übersetzungen vor wie ‚Fürsten', ‚Häuptlinge', ‚Engel' ... Sie blieben nur so lange bei ihnen, bis sie ihnen alle Bräuche beigebracht hatten, wobei sie jedesmal zu den Karuk sagten: ‚So werden es die Menschen machen.' Ihre Handlungen und Worte werden noch heute in den magischen Formeln der Karuk berichtet und zitiert."

Diese genaue Wiederholung der göttlichen Vorbilder bewirkt zweierlei: einerseits bewahrt sich der Mensch, indem er die Götter nachahmt, einen Platz im Heiligen, und damit in der Realität; andererseits wird durch die ununterbrochene Wiedervergegenwärtigung der beispielhaften göttlichen Taten die Welt geheiligt. Das religiöse Verhalten des Menschen trägt dazu bei, daß die Heiligkeit der Welt erhalten bleibt.

Mircea Eliade

J 5 Die Errichtung der Wohnstatt als Wiederholung der Kosmogonie

Die Erschaffung der Welt übernehmen

Betrachten wir nun den grundlegenden Unterschied zwischen den beiden Verhaltensweisen – dem traditionsgebundenen (religiösen) und dem profanen Verhalten – gegenüber der Wohnung des Menschen. Bedeutung und Funktion der Wohnung in der industriellen Gesellschaft sind hinreichend bekannt. Nach der Formulierung eines berühmten Architekten unserer Zeit, Le Corbusier, ist das Haus eine „Wohnmaschine". Es gehört also unter die zahllosen serienweise hergestellten Maschinen der industriellen Gesellschaft. Das moderne Idealhaus soll vor allem

„zweckentsprechend" sein, das heißt, es soll die Arbeit und die zur Arbeit nötige Ruhe sichern. Man kann die „Wohnmaschine" ebensooft wechseln wie ein Fahrrad, einen Kühlschrank oder einen Wagen. Man kann auch die Geburtsstadt, das Geburtsland gegen einen anderen Wohnsitz vertauschen, ohne dabei andere Unannehmlichkeiten auf sich zu nehmen als die des Klimawechsels.
Es ist nicht unsere Aufgabe, die Geschichte der langsamen Desakralisierung der menschlichen Wohnung zu schreiben. Dieser Prozeß bildet einen Teil der gigantischen Umwandlung der Welt durch die industriellen Gesellschaften, einer Umwandlung, der die Desakralisierung des Kosmos durch das wissenschaftliche Denken, besonders durch die sensationellen Entdeckungen der Physik und Chemie, vorausgegangen war. . . .
Im Augenblick kommt es uns darauf an, das religiöse Verhalten gegenüber der Wohnung in seiner ursprünglichen Form zu zeigen – und die *Weltanschauung* herauszuarbeiten, die in diesem Verhalten zutage tritt.

Sich in einem Gebiet niederlassen, eine Wohnstatt bauen, heißt also immer – für das Individuum ebenso wie für eine Gemeinschaft –, eine lebenswichtige Entscheidung treffen. Denn es gilt, die Welt zu erschaffen, in der man leben will, d. h. das Werk der Götter, die Kosmogonie, nachzuschaffen. Das aber ist nicht immer leicht, denn es gibt auch tragische, blutige Kosmogonien, und der Mensch, dem es auferlegt ist, das göttliche Tun nachzuahmen, muß auch diese wiederholen. Die Götter mußten ein Meerungeheuer, ein Urwesen erschlagen und zerstückeln, um daraus die Welt zu erschaffen, – also muß der Mensch das gleiche tun, wenn er seine Welt, seine Stadt oder sein Haus schafft. Daraus erklären sich die blutigen oder symbolischen Opfer beim Bauen, die zahllosen Formen des „Bauopfers", über das wir später noch zu sprechen haben.

Welche Struktur eine traditionsgebundene Gesellschaft auch haben mag – ob es sich um eine Gesellschaft von Jägern und Hirten, von Ackerbauern oder von Städtern handelt –, die Wohnung ist immer geheiligt, denn sie ist ein Abbild der Welt, und die Welt ist eine göttliche Schöpfung. Doch kann die Wohnstätte auf verschiedene Weise kosmisiert werden, denn es gibt verschiedene Typen von Kosmogonien. Für unseren Zweck genügt es, zwei Arten einer rituellen Verwandlung des Wohnsitzes (und zwar sowohl des Landes wie des Hauses) in Kosmos zu unterscheiden: a) Der Wohnsitz wird dem Kosmos angeglichen, indem man die vier Horizonte von einem Mittelpunkt aus projiziert – (dies ist bei der Gründung eines Dorfes der Fall) –, oder indem man eine symbolische *axis mundi* errichtet (was beim Bau einer Familienwohnstatt geschieht). b) Man wiederholt durch ein Bauritual jene exemplarische göttliche Tat, die aus dem Leib eines Meerdrachens oder Urriesen die Welt entstehen ließ. . . .

So weist die Wohnstatt der primitiven Völker der Arktis, Nordamerikas und Nordasiens einen Mittelpfosten auf, welcher der *axis mundi*, d. h. der Weltsäule oder dem Weltbaum, die Erde und Himmel verbinden, gleichgesetzt wird. Mit anderen Worten: *in der Bauweise der Wohnstatt wird der kosmische Symbolismus betont.* Das Haus ist eine *imago mundi*[(1)]. Man denkt sich den Himmel als ein gewaltiges Zelt, das durch einen Mittelpfosten gestützt wird; der Zeltpfahl oder der Mittelpfosten des Hauses werden den Weltsäulen gleichgesetzt und auch mit diesem

Namen bezeichnet. Dieser zentrale Pfahl spielt im Ritual eine wichtige Rolle; an seinem Fuß finden die Opfer zu Ehren des höchsten Himmelswesens statt. Derselbe Symbolismus hat sich bei den Hirten und Züchtern Zentralasiens erhalten, nur ist hier die Wohnstatt mit konischem Dach und Mittelpfeiler durch die Jurte abgelöst worden und die mythisch-rituelle Funktion des Pfeilers an die obere Öffnung, das Rauchloch, übergegangen. Ebenso wie der Pfosten (= *axis mundi*) wird auch der entästete Baum, dessen Wipfel durch die obere Öffnung der Jurte herausragt (und der ein Symbol des kosmischen Baumes ist), als Himmelsleiter aufgefaßt; die Schamanen[2] erklettern ihn bei ihrer Himmelsreise. Durch diese obere Öffnung fliegen die Schamanen auch empor. Den heiligen Pfeiler in der Mitte der Behausung finden wir auch in Afrika bei den hamitischen und hamitoiden Hirtenvölkern.

Jede Wohnstatt liegt also an der *axis mundi,* denn der religiöse Mensch kann nur im Zentrum, d. h. in der absoluten Realität leben.

Kosmogonie und Bauopfer

Eine ähnliche Vorstellung findet sich in einer so hochentwickelten Kultur wie der indischen, doch tritt hier auch die andere Art der Gleichsetzung von Haus und Kosmos zutage. Bevor die Maurer den ersten Stein legen, bezeichnet ihnen der Astrolog den Punkt, an dem der Grundstein gelegt werden muß, und dieser Punkt liegt über der Schlange, welche die Welt trägt. Der Maurermeister spitzt einen Pfahl und rammt ihn in den Boden am bezeichneten Punkt, damit der Kopf der Schlange gut festgehalten wird. Darauf wird über dem Pfahl ein Grundstein gelegt. *Der Eckstein befindet sich also genau im „Zentrum der Welt"*. Andrerseits aber wiederholt die Grundsteinlegung den Akt der Kosmogonie, denn das Einschlagen des Pfahles in den Kopf der Schlange und das „Festhalten" des Kopfes wiederholen die Urhandlung *Somas* oder *Indras,* der, wie der *Rig Veda*[3] sagt, „die Schlange in ihrem Schlupfwinkel erschlagen hat", (IV, 17,9), dessen Blitz ihr „den Kopf abschnitt" (I, 52,10). Wie wir schon sagten, *ist die Schlange ein Symbol für das Chaos, das Amorphe, Nichtmanifestierte. Ihre Enthauptung kommt einem Schöpfungsakt gleich, einem Übergang vom Virtuellen und Amorphen zum Gestalteten.* Wir erinnern uns, daß *Marduk* aus dem Leib des urzeitlichen Meeresungeheuers *Tiâmat* die Welt geformt hat. Dieser Sieg wurde auf symbolische Weise alljährlich wiederholt, weil man alljährlich den Kosmos erneuerte. Ebenso aber wurde dieser exemplarische göttliche Sieg bei jedem Bau wiederholt, denn jeder neue Bau reproduzierte die Erschaffung der Welt.

Dieser zweite Typ der Kosmogonie ist bedeutend komplexer und kann hier nur skizziert werden. Doch mußten wir ihn anführen, weil mit dieser Art Kosmogonie alle die unzähligen Formen des „Bauopfers" zusammenhängen. Das Bauopfer ist im Grunde nichts anderes als eine – oft symbolische – Nachahmung des urzeitlichen Opfers, dem die Welt ihre Entstehung verdankt. Die Weltentstehungsmythen eines bestimmten Kulturtyps erklären die Schöpfung aus der Tötung eines Riesen (*Ymir* in der germanischen, *Purusha* in der indischen Mythologie, *P'an-ku* in China); aus seinen Organen entstehen die verschiedenen kosmischen Regionen.

Andere Mythen lassen nicht nur den Kosmos selbst infolge der Opferung eines Urwesens und aus seiner Substanz entstehen, sondern auch die Nährpflanzen, die Menschenrassen und die verschiedenen sozialen Klassen. Von diesem Typ des Kosmogoniemythos rühren die Bauopfer her. Bekanntlich muß ein Bau (Haus, Tempel, technisches Werk usw.), der Bestand haben soll, belebt sein, d. h. er muß ein Leben und eine Seele erhalten. Die „Übertragung" einer Seele aber kann nur durch ein blutiges Opfer bewirkt werden. Religionsgeschichte, Ethnologie und Folklore kennen unzählige Formen des blutigen oder symbolischen Bauopfers. In Südosteuropa haben derartige Riten und Glaubensvorstellungen zur Entstehung der schönsten Volksballaden geführt: sie schildern u. a., wie die Frau des Baumeisters für die Vollendung eines Baues geopfert wird (vgl. die Ballade von der Brücke von Arta in Griechenland, vom Kloster Argesh in Rumänien, von der Stadt Skutari in Jugoslawien usw.).

Aus allem, was wir bisher über die religiöse Bedeutung der menschlichen Wohnstatt gesagt haben, ergeben sich ganz von selbst weitere Folgerungen: ebenso wie die Stadt und das Heiligtum wird auch das Haus – oder ein Teil des Hauses – durch ein kosmologisches Ritual geheiligt. In jeder Niederlassung, in der Gründung eines Dorfes und ebenso im Bau eines Hauses liegt deshalb eine schwere Entscheidung, von der die ganze Existenz des Menschen abhängt: der Mensch muß eine „eigene" Welt erschaffen und die Verantwortung für ihre Erhaltung und Erneuerung auf sich nehmen. Man wechselt also nicht leichten Herzens seine Wohnstatt, denn es ist nicht leicht, seine „Welt" aufzugeben. Die Wohnung ist kein Gegenstand, keine „Wohnmaschine"; *sie ist das Universum, das der Mensch sich baut, indem er die beispielhafte Schöpfung der Götter, die Kosmogonie, nachbildet.* Jede Errichtung, jede Einweihung einer neuen Wohnstatt kommt in gewissem Maße einem *Neubeginn,* einem *neuen Leben* gleich. Und jeder Beginn wiederholt den Urbeginn, in dem das Universum zum ersten Mal das Licht des Tages erblickt hat. Sogar in den modernen, so stark desakralisierten Gesellschaften lebt in den Festlichkeiten, von denen ein Einzug in eine neue Wohnung begleitet wird, noch etwas von dem einstigen festlichen Überschwang des *incipit vita nova*[4] fort.

Mircea Eliade

J 6 Die Urerscheinung des Mythos

Wir haben uns gewöhnt, unter Mythos eine Kunde zu verstehen, die im wörtlichen Sinne nicht wahr sein kann, aber möglicherweise einen tieferen Sinn enthält. So ist das Wort μῦθος schon von den Griechen selbst gebraucht worden. Der Platonische Sokrates dichtet solche „Mythen" vom Jenseits und den Schicksalen der Menschenseele, und erklärt ausdrücklich, daß es unverständig wäre, zu glauben, daß es sich genau so verhalte, wie sie erzählen, aber daß die unser Wissen überschreitenden Dinge ungefähr von solcher Art seien, das getraue er sich zu behaupten.

Das Zeitalter der großen Mythen selbst muß aber ganz anders gedacht haben. Denn, von allem anderen abgesehen, bezeichnet μῦθος – das nichts anderes heißt als das „Wort" – ursprünglich gerade nicht das Wort vom Gedachten, sondern vom

Tatsächlichen. Aber diese alten Mythen mußten den späteren Zeiten so unglaubwürdig erscheinen, daß man nur die Wahl hatte, sie für absurd zu erklären, oder, wie jene philosophischen, einer tiefsinnigen Phantasie zuzuschreiben.

So pflegen auch wir zu urteilen.

Wir nennen jede ernstgemeinte Erzählung, wenn sie unserem Wissen von den Naturvorgängen widerspricht, also allen Wunderglauben, „mythisch". Wenn im Alten Testament die Sonne dem *Josua* zu Liebe stille steht, oder die Mauern Jerichos bei den Trompetenstößen der Israeliten einstürzen; wenn in den Evangelien Tote auferstehen und Dämonen ausgetrieben werden, so heißt das alles heute „mythisch", weil „wir wissen", daß es keine Dämonen gibt, wie kürzlich der Hauptvertreter der Entmythologisierung erklärt hat.

Aber der Wunderglaube an und für sich ist nicht mythisch. Etwas ganz anderes ist es, was die mythischen Gestalten von unseren für richtig geltenden Vorstellungen unterscheidet. Und es rächt sich, daß man versäumt hat, zu fragen, ob denn alle als mythisch bezeichneten Aussagen von derselben Art sind, ob sich nicht vielmehr eine Gruppe von spezifischem Wesensgehalt unterscheiden läßt, die allein im eigentlichen Sinne mythisch heißen darf, während alle anderen sogenannten Mythen nur auf Grund oberflächlicher Ähnlichkeiten diesen Namen bekommen haben.

Die alten Kulturen, wie auch heutige Naturvölker, unterscheiden unter ihren fabulösen Erzählungen eine besondere Gattung, der die höchste Ehrfurcht gebührt, nicht weil sie im höchsten Maße wunderbar ist, sondern weil die den *Charakter der Heiligkeit* besitzt. Und diese Unterscheidung beruht nicht auf bloßer Tradition oder der scheinbaren Würde einer archaischen Denkweise. Dieser eigentliche Mythos hat wirklich ein unvergleichliches Wesen: er ist *dynamisch,* er besitzt eine Macht, er greift gestaltend ins Leben hinein!

Das ist etwas ganz anderes, als wenn erfahrungsgemäß abergläubische Vorstellungen eine gewisse Macht ausüben. Hier ist echte Produktivität, hier entstehen unvergängliche Gestalten, hier wird der Mensch neu geschaffen.

Der ursprüngliche und echte Mythos ist nämlich nicht ohne den *Kultus* denkbar, d. h. ein feierliches Verhalten und Tun, das den Menschen in eine höhere Sphäre erhebt.

Über das Verhältnis von *Mythos und Kultus* ist zu verschiedenen Zeiten verschieden gedacht worden. Zuerst hielt man es für selbstverständlich, daß der Mythos das Ursprüngliche sei, und der Kultus sich an ihn als eine Art von Darstellung angeschlossen habe. Im Zeitalter der rationalen und technischen Erklärungsmethoden drehte sich das Verhältnis um. Jetzt sollte der Kultus – dessen Formen uralt zu sein pflegen, während der Mythos erst in jüngeren Überlieferungen vorliegt – das Ursprüngliche sein. Man glaubte ihn aus der Magie erklären zu können und sah in dem Mythos eine phantastische Ausdeutung der als solche nicht mehr verstandenen Zweckhandlungen des Kultus. Als man aber vor wenigen Jahrzehnten durch sorgfältigere Nachforschungen zu der Überzeugung kam, daß es den Kultus ohne Mythos überhaupt nicht gibt und nie gegeben haben kann, mußte das Problem neu gestellt werden.

Zu der ehemaligen Auffassung des Kultus als einer bloßen Darstellung des Mythos zurückzukehren, war unmöglich. Denn er ist, wie die noch heute erhaltenen Kulthandlungen lehren, durchaus nicht bloß ein Bild des mythischen Geschehens, sondern dieses Geschehen selbst, im vollen Sinne des Wortes. Sonst könnten ja auch kaum Heilswirkungen von ihm erwartet werden. Der Fehler liegt in der Problemstellung, in der Frage nach dem Abhängigkeitsverhältnis. Es gibt nicht nur keinen echten Kultus ohne Mythos, sondern auch keinen echten Mythos ohne Kultus. Sie sind beide im Grunde eines und dasselbe. Das ist für das Verständnis beider von entscheidender Bedeutung.

Daß sie beide im Grunde eines sind, versteht man leicht, sobald man sich von dem Vorurteil freimacht, als ob der Mythos etwas an den Tag brächte, das nur im Wort erscheinen kann, und nicht eben sowohl, ja vielleicht noch ursprünglicher im Verhalten und Tun des Menschen, in lebendiger und produktiver Gestaltung sich ausspricht. Man denke an die ergreifende Heiligkeit der kultischen Gebärden, der Haltungen, der Bewegungen, an die großartige Sprache der Tempelbauten und der Götterbilder! Das sind nicht weniger unmittelbare Erscheinungen der göttlichen Wahrheit des Mythos als die wörtlichen Verkündigungen, die man allein als Offenbarungen gelten lassen will.

Wir stehen vor einem *Urphänomen der religiösen Haltung.* Sie selbst – ob als Gebärde, Tat oder Wort – ist das *Offenbarwerden des heiligen Seins der Gottheit.*

Im Mythos als Wort tritt sie als Gestalt – und mit unerschöpflichem Tiefsinn als menschenähnliche Gestalt! – ans Licht. So steht sie im Mittelpunkt jedes echten Mythos. Sie ist das nicht Denkbare, sondern nur Erfahrbare; und sie, mit allem, was im Mythos sie umgibt, ist nicht darum wunderbar, ja *das* Wunder an sich, weil sie den Naturgesetzen widerspricht, sondern weil sie einem andern Seinsbereich angehört als alles Gedachte und Denknotwendige.

Von der mythischen Selbstbezeugung der Gottheit können wir drei Stufen unterscheiden, die aber keine zeitliche Aufeinanderfolge bedeuten.

Erstens: die dem Menschen allein eigene aufrechte, also zum Himmel gerichtete Haltung. Sie ist der erste Zeuge des Mythos von Himmel, Sonne und Sternen, der hier nicht im Wort, sondern im Emporstreben des Körpers sich anzeigt. Hier ist uns die religiöse Bedeutung nicht mehr bewußt. Wohl aber bei anderen seit undenklichen Zeiten vertraut gewordenen Haltungen, wie dem andächtigen oder verzückten Stehenbleiben (latein. *superstitio*), dem Erheben der Arme und Hände, oder umgekehrt der Verbeugung bis zum Niederknien, dem Falten der Hände usw. Diese Haltungen sind ursprünglich nicht etwa der Ausdruck eines Glaubens: sie sind die göttliche Offenbarung am Menschen, sie sind der offenbar gewordene Mythos selbst.

Das *Zweite* ist die Erscheinung des Mythos als Gestalt in der Bewegung und im Tun des Menschen. Das feierliche Schreiten, der Rhythmus und die Harmonie der Tänze, und was dergleichen ist, dies alles sind Selbstbezeugungen einer mythischen Wahrheit, die zutage treten will. Dasselbe gilt für die Werke von Menschenhand. Ein Stein wird aufgestellt, eine Säule errichtet, ein Tempel gebaut, ein Bildnis gemeißelt. Dem grobsinnigen Verstand bleibt es überlassen, ihre Heilighaltung als „Fetischismus" zu bezeichnen. Sie sind auch nicht Denkmäler für etwas, das gedacht, gefühlt oder erinnert werden soll. Sie sind der Mythos selbst, das heißt, die sinnfällige Erscheinung des Wahren, das mit seiner Göttlichkeit im Sichtbaren gestalthaft wohnen will.

Leichter verständlich sind uns die kultischen Handlungen. Der Mythos von einem Heilsgeschehen ist, wenn er in festlichen Begehungen als Handlung erscheint, dem Mißverständnis weniger ausgesetzt, als wenn er in der Form einer Aussage vorgetragen wird. Denn im letzteren Falle kann es scheinen, als sei nur von Vergangenem, einstmals Geschehenem die Rede. Nichts kann den Mythos mehr verfälschen als eine solche Auffassung. Wie viel besser hat ihn der geistvolle Freund des Kaisers Julian verstanden, wenn er sagte: „Dies ist nie geschehen, ist aber immer." Auch bei unseren kirchlichen Akten ist das Gefühl noch nicht erstorben, daß sie keine bloßen Erinnerungsfeiern sind. Sie sind das göttliche Geschehen selbst in regelmäßiger Wiederkehr.

Und endlich *drittens:* Der Mythos als Wort, wie sein Name ursprünglich besagt.

Daß das Göttliche im Worte sich offenbaren will, das ist das größte Ereignis des Mythos. Und wie die kultischen Haltungen, Handlungen und Gestaltungen selbst der Mythos sind, so ist auch das heilig Ausgesagte selbst die unmittelbare Erscheinung der göttlichen Gestalt und ihres Waltens.

Daß sie menschenähnlich ist, haben die Verkenner des Mythos schon im Altertum anstößig gefunden, und tun es heute erst recht. Sie werfen dem Mythos Uneinsichtigkeit vor und bemerken gar nicht, von welchen uneinsichtigen Voraussetzungen sie selbst ausgehen. Wenn sie es schon für notwendig halten, das Göttliche an und für sich ohne jede Leibhaftigkeit zu denken, muß es denn nicht menschlich werden, wenn es sich dem Menschen offenbaren will? Es ist wahrhaftig kein Aberglaube, sondern vielmehr das Siegel echter Offenbarung, wenn die Gottheit dem Menschen mit einem Menschenantlitz begegnet.

So also, um zusammenzufassen, verhalten sich die Urerscheinungen des Mythos, das Getane und das Gesagte, der Kultus und der Mythos im engeren Sinne, daß in dem Einen der Mensch selbst sich ins Göttliche erhebt, mit Göttern lebt und handelt, in dem Anderen aber das Göttliche sich herabläßt und menschlich wird.

Walter F. Otto

J 7 Die Grundzüge mythischer Gedankenbildung

Das mit dem Begriff *Mythus* Gemeinte grenzt sich einerseits gegenüber der geschichtlichen Wirklichkeit, andererseits gegenüber dem bloßen Spiel der Phantasie und der dichterischen Produktion ab. Mythus besagt Nicht-Geschichtlichkeit, aber deshalb keineswegs eine Unwirklichkeit. Das Mythische weist über die Sphäre des Geschichtlichen hinaus in den Bereich des Vorgeschichtlichen und des hinter aller Geschichte Stehenden. Nach J. J. Bachofen liegt „der Anfang aller Entwicklung im Mythus. Er ist es, der die Ursprünge in sich trägt . . . die Ursprünge bedingen den späteren Fortschritt". So ist der Mythus ein Hinweis auf das Jenseits des raum-zeitlich Seienden, auf ein Vorgeschichtliches, Übergeschichtliches, Übernaturhaftes, auf den Zusammenhang dessen, was als „Urgeschichte", als Geschehen, das dem geschichtlichen, irdischen Leben „ursprünglich" vorausgesetzt ist, bezeichnet werden kann. Der Mythus meint zwar, wie E. Cassirer sagt, die „Welt für sich", aber keineswegs eine Wirklichkeit niederer Objektivität oder primitiven Denkens. „Realität ist das Zeichen des Mythos gegenüber der Dichtung."

Ist der Realitätsanspruch des Mythus nicht, wie die rationalistische Epoche der Aufklärung urteilt, zu bestreiten, sondern ein Ausgerichtetsein auf eine mehr als immanente Wirklichkeit, die unter dem Blickpunkt des Geschichtlich-Gewöhnlichen ein irrationales Gepräge trägt, so wird der Zusammenhang des Mythischen mit dem Religiösen deutlich. Jedenfalls ist ein „Teilbereich der Religion in Wahrheit mit dem Mythos ... völlig wesensidentisch", religiöse Kulte sind stets irgendwie auf mythische Inhalte bezogen, die ihrerseits wieder die Frömmigkeit qualifizieren. Mythus und Religion treffen sich in dem Begriff des „Symbols", in dem Ausdruck des Unbedingt-Jenseitigen. So ist für die Religion die mythische Idee symbolisches Abbild eines Transzendenten. Die Symbole sind nach bestimmten Gesetzmäßigkeiten der raumzeitlichen Vorstellungswelt entnommen, die mythischen Stoffe sind je nach der Bewußtseinslage Umbildungen unterworfen, aber der symbolische Hinweis in der Sprache des Mythus auf ein transzendentes Sein bleibt in aller Religion erhalten. Mythus ist darum nach P. Tillich „eine religiöse Kategorie". Sein „symbolisch-realistisches" Verständnis des Mythischen ergibt die reife und beachtenswerte Definition: „Mythus ist das aus Elementen der Wirklichkeit aufgebaute Symbol für das im religiösen Akt gemeinte Unbedingte oder Seins-Jenseitige".

Das Verständnis des Mythus als eines symbolischen Ausdrucks für ein zwar nicht historisches und naturhaftes, aber doch reales transzendentes Sein läßt die Frage nach dem Ursprung mythischer Gedankenbildung zunächst offen. Schematisch ergibt sich für die Entstehung der Mythen eine dreifache Wurzel.

Zunächst vermag das mythische Motiv seinen Grund in dem Erbgut vorgeschichtlicher Erinnerung zu haben, wie sie in dem Unterbewußtsein in mannigfacher Verkleidung und phantasievoller Gestaltung weiterlebt. Die unbewußten, nicht zu begrifflicher Klarheit erhobenen Erkenntnisse, wie sie z. T. in der Märchen-, Sagen- und Mythenwelt der Völker vorliegen, haben ihre tiefste Voraussetzung in der Rückerinnerung an Wirklichkeiten der Vorgeschichte, in Urerfahrungen, welche zu Elementen des Menschengeistes geworden sind. Aus solchen Urgründen menschlichen Seelentums ist die Entstehung des Schöpfungs- und Sündenfalls-Mythus, wie er in irgendeiner Form den verschiedensten Kulturkreisen eignet, denkbar. Der Anlaß zur Mythenbildung ist demnach in einer vorgeschichtlichen, im Unterbewußtsein des Menschen weiterwirkenden Realität gegeben.

Als zweiter Faktor für die Gestaltung des Mythus kommt der numinose Erfahrungseindruck in Betracht. Der Mensch findet sich unter den starken Impulsen gewisser Naturerscheinungen und geschichtlichen Erlebens vor, die seine Existenz wesentlich bestimmen und mythische Motive auslösen. So bedeuten ätiologische Mythen die Versuche zur Erklärung bestimmter Begebenheiten in der Natur und im Menschenleben, sei es in Form von Naturmythen und Astralmythen, sei es in der Art von Kosmogonien. Auch der von der Geschichte ausgehende ungewöhnliche Eindruck läßt deren mythische Hintergründe aufbrechen und treibt zu einer mythischen Überhöhung und Gesamtdeutung geschichtlichen Lebens. Das stärkste numinose Erlebnis trägt aber stets speziell metaphysisches Gepräge und bedingt das Bedürfnis, die Fülle der religiösen Vorstellungen in mythisch plastischer Weise zum Ausdruck zu bringen. Darum hat es nach P. Tillich der Mythus wesensgemäß mit Göttergeschichten, die in Raum und Zeit gehandelt und erlitten werden, zu tun[1]. Die Erfahrung des Göttlichen in Erschütterung und Sehnsucht führt in der Übersteigerung des Irdischen durch idealisierende und poetische Anschaulichkeit zu Theogonien, die vom Entstehen, Kämpfen und dem Charakter der Götter handeln, wie zu den soteriologischen Mythen, die Heilsgötter und das Auftreten von Erlösern und Mittlern zum Gegenstand haben.

Schließlich ist als dritter mythenbildender Faktor die schöpferische Kraft des menschlichen Geistes aufzuzeigen. Mythen entstehen demnach nicht bloß als Entfaltung eines ursprünglichen, in die Vorgeschichte zurückweichenden Bewußtseins, nicht bloß als Reaktionen auf Erlebnisse, sondern als Akt und Produkt des Geistes. So versucht man entweder aus psychischen Tendenzen und den Gesetzmäßigkeiten seelischen Lebens den Mythus als Objektivierung der Gemütsbewegung oder als symbolischen Ausdruck unterbewußter Wünsche, besonders auch erotischen Charakters, zu erklären. Andererseits vermag auch den mythischen Schöpfungen des Geistes eine selbständige Bedeutung zugesprochen zu werden, wenn mythisches Denken als ein Glied des geistigen Lebens, neben Ästhetik und Wissenschaft, als „Schaffen einer in sich sinnvollen geistigen Welt" verstanden wird. Wesentlich vor allem bleibt, daß hier besonders eindeutig der menschliche Geist als die den Mythus schaffende Potenz erkannt wird, ohne daß deshalb der Gegenstand des Mythus als irreal zu bezeichnen wäre.

In den meisten Fällen liegt eine Kreuzung und vielfältige Verknüpfung der Ursprungs- und Motiv-Reihe der Mythenbildung vor, so daß keine der verschiedenen Theorien ohne Wahrheitsmoment zu sein braucht, die tief geschichtete Wirklichkeit des Mythus aber wird erst von einer Gesamtschau systematischer Mythologie erfaßt.

Walter Künneth

J 8 **Mythos** ist als Begriff der religiösen Aussage u. der Daseinsinterpretation einer der dunkelsten Begriffe der Religionsgeschichte. Wenn man davon ausgeht, daß jeder Begriff einer metaphysischen u. religiösen Wirklichkeit als jenseits der unmittelbaren Erfahrung mit einer Vorstellung arbeiten muß (in ursprünglicher, nicht nachträglich künstlicher u. bloß didaktischer Synthese), die nicht die ursprüngliche Erscheinung dieser Wirklichkeit, sondern anderswoher gewonnen ist, wenn man dann noch voraussetzt, diese „Vorstellung" (ohne die jeder Begriff leer, d. h. unmöglich ist; thomistisch das phantasma(1) dem sich jede transzendentale Erkenntnis zuwenden muß) sei nicht ein statisches „Bild", sondern sei gegeben als dramatische, ereignishafte Vorstellung oder könne in eine solche hinein entfaltet werden u. so etwas dürfe dann mythische Vorstellung genannt werden, dann ließe sich sagen: Jede metaphysische u. religiöse Aussage ist eine mythische oder lasse sich als solche verdeutlichen. Und dies wäre nicht eine Leugnung der Möglichkeit echter u. blei-

---

[1] P. Tillich unterscheidet ein vormythisches Stadium, das noch keine Göttervorstellung kennt, und ein nachmythisches Stadium, in dem nicht mehr entsprechend dem Bewußtsein von der unbedingten Transzendenz Gottes von einem göttlichen Handeln und Leiden in Raum und Zeit die Rede ist. In diesem Fall ist von einem „gebrochenen Mythus" zu sprechen, wie ihn das christliche Dogma auf dem Boden nachmythischer Geisteslage darstellt.

bend gültiger Wahrheitserkenntnis, sondern sie wäre mit einer solchen durchaus u. wesentlich immer vereinigt, nur ein anderer Ausdruck für die ↗ Analogie in solcher Erkenntnis. Wo das kritische Bewußtsein für die notwendige, variierbare, aber unüberwindliche Bildhaftigkeit als solche in einer solchen Aussage entweder fehlt oder sogar ausgeschlossen wird (in wirklicher absoluter Identifikation von Vorstellung u. Begriff), wäre das M. im eigentlichen oder pejorativen (formalen) Sinn des Wortes. Jeder M. kann natürlich, so aufgefaßt, nochmals die Wahrheit treffen oder dadurch verfehlen, daß er schlechterdings etwas Falsches sagt oder eine richtige Teilinterpretation des menschlichen Daseins als die ganze verabsolutiert. Wo durch das heilsgeschichtliche Handeln Gottes (vor allem in der Menschwerdung) das in der religiösen Aussage Gemeinte selbst die geschichtliche Phänomenalität der menschlichen Erfahrung zu ihrer eigenen Wirklichkeit u. so Erscheinung macht, ist das letzte Problem des M. von der gemeinten Sache her überwunden. Die Epiphanie Gottes selbst (2 Tim 1,10; Tit 3,5) ist im Fleisch, u. so kann auch von Gott selbst sehr irdisch gesprochen werden. Vgl. dazu auch Entmythologisierung.

Karl Rahner / Herbert Vorgrimler

II Mythos in der Theologie

J 9 Jesus Christus und die Mythologie

Mit der theologischen Diskussion um Mythos und Entmythologisierung unlösbar verknüpft ist der Name Rudolf Bultmann.
Sein Aufsatz „Neues Testament und Mythologie. Das Problem der Entmythologisierung der neutestamentlichen Verkündigung“, der 1941 veröffentlicht wurde, warf diese Streitfrage auf, deren heftige Diskussion die Theologie der 2. Hälfte unseres Jahrhunderts wesentlich mitbestimmt.
In seinem Büchlein „Jesus Christus und die Mythologie“, in dem Bultmann das Programm der Entmythologisierung noch einmal zusammenfassend darstellt, geht er vom Problem der nicht erfüllten Naherwartung aus.

Die Botschaft Jesu und das Problem der Mythologie

Im Zentrum der Botschaft Jesu stand die Ankündigung der Ankunft der Gottesherrschaft. Der Beginn der Gottesherrschaft wurde vorgestellt als gewaltiges kosmisches Drama, bei dem der Menschensohn auf den Wolken des Himmels erscheint, die Toten auferstehen und das Gericht stattfindet. Jesus und die frühe christliche Gemeinde erwarteten das Kommen des Gottesherrschaft für die nächste Zukunft.

Diese Hoffnung, die Jesus und die Urchristenheit teilten, wurde nicht erfüllt. Immer noch besteht dieselbe Welt, und die Geschichte geht weiter. Der Lauf der Geschichte hat die Mythologie widerlegt. Diese Vorstellung von der Gottesherrschaft ist nämlich mythologisch, wie auch die Vorstellung des Enddramas mythologisch ist. Ebenso mythologisch sind die Voraussetzungen für die Erwartung der Gottesherrschaft, nämlich die Theorie, daß die Welt vom Bösen, dem Satan, regiert wird, obwohl sie von Gott geschaffen ist, und daß die Armee des Satans, die Dämonen, Grund allen Übels ist, Ursache von Sünde und Krankheit. Das ganze Weltverständnis, das in der Predigt Jesu wie allgemein im Neuen Testament vorausgesetzt wird, ist mythologisch; das heißt: die Vorstellung der Welt, die in die drei Stockwerke Himmel, Erde und Hölle eingeteilt ist, die Vorstellung, daß übernatürliche Kräfte in den Lauf der Dinge eingreifen, und die Wundervorstellung, insbesondere die, daß übernatürliche Kräfte in das Innenleben der Seele eingreifen, die Vorstellung, daß der Mensch vom Teufel versucht und verdorben und von bösen Geistern besessen werden kann. Dieses Weltbild nennen wir mythologisch, da es sich von dem Weltbild unterscheidet, das von der Wissenschaft seit ihrem Anfang im klassischen Griechenland gebildet und entwickelt wurde, und das auch von allen modernen Menschen angenommen worden ist. In diesem modernen Weltbild ist die Verbindung von Ursache und Wirkung grundlegend. Wenn auch die modernen physikalischen Theorien in den subatomaren Vorgängen den Zufall in Rechnung stellen, werden unsere täglichen Vorsätze, unser Handeln und unser Leben davon nicht berührt. Jedenfalls glaubt die moderne Wissenschaft nicht, daß der Lauf der Natur von übernatürlichen Kräften durchbrochen oder sozusagen durchlöchert werden kann . . .

Unweigerlich erhebt sich dann die Frage: Kann Jesu Predigt von der Gottesherrschaft dann für den Menschen von heute noch irgendwelche Bedeutung haben, und kann die Predigt des Neuen Testaments in ihrer Gesamtheit für den modernen Menschen noch wichtig sein? Die Predigt des Neuen Testaments verkündigt Jesus Christus, nicht nur seine Predigt von der Gottesherrschaft, sondern zunächst seine Person, die von Anfang an von der Urchristenheit mythologisiert wurde . . .

Die erste Christenheit betrachtet ihn jedenfalls als eine mythologische Gestalt; sie erwartet, daß er als Menschensohn auf den Wolken des Himmels wiederkomme und als Weltenrichter Heil und Verdammnis bringe. Man sieht seine Person im mythologischen Licht, wenn man von ihm sagt, er sei empfangen vom Heiligen Geist und von einer Jungfrau geboren. Das wird noch deutlicher in den heidenchristlichen Gemeinden, wo Jesus im metaphysischen Sinn als Gottessohn verstanden wurde, als ein großes, präexistentes himmlisches Wesen, das um unserer Erlösung willen Mensch wurde, das Leiden auf sich nahm, hin bis zum Kreuz. Solche Vorstellungen sind offensichtlich mythologisch, sie waren ja auch weit verbreitet unter den Mythologien der Juden und der Heiden und wurden dann auf die geschichtliche Person Jesu übertragen. Besonders die Vorstellung des präexistenten Gottessohnes, der in menschlicher Verkleidung in die Welt herabsteigt, um die Menschheit zu erlösen, ist Teil einer gnostischen Erlösungslehre, und niemand würde zögern, diese Lehre „mythologisch" zu nennen. Daher erhebt sich die brennende Frage: Welches ist die Bedeutung der Predigt von Jesus und der Predigt des ganzen Neuen Testaments für den modernen Menschen? . . .

Oft wird die Mythologie eine primitive Wissenschaft genannt, die den Sinn hat, Erscheinungen und Geschehnisse zu erklären, die seltsam, eigentümlich, überraschend oder schrecklich sind, indem man sie übernatürlichen Ursachen, Göttern oder Dämonen, zuschreibt. Das geschieht etwa teilweise, wenn man Sonnen- und Mondfinsternisse solchen Ursachen zuschreibt. Mythologie ist aber mehr als das. Mythen sprechen von Göttern und Dämonen als Mächten, von denen der Mensch sich abhängig weiß, Mächten, deren Gunst er braucht, Mächten, deren Zorn er fürchtet. Mythen sind Ausdruck für die Einsicht, daß der Mensch nicht Herr der Welt und seines Lebens ist, daß die Welt, in der er lebt, voller Rätsel und Geheimnisse steckt, und daß auch das Menschenleben eine Fülle von Rätseln und Geheimnissen birgt.

Die Mythologie ist der Ausdruck eines bestimmten Verständnisses der menschlichen Existenz. Sie glaubt, daß die Welt und das Leben ihren Grund und ihre Grenzen in einer Macht haben, die außerhalb all dessen ist, was wir berechnen und kontrollieren können. Die Mythologie spricht über diese Macht auf unzureichende und ungenügende Art, denn sie spricht von ihr wie von einer weltlichen Macht. Sie spricht von Göttern, die die Macht jenseits der sichtbaren, verstehbaren Welt darstellen. Sie spricht von Göttern, als wären sie Menschen, und von ihren Taten als menschlichen Taten, wenn sie sich auch die Götter vorstellt als mit übernatürlicher Macht begabt und ihre Taten als unberechenbar, als fähig, die normale, gewohnte Ordnung des Geschehens zu zerbrechen. Man kann sagen, Mythen geben der transzendenten Wirklichkeit eine immanent weltliche Objektivität. Der Mythos objektiviert das Jenseitige zum Diesseitigen.

All das gilt auch für die mythologischen Vorstellungen in der Bibel. Nach dem mythologischen Denken wohnt Gott im Himmel. Was bedeutet diese Aussage? Die Bedeutung ist ziemlich einfach: Es wird auf eine grobe Art ausgedrückt, daß Gott außerhalb der Welt ist, daß er transzendent ist. Das Denken, das noch nicht die abstrakte Idee der Transzendenz ausdrücken kann, drückt seine Absicht in der Kategorie des Raumes aus; man stellt sich den transzendenten Gott vor als räumlich sehr weit entfernt, weit über der Welt: Denn über der Welt ist die Welt der Sterne, des Lichts, welches das Leben der Menschen hell und glücklich macht. Wenn das mythologische Denken die Vorstellung von der Hölle bildet, drückt es die Idee der Transzendenz des Bösen aus als die ungeheure Macht, die immer und immer wieder die Menschheit heimsucht. Der Ort der Hölle und der Menschen, die von der Hölle ergriffen sind, ist unter der Erde im Finstern, denn das Dunkel ist für den Menschen ungeheuer und furchtbar.

Der moderne Mensch kann diese mythologischen Vorstellungen von Himmel und Hölle nicht mehr annehmen; denn für das wissenschaftliche Denken hat ein Reden von „oben" und „unten" im Universum jede Bedeutung verloren, aber die Idee der Transzendenz Gottes und des Bösen ist immer noch bedeutungsvoll ...

Die christliche Botschaft und die moderne Weltanschauung

Nun erhebt sich die Frage: Kann man die Botschaft Jesu und die Predigt der Urchristenheit entmythologisieren? Ein oft gehörter Einwand gegen den Versuch der Entmythologisierung ist, daß sie die moderne Weltanschauung als ein Kriterium der Schriftauslegung und der christlichen Botschaft nimmt, und daß die Schrift und die christliche Botschaft nichts sagen dürfen, was der modernen Weltanschauung widerspricht.

Es stimmt natürlich, daß für die Entmythologisierung die moderne Weltanschauung als ein Kriterium gilt. Entmythologisieren heißt jedoch nicht, die Schrift oder die christliche Botschaft als Ganzes zu verwerfen, sondern die Weltanschauung der Schrift, die die Weltanschauung einer vergangenen Zeit ist, die nur zu oft in der christlichen Dogmatik und in der Predigt der Kirche beibehalten wird. Entmythologisieren heißt verneinen, daß die Botschaft der Schrift und der Kirche an eine alte, veraltete Weltanschauung gebunden ist. Der Versuch der Entmythologisierung beginnt mit dieser wichtigen Einsicht: Die christliche Predigt, sofern sie Predigt des Wortes Gottes auf sein Geheiß und in seinem Namen ist, bietet nicht eine Lehre an, die man entweder durch die Vernunft oder durch ein sacrificium intellectus annehmen kann. Die christliche Predigt ist *Kerygma,* das heißt, eine Verkündigung, die nicht an die theoretische Vernunft gerichtet ist, sondern an den Hörer als an ein Selbst. So empfiehlt sich Paulus an jedermanns Gewissen im Angesicht Gottes (2. Kor 4,2). Die Entmythologisierung hat zum Ziel, diese Aufgabe der Predigt als eine persönliche Botschaft zu verdeutlichen. Indem sie das tut, entfernt sie einen

falschen Anstoß und bringt dafür den echten Anstoß in den Blickpunkt, nämlich das Wort vom Kreuz. Die Weltanschauung der Schrift ist mythologisch und daher für den modernen Menschen nicht annehmbar, dessen Denken von der Naturwissenschaft her geformt wird und deshalb nicht mehr mythologisch ist. . . .
Daraus folgt, daß der Einwand von einem Mißverständnis herrührt, Entmythologisierung sei eine Rationalisierung der christlichen Botschaft, Entmythologisierung löse die christliche Botschaft auf in ein Ergebnis vernünftigen menschlichen Denkens, und das Geheimnis Gottes werde von der Entmythologisierung zerstört. Das stimmt keineswegs! Entmythologisierung macht im Gegenteil erst die wahre Bedeutung von Gottes Geheimnis deutlich. Die Unbegreifbarkeit Gottes liegt nicht auf der Ebene theoretischer Gedanken, sondern auf der Ebene der persönlichen Existenz. Das Geheimnis, für das der Glaube sich interessiert, ist nicht, was Gott an sich ist, sondern wie er mit den Menschen handelt. Dies ist ein Geheimnis nicht für das theoretische Denken, sondern für die natürlichen Wünsche und Begierden des Menschen.
Das Wort Gottes ist meinem Verstehen kein Geheimnis. Im Gegenteil, ich kann nicht in Wahrheit an das Wort glauben, ohne es zu verstehen. Aber verstehen heißt nicht, es rational erklären. Ich kann beispielsweise verstehen, was Freundschaft ist, was Liebe und Treue, und gerade dadurch, daß ich es echt verstehe weiß ich: Die Freundschaft, Liebe und Treue, die ich genieße, sind ein Geheimnis, das ich nur dankbar empfangen kann. Ich begreife sie nämlich nicht durch mein rationales Denken oder durch psychologische Analyse, sondern allein in offener Bereitschaft zur persönlichen Begegnung. In dieser Bereitschaft kann ich sie bereits bis zu einem gewissen Grade verstehen, bevor sie mir geschenkt werden, denn meine persönliche Existenz braucht sie. Dann verstehe ich sie, indem ich sie suche, indem ich nach ihnen verlange. Dennoch bleibt die Tatsache selbst, daß mein Verlangen erfüllt wird und ein Freund zu mir kommt, ein Geheimnis.
Auf die gleiche Weise kann ich verstehen, was Gottes Gnade bedeutet. Ich frage danach, solange sie nicht zu mir kommt, und empfange sie dankbar, wenn sie kommt. Die Tatsache aber, daß sie zu mir kommt, daß der gnädige Gott mein Gott ist, bleibt auf ewig ein Geheimnis, nicht, weil Gott auf irrationale Art etwas tut, das den natürlichen Lauf der Dinge unterbricht, sondern weil es unbegreiflich ist, daß er mir in seinem Wort als der gnädige Gott begegnen soll . . .

Die Bedeutung Gottes als des Handelnden

Oft sagt man, man könne die Entmythologisierung nicht konsequent durchführen, da wir ja, wenn die Botschaft des Neuen Testamentes überhaupt beibehalten werden soll, von Gott als dem Handelnden sprechen müssen. In solcher Rede bleibe ein mythologischer Rest. Oder ist es nicht mythologisch, von Gott als dem Handelnden zu sprechen? Der Einwand nimmt auch die Form an: Weil Entmythologisierung als solche nicht übereinstimmt mit dem Reden von Gott als dem Handelnden, muß die christliche Predigt immer mythologisch bleiben, wie es die Predigt des Neuen Testaments überhaupt war. Sind solche Argumente gültig? Wir müssen fragen, ob wir in der Tat mythologisch sprechen, wenn wir so von Gott als dem Handelnden reden. Wir müssen fragen, wann und unter welchen Bedingungen solches Reden

8 Bibel und Mythos 53340

mythologisch ist. So wollen wir bedenken, wie das Handeln Gottes in mythologischem Denken verstanden wird.

Im mythologischen Denken wird das Handeln Gottes, ob nun in Natur, Geschichte, menschlichem Schicksal oder im Leben der Seele, als ein Handeln verstanden, das in den natürlichen oder geschichtlichen oder psychologischen Lauf der Dinge eingreift; es zerbricht und verbindet die Ereignisse zugleich. Die göttliche Kausalität wird eingeführt als ein Glied in der Kette der Ereignisse, die einander nach dem Kausalzusammenhang folgen. Das versteht man unter der gebräuchlichen Vorstellung, daß ein wunderbares Ereignis nicht anders denn als Mirakel verstanden werden kann, das heißt, als das Ergebnis einer übernatürlichen Ursache. In solchem Denken stellt man sich das Handeln Gottes tatsächlich so vor, wie man sich weltliches Handeln oder Ereignisse vorstellt; denn die göttliche Macht, die Mirakel wirkt, wird als eine natürliche Macht betrachtet. In der Tat kann ein Wunder im Sinn eines Handelns Gottes nicht als ein Geschehen gedacht werden, das sich auf der Ebene des weltlichen Geschehens ereignet. Es ist nicht sichtbar, nicht für einen objektiven wissenschaftlichen Beweis zugängig, der nur innerhalb eines objektiven Weltbildes möglich ist. Einem wissenschaftlichen, objektiven Beobachter ist das Handeln Gottes ein Geheimnis.

Der Gedanke des Handelns Gottes als eines unweltlichen und transzendenten Handelns kann nur dann vor Mißverständnissen bewahrt werden, wenn es nicht als Handeln gedacht wird, das sich zwischen weltlichem Handeln oder weltlichen Ereignissen abspielt, sondern als eines, das sich in ihnen ereignet. Der enge Zusammenhang zwischen natürlichen und geschichtlichen Ereignissen bleibt unberührt, so, wie er sich dem Beobachter darbietet. Das Handeln Gottes ist jedem Auge verborgen außer dem Auge des Glaubens. Nur die sogenannten natürlichen, weltlichen Ereignisse sind für jedermann sichtbar und dem Beweis zugängig. *In* ihnen aber findet Gottes verborgenes Handeln statt.

Wenn nun jemand darauf beharrt, daß in diesem Sinn von Gott als dem „Handelnden" mythologisch sprechen heißt, dann habe ich nichts einzuwenden, da in diesem Fall Mythos etwas ganz anderes ist als das, wovon die Entmythologisierung handelt. Wenn wir von dem handelnden Gott sprechen, sprechen wir nicht mythologisch im objektivierenden Sinn . . .

[. . .]

Jetzt können wir nochmals fragen, ob man vom Handeln Gottes sprechen kann, ohne in mythologische Redeweise zu verfallen. Oft wird behauptet, daß die Sprache des christlichen Glaubens notwendig eine mythologische Sprache sei. Diese Behauptung muß sorgfältig geprüft werden. Zunächst müssen wir fragen, selbst wenn wir einräumen, daß die Sprache des Glaubens wirklich mythologische Sprache ist, wie diese Tatsache das Programm der Entmythologisierung beeinflußt. Dieses Zugeständnis ist keineswegs ein tragender Beweisgrund gegen die Entmythologisierung; denn die mythologische Sprache verliert ihren mythologischen Sinn, wenn sie als Sprache des Glaubens dient. Von Gott als dem Schöpfer sprechen heißt beispielsweise nicht mehr, von seinem Schöpfersein im Sinn des alten Mythos zu sprechen. Mythologische Anschauungen können als Symbole oder Bilder verwandt werden, die vielleicht für die Sprache der Religion notwendig sind und daher auch für den christlichen Glauben. So wird es einleuchtend, daß der Gebrauch der mythologischen Sprache kein Einwand gegen die Entmythologisierung ist, sondern sie vielmehr positiv fordert.

[. . .]

Zum zweiten kann die Behauptung, daß die Sprache des Glaubens die Sprache des Mythos braucht, nur bestätigt werden, wenn eine weitere nähere Bestimmung mitbedacht wird. Wenn mythologische Begriffe notwendig als Symbole oder Bilder sind, müssen wir fragen, was durch solche Symbole oder Bilder ausgedrückt wird. Sicher ist es unmöglich, daß ihr Sinn in der Sprache des Glaubens durch mythologische Vorstellungen ausgedrückt werden soll. Ihr Sinn kann und muß ohne ein Zurückgreifen auf mythologische Termini gesagt werden.

Zum dritten heißt vom Handeln Gottes sprechen nicht notwendigerweise auch in Symbolen und Bildern sprechen. Solche Sprache muß ihre volle, direkte Bedeutung übermitteln können. Wie müssen wir dann vom Handeln Gottes sprechen, wenn unsere Sprache nicht als mythologische Sprache verstanden werden darf? Das Handeln Gottes bezieht sich nicht auf ein Geschehen, das ich bemerken kann, ohne selbst in das Handeln hineingezogen zu sein als in Gottes Handeln, ohne daß ich selbst daran teilhabe als der, an dem gehandelt wird. Mit anderen Worten: Die Rede vom handelnden Gott schließt die Geschehnisse der eigenen Existenz ein. Die Begegnung mit Gott kann nur für den Menschen hier und jetzt ein Ereignis sein, da der Mensch innerhalb der Grenzen von Raum und Zeit lebt. Vom handelnden Gott sprechen heißt, daß wir Gott gegenübergestellt sind, angesprochen, gefragt, gerichtet oder gesegnet von Gott. Darum ist auch solche Rede nicht ein Reden in Symbolen oder Bildern, sondern eine analoge Redeweise. Denn falls wir auf solche Weise vom handelnden Gott sprechen, erfassen wir Gottes Handeln als eine Entsprechung zu den Handlungen zwischen Menschen. Ja, mehr: Wir stellen uns die Gemeinschaft zwischen Gott und Mensch als eine Entsprechung zu der Gemeinschaft zwischen Mensch und Mensch vor. In diesem analogen Sinn sprechen wir von der Liebe Gottes, von seiner Fürsorge für den Menschen, von seinen Geboten und seinem Zorn, von seinem Versprechen und seiner Gnade, und auf diese analoge Weise nennen wir ihn Vater. Das ist nicht nur gerechtfertigt, wir müssen sogar so reden; denn jetzt sprechen wir nicht von einer Gottesidee, sondern von Gott selber. So sind Gottes Liebe oder Fürsorge nicht nur Bilder oder Symbole; diese Vorstellungen bedeuten wirkliche Erfahrungen des hier und jetzt handelnden Gottes. Besonders in der Vorstellung Gottes als Vater verschwand der mythologische Sinn schon lange. Wir können die Bedeutung des Wortes „Vater" als von Gott gebraucht verstehen, wenn wir daran denken, was es heißt, von unserem Vater zu sprechen oder wenn unsere Kinder zu uns als ihrem Vater sprechen. Auf Gott angewandt, ist die leibliche Bedeutung des Wortes Vater vollständig verschwunden; nur eine rein persönliche Verbundenheit wird ausgedrückt. Es geschieht in diesem analogen Sinn, wenn wir von Gott als dem Vater sprechen.

Von dieser Sicht der Lage aus folgen einige wichtige Schlüsse. Erstens sind nur solche Aussagen über Gott legitim, die die Existenzbeziehung zwischen Gott und Mensch ausdrücken. Aussagen über Gottes Handeln als kosmisches Geschehen sind illegitim. Die Behauptung Gottes als Schöpfer kann nicht eine theoretische Aussage über Gott als creator mundi (Schöpfer der Welt) in einem allgemeinen Sinn sein. Die Behauptung kann nur ein persönliches Bekenntnis sein, daß ich mich als ein Geschöpf verstehe, das seine Existenz Gott verdankt. Das kann nicht als eine neutrale Feststellung gesagt werden, sondern nur als Danksagung oder in der Hingabe. Ferner sind solche Aussagen nicht legitim, die Gottes Handeln als Kulthandeln beschreiben, wie etwa, daß er seinen Sohn als Schlachtopfer hingab, wenn sie nicht in rein symbolischer Weise verstanden werden. Zum zweiten sind die sogenannten Bilder, die das Tun Gottes beschreiben, nur insofern legitim, als sie Gott als Person meinen, der an Personen handelt. Deshalb sind politische und juridische Vorstellungen nicht zulässig, es sei denn, sie werden lediglich als Symbole verstanden.

Rudolf Bultmann

J 10 Auseinandersetzung mit Rudolf Bultmann

R. Bultmann „entmythologisiert" das Osterereignis, indem er es interpretiert als „die Entstehung des *Glaubens* an den Auferstandenen, in dem die *Verkündigung* ihren Ursprung hat" . . .

Versuchen wir es zuerst, uns die Tragweite dieser Ansicht klarzumachen. Wenn sie im Recht ist, dann steht man bei der Exegese des Wortes Joh 1,14 und bei der des noch viel explizierteren Wortes 1. Joh 1,1 vor der Wahl: entweder ihnen die Beziehung auf den in den vierzig Tagen sein Leben Offenbarenden abzusprechen oder aber auch diese in beiden Zusammenhängen grundlegenden Aussagen aus dem Gebiet des relevanten Inhaltes des urchristlichen Glaubens und seiner Verkündigung zu verweisen und sie als mythologische Einkleidung des Vorgangs zu erklären, in welchem die ersten Jünger nach Jesu Tod durch unmittelbare göttliche Einwirkung zur Erkenntnis von dessen Heilsbedeutung gekommen wären. Die Ostergeschichte ist dann nur die erste Glaubensgeschichte und die Osterzeit nur die erste Glaubenszeit. Und die Erinnerung an diese Geschichte und Zeit ist dann nur insofern eine Erinnerung an Jesus selber, als es diese Geschichte und Zeit war, in der die ersten Jünger über ihre Auffassung von ihm und insbesondere von seinem Tode mit sich ins Reine kamen, in der sie das allerdings in einer durch das mythische Weltbild ihrer Zeit aufs schwerste belasteten und darum für uns unverbindlichen und praktisch unannehmbaren Weise getan haben. Er, Jesus selber, ist in dieser Geschichte und Zeit faktisch *nur* im Glauben seiner Jünger auf dem Plan. Die „Selbstkundgabe" des „Auferstandenen" spielt sich in ihnen selbst und *nur* in ihnen ab. Es geschah *nichts* zwischen ihm und ihnen; es kam *nicht* zu einer neuen und in ihrer Neuheit entscheidenden und grundlegenden Begegnung zwischen ihm und ihnen, in der dann ihr Glaube entstanden wäre. Nur *sie* waren in dieser Zeit. Er war es *nicht*. Sie waren allein – gewiß mit ihrem auf einmal (was dann „bedeuten" mag: durch die „Tat Gottes") entstandenen Glauben, mit ihrem auf einmal möglichen und wirklichen Durchschauen des Geheimnisses des Kreuzes – aber *allein*. Ihr Glaube hatte keinen von seiner eigenen Wirklichkeit verschiedenen Gegenstand, keinen Grund, durch den er als Glaube allererst begründet gewesen wäre. Er stand souverän auf sich selbst. Die „Tat Gottes" war identisch damit, daß sie glaubten. Und daß es geschah, daß sie glaubten, das ist der wirkliche Inhalt der Ostergeschichte, der Osterzeit, das der Inhalt der christlichen Verkündigung, der Existenzgrund der Kirche und der Sakramente. Jesus selber war eben *nicht* auferstanden. In seinem einfältigen, über das alles hinausführenden Sinn ist dieser Satz nicht zu halten.

Wir rechnen hier damit, daß gerade das Gegenteil richtig ist: Der Satz gilt gerade in seinem einfältigen Sinn, und so und nicht anders ist er der Zentralsatz des ganzen neutestamentlichen Zeugnisses. Also: Jesus selber *ist* auferstanden und seinen Jüngern erschienen, und dies ist der Inhalt der Ostergeschichte, der Osterzeit, des christlichen Glaubens und der christlichen Verkündigung damals und zu allen Zeiten, dies der Existenzgrund der Kirche und ihrer Sakramente, dies – wenn man es so nennen will – das „eschatologische Geschehen" in seiner offenbaren, in der österlichen Gestalt, dies die Tat Gottes – in der Gott in der Herrlichkeit seines fleischgewordenen Wortes zunächst dem Unglauben, dann in dessen Überwindung, dem Glauben der Jünger *gegenüber* trat, so daß sie mit ihrem Glauben nicht allein waren, so daß ihr Glaube durch ihn, in diesem Gegenüber, begründet, geweckt, geschaffen wurde – ihr *Glaube,* der nun doch erst *sekundär* darin bestand, daß sich Jesu Sterben und Auferstehen auch in ihrem Leben nachbildete, gewissermaßen abschattete – *primär* aber darin, daß sie sich für solche halten und als solche verhalten durften, *für* die Jesus gestorben und auferstanden war. *Er selbst für sie!* Darum sind Jesus und seine Jünger im Osterereignis nicht einerlei, sondern zweierlei. Er selbst war mit ihnen in der Zeit: nun auch so, nun auch in *dieser* Zeit, *jenseits* der abgelaufenen Zeit seines Lebens von seiner Geburt bis zu seinem Tode, nun auch in dieser Offenbarungszeit. Das ist es, was damals geschehen ist. Wir meinen, daß man den Texten des N. T. höchste Gewalt antun muß, um es anders, um es so wie Bultmann zu sagen. – Aber wir wollen uns der Pflicht nicht entziehen, über diese Feststellung hinaus kurz zu erklären, warum wir uns durch Bultmanns Darlegung nicht für überzeugt halten können.

Bultmann ist Exeget. Aber ich denke nicht, daß man exegetisch mit ihm diskutieren kann, weil er zugleich ein Systematiker von solchem Format ist, daß es wohl kaum einen Text geben dürfte, in dessen Behandlung nicht sofort gewisse Axiome seines Denkens so beherrschend sichtbar werden, daß an der Frage ihrer Gültigkeit schlechterdings alles sich entscheidet. Ich versuche im folgenden eine Stellungnahme zu den in diesem Zusammenhang wichtigsten seiner Axiome:

1. Ist es wahr, daß man einen theologischen Satz dann und nur dann als gültig bejahen kann, wenn er sich als ein echter Bestandteil des christlichen Verständnisses der *menschlichen Existenz* ausweisen kann? Bultmann verwirft den Satz, daß die Auferstehung Jesu in der Zeit und im Raume geschehen sei, darum, weil er dieses Postulat nicht erfüllt. Er erfüllt es in der Tat nicht. Gottes Handeln erscheint ja da „in unverständlicher Weise verflochten mit einem Naturgeschehen". Die sämtlichen Hauptsätze des christlichen Bekenntnisses erfüllen dieses Postulat auch nicht. Sie beziehen sich wohl alle auf die menschliche Existenz. Sie ermöglichen und begründen deren christliches Verständnis, und so werden sie denn – abgewandelt – auch zu Bestimmungen der menschlichen Existenz. Sie sind es aber nicht von Haus aus.

Sie bestimmen von Haus aus das Sein und Handeln des vom Menschen *verschiedenen,* des dem Menschen *begegnenden* Gottes: des Vaters, des Sohnes, des Heiligen Geistes. Sie sind schon darum nicht auf Sätze über das innere Leben des Menschen zu reduzieren. Und sie sind schon darum auch voll „Natur", voll Kosmos. So auch der Satz von der Auferstehung Jesu Christi von den Toten. . . .

2. Ist es wahr, daß man ein angeblich in der Zeit geschehenes Ereignis dann und nur dann als wirklich geschehen anerkennen kann, wenn man in der Lage ist, nachzuweisen, daß es ein *„historisches Faktum"* ist? – „historisch", d. h. feststellbar mit den Mitteln und Methoden und vor allem auch unter den stillschweigenden Voraussetzungen der modernen Wissenschaft? Dies ist Bultmanns Meinung. Er verwirft also den Bericht über die Geschichte der vierzig Tage, weil er ihren Inhalt, soweit es sich um den lebendigen Jesus und nicht nur um die an ihn glaubenden Jünger handelt, nicht unter die „historischen Fakta" in diesem begrenzten Sinn des Begriffs einzureihen vermag. Er hat darin ganz recht: niemand vermag das. Er hat aber darin nicht recht, er macht damit einen unerlaubten Sprung, wenn er folgert, daß das Berichtete aus diesem Grund nicht *geschehen* sei. Kann sich nicht auch *solche* Geschichte wirklich ereignet haben, und kann es nicht eine legitime Anerkennung auch *solcher* Geschichte geben, die „historisches Faktum" zu nennen man schon aus Gründen des guten Geschmacks unterlassen wird, die der „Historiker" im modernen Sinn des Begriffs gut und gerne „Sage" oder „Legende" nennen mag, weil sie sich den Mitteln und Methoden samt den stillschweigenden Voraussetzungen dieses Historikers in der Tat entzieht? Es hängt mit dem Sachgehalt der Bibel zusammen, daß sie zwar ein großer zusammenhängender Geschichtsbericht und nun doch von Anfang bis zu Ende voll ist von Berichten gerade über *solche* Geschichte, während sie verhältnismäßig sehr wenig „Historie" enthält. Die Schöpfungsgeschichte Gen 1–2 z. B. ist ganz und gar solche Geschichte; die Ostergeschichte ist es fast ganz: mit einem schmalen „historischen" Rand. Warum soll sie darum nicht geschehen sein? Es beruht auf einem Aberglauben, daß nur das „historisch" Feststellbare wirklich in der Zeit geschehen sein könne. Es könnte Ereignisse geben, die viel sicherer wirklich in der Zeit geschehen sind, als alles, was die „Historiker" als solche feststellen können. Wir haben Gründe, anzunehmen, daß zu diesen Ereignissen vor allem die Geschichte von der Auferstehung Jesu gehört. „Sie ist kein historisches Phänomen in dem Sinne der Weltgeschichte; sie ist aber ein geschichtliches Phänomen in dem Sinne, daß sie sich in der Geschichte verwirklicht." Bultmann sagt das von der Kirche. Eben das ist – in eminentem Sinn – von der Auferstehung Jesu zu sagen.

3. Ist es wahr, daß die *Feststellung* des wirklichen Geschehenseins einer solchen kraft ihres Inhalts der „historischen" Feststellung unzugänglichen – sagen wir es denn: einer solchen sagen- oder legendenhaften Geschichte nur den Charakter des „blinden Akzeptierens" eines Mythologumens und also den Charakter eines Willküraktes, einer Erniedrigung des Glaubens zum Werk, eines abgezwungenen, unwahrhaftigen sacrificum intellectus haben könnte? So verklagt Bultmann die, die zum wirklichen Geschehensein der Auferstehung Jesu nun dennoch Ja sagen. Muß man sich das gefallen lassen? Woher soll es denn ausgemacht sein, daß die Botschaft vom auferstandenen Christus durchaus das finstere Gesicht eines Glaubensgesetzes haben müsse, dem man sich, wenn überhaupt, dann nur in einer Art von intellektuellem Krampf unterwerfen könne? Im N. T. selbst jedenfalls hat sie den Charakter einer Freudenbotschaft, der man Glauben schenken *darf:* den Glauben sogar, den man gerade ihr selbst zu *verdanken* sich bewußt ist und das wirklich nicht nur darum, weil sie den Leuten damals – des allgemein herrschenden mythischen Weltbildes wegen – angeblich so viel leichter einging als uns Heutigen. Reichlich „unglaubwürdig" scheint die Osterbotschaft ja doch schon damals nicht nur den Gebildeten auf dem Areopag, sondern schon dem ersten Jünger selbst erschienen zu sein. Es ist nicht abzusehen, warum sie nicht auch heute in Freiheit und Freude bejaht werden könnte. Wo sie anders denn als eine Sache der Freiheit und der Freude ausgerichtet wird, da wird sie eben falsch ausgerichtet. Das ist dann aber noch lange kein Grund, sie als eine Sache, die nur unter unwürdigem Gewissenszwang bejaht werden könne, zu verneinen.

4. Ist es wahr, daß es ein „unwiderruflich durch die Wissenschaft geformtes" modernes Denken, ein *modernes Weltbild* gibt, das dem „mythischen" in der Weise entgegengesetzt und überlegen wäre, daß es uns in Sachen unseres Ja und Nein gegenüber den konkreten Inhalten der Bibel zum vornherein und unbedingt zu binden und zu verpflichten vermöchte? Wieder vertritt hier Bultmann die wohlbekannte, die reichlich humorlose Marburger Tradition, laut derer das erste Gebot der Wahrhaftigkeit unweigerlich darin bestünde, daß man sich in dieser Hinsicht nur ja keine Freiheiten erlauben dürfe. „Man kann nicht elektrisches Licht und Radioapparat benützen, in Krankheitsfällen moderne medizinische und klinische Mittel in Anspruch nehmen und gleichzeitig an die Geister- und Wunderwelt des N. T.s glauben." Wen schauderte da nicht? Aber wenn nun das moderne Weltbild in Wirklichkeit gar nicht so abgeschlossen, das moderne Denken so einheitlich gar nicht wäre, wie man es uns einst unter der Diktatur der Marburger Kant-Schule glauben machen wollte? Welche Kritik am N. T. erwächst nun eigentlich mit *Notwendigkeit* „aus der Situation des modernen Menschen"? Und vor allem: wenn es nun unter bestimmten Voraussetzungen auch für diese und jene Radiobenützer usf. ein Gebot der Wahrhaftigkeit gäbe, das für sie bei allem Respekt vor den Errungenschaften der Neuzeit *noch* zwingender wäre als das, sich den Forderungen des neuzeitlichen common sense unter allen und jeden Umständen zu unterziehen? Wenn sie nun eben – nicht zu einer fides implicita gegenüber irgendeiner „Geister- und Wunderwelt", wohl aber zum Glauben an den von den Toten auferstandenen Jesus Christus in heiterer Freiheit rein faktisch Ja sagen dürften, gar nicht anders könnten, als eben dazu Ja zu sagen?

5. Ist es wahr, daß man einen Satz heute schon darum zu verneinen hat, weil er – oder so etwas Ähnliches wie er – auch im *mythischen Weltbild* der Vergangenheit seine Möglichkeit und seinen Ort hatte? Ist es wahr, daß er schon darum für uns nicht wahr sein kann? Ist es nicht eine Art von Katastrophenpolitik, wenn Bultmann uns zumutet, jenes mythische Weltbild entweder ganz oder dann eben gar nicht zu akzeptieren; als ob die Christenheit überhaupt den Auftrag hätte, Weltbilder zu akzeptieren oder zu verwerfen! Als ob sie hinsichtlich der verschiedenen Weltbilder nicht aus guten Gründen immer eklektisch gewesen wäre! Wir brauchen uns wirklich nicht auf jenes mythische Weltbild festzulegen. Man sollte aber auch nicht verkennen, daß jenes mythische Weltbild Elemente enthielt, von denen die urchristliche Gemeinde, indem sie von Jesus Christus zu zeugen hatte, mit Bedacht und mit gutem Recht Gebrauch machte, während sie in dem, was wir als unser modernes Weltbild zu kennen meinen, mit Unrecht verschwunden oder doch zurückgetreten sind, so daß wir allen Anlaß haben, in bestimmten Zusammenhängen mit bestem Gewissen „mythisch" zu reden, weil wir sonst, wenn wir uns allzu gründlich „entmythologisieren" würden, gerade von Jesus Christus nicht mehr zeugen könnten. Indem Bultmann z. B. den Zusammenhang zwischen Sünde und Tod, den Begriff der Stellvertretung, die Beziehung zwischen Tod und Auferstehung als besonders störende und für uns „erledigte" Elemente jenes mythischen Weltbildes bezeichnet, dürfte er doch selbst ein Beispiel dafür sein, wie man einem allzu schneidigen Fertigsein mit dem Ganzen jenes mythischen Weltbildes als Theologe richtig zum Opfer fallen kann. Die „Entstehung des Osterglaubens" in den ersten Jüngern ist eine gute Sache. Man sollte uns aber nicht einreden wollen, daß das Zeugnis von dieser Sache das abhanden gekommene „mythische" Zeugnis von dem von den Toten auferstandenen Jesus Christus in angemessener Weise ersetzen könnte!

Ich meine damit die entscheidenden Gründe genannt zu haben, weshalb und in welchem Sinn wir *trotz* Bultmann dabei bleiben müssen, die Auferstehung Jesu und seine Erscheinung als Auferstandener unter seinen Jüngern als eine wirkliche, zu ihrer besonderen Zeit geschehene *Geschichte* zu verstehen.

Karl Barth

J 11 Mythus und Wissenschaft

Bultmann unterscheidet mit einer auf Aristoteles zurückgehenden Tradition Mythus und Wissenschaft. Er hält das mythologische Denken für Sache einer Vergangenheit, die durch das wissenschaftliche Denken überwunden ist. Sofern aber im Mythus ein Gehalt verborgen ist, der diese nur dem damaligen Zeitalter gemäße Sprache fand, ist er zu übersetzen. Der Mythus ist zu interpretieren und so unter Verwerfung des mythischen Gewandes in gegenwärtig gültige Wahrheit zu bringen.

Diesem Gedanken widerspreche ich. Mythisches Denken ist nicht vergangen, sondern uns jederzeit eigen. Allerdings ist der Begriff des Mythus keineswegs eindeutig. Er enthält folgende Momente:

1. Der Mythus erzählt eine Geschichte und bringt Anschauungen im Unterschied von Denken in Allgemeinbegriffen. Der Mythus ist geschichtlich in der Gestalt seines Denkens wie in seinem Inhalt. Er ist nicht Einkleidung eines Allgemeinen, das dann besser direkt, als Allgemeines, in Gedanken gefaßt würde. Er erklärt durch geschichtliche Herkunft im Unterschied von Erklärung durch eine in allgemeinen Gesetzen begriffene Notwendigkeit.

2. Der Mythus behandelt heilige Geschichten und Anschauungen, Göttergeschichten im Unterschied von bloßen Daseinsanschaulichkeiten.

3. Der Mythus ist Bedeutungsträger, aber von Bedeutungen, die nur in dieser seiner Gestalt ihre Sprache haben. In mythischen Gestalten sprechen Symbole, deren Wesen es ist, nicht übersetzbar zu sein in eine andere Sprache. Sie sind nur in diesem Mythischen selbst überhaupt zugänglich, sind unersetzlich, unüberholbar. Ihre Deutung ist rational nicht möglich, vielmehr geschieht ihre Deutung durch neue Mythen, durch ihre Verwandlung. Mythen interpretieren einander.
Wie dürftig und spracharm unser Dasein, wenn mythische Sprache nicht in ihm gilt! und wie unwahr, wenn die unumgängliche mythische Denkweise mit albernen Inhalten erfüllt wird. Die Herrlichkeit und das Wunder der mythischen Anschauung muß gereinigt, aber nicht abgeschafft werden. Entmythologisierung ist fast ein blasphemisches Wort. Es ist nicht Aufklärung, sondern Aufkläricht, die das Wort Mythus so entwerten kann. Hört die Pracht des Sonnenaufgangs auf, eine leibhaftige, immer neue, beschwingende Wirklichkeit zu sein, eine mythische Gegenwart, auch wenn wir wissen, daß wir mit der Erde uns bewegen, also vom Aufgang keine Rede sein kann? Hört das Erscheinen der Gottheit auf dem Sinai, im Dornbusch auf, ergreifende Wirklichkeit zu sein, auch wenn wir wissen, daß im Sinne raumzeitlicher Realität hier menschliche Erlebnisse stattgefunden haben? Entmythologisieren, das würde bedeuten, ein Grundvermögen unserer Vernunft zum Erlöschen zu bringen. Aber in dem Entmythologisierungsdrang steckt doch eine halbe Wahrheit von der echten Aufklärung her:

a) Der Absturz des Mythus

Mit der Wahrheit des mythischen Denkens geschieht eine Verkehrung durch alle Zeiten bis heute: die Verwandlung der mythischen Chifferschrift in materielle Realität ihres Inhalts; die Berührung mit eigentlicher Wirklichkeit durch deren einzige Sprache gleitet ab in den Materialismus der Handgreiflichkeit und Brauchbarkeit. Daher hat alle Zeit und hat auch Bultmann wieder recht, wenn er Leibhaftigkeitsbehauptungen in bezug auf Dinge in der Welt bestreitet, die unserem ganz anderen realen Wissen zugänglich sind, das in der modernen Wissenschaft seine Entfaltung, Bestimmtheit und Klarheit in der Begrenzung erfahren hat. Ein Leichnam kann nicht wieder lebendig werden und aus dem Grabe steigen. Historische Berichte sich widersprechender Zeugen mit spärlichen Angaben können nicht eine historische Tatsache erweisen. Wegen unseres durchschnittlichen Materialismus wird die Ableitung mythischer Chiffersprache in die Auffassung garantierter und garantierender Leibhaftigkeit immer wieder stattfinden, wie sie schon bei den ersten Christen und überall sonst in der Welt stattgefunden hat. Diese Verkehrungen kritisch aufzuheben wird eine Aufgabe für alle Zeiten bleiben. Die Erfüllung dieser Aufgabe mag Bultmann einen Augenblick Entmythologisierung nennen und trifft damit etwas Wahres: die Verdinglichung, die transparenzlose Leibhaftigkeit einer vermeintlichen Realität in ihrer Falschheit zu zeigen.

b) Die Aufgabe, das Mythische rein zurückzugewinnen

Die Forderung aber bleibt nur dann recht, wenn sie im Gegenzug zugleich die Verwirklichung der mythischen Sprache vollziehen lehrt. Nicht Vernichtung, sondern Wiederherstellung der mythischen Sprache ist der Sinn. Denn sie ist die Sprache jener Wirklichkeit, die selber nicht empirische Realität ist, der Wirklichkeit, mit der wir existentiell leben, während unser bloßes Dasein sich ständig an die empirische Realität verlieren will, als ob diese allein schon die Wirklichkeit selber ist. Das Recht zur Entmythologisierung hat nur, wer die Wirklichkeit in der Chiffersprache des Mythischen um so entscheidender festhält.

Die eigentliche Aufgabe ist daher nicht, zu entmythologisieren, sondern das mythische Denken in der Vergewisserung der Wirklichkeit rein zu gewinnen, in dieser Denkform anzueignen die wundersamen mythischen Gehalte, die uns sittlich vertiefen, menschlich erweitern, indirekt aber uns der Hoheit des von ihnen niemals erfüllten, sie alle übersteigenden Gottesgedanken bildloser Transzendenz näherzubringen.

Um dem mythischen Denken im eigenen Leben legitime und unersetzliche Wirkungsmacht zu geben, sind zwei kritische Gedanken notwendig.

Der erste sagt: Wenn die mythische Sprache geschichtlich ist und daher ihre Wahrheit ohne Anspruch auf Allgemeingültigkeit eines Wissens bleibt, so vermag sie gerade dadurch der Geschichtlichkeit der Existenz mitzuteilen, was für diese einen unbedingten Charakter gewinnen kann. In der Aussagbarkeit bleibt bedingt und historisch relativ, in der Objektivität bleibt schwebend, was für den darin Denkenden ein Unbedingtes gegenwärtig erhellt. Es gehört zu den Grundeinsichten philosophischer Selbstbesinnung, daß die Wahrheit, die allgemeingültig für alle ist, nur relativ auf dem Standpunkt des Bewußtseins überhaupt gilt und existentiell gleichgültig ist, daß dagegen die existentielle Wahrheit, die identisch mit dem sie Denkenden wird, so daß er in ihr lebt und stirbt, gerade darum geschichtlich sein muß und in der Aussagbarkeit nicht allgemeingültig für alle werden kann. Das Recht, im Mythischen zu leben, hat nur, wer die Unbedingtheit geschichtlicher Existenz, die sich darin hell wird, nicht verwechselt mit der Allgemeingültigkeit eines Inhalts, der als Behauptung von einer Realität als gültig für alle auftritt. Auch wäre diese überlieferte Wirklichkeit verloren, wenn sie aufgelöst würde in allgemeine philosophische Ideen.

Wo aber mythische Sprache im Augenblick unbedingten Entschlusses zur Geltung gelangt, ist nicht vorauszusehen. Sie zu lernen, in der Anschauung zu eigen zu machen, bedeutet nur Möglichkeit und Vorbereitung. Aber schon dies geschieht geschichtlich. Sich der eigenen Herkunft der Geschichtlichkeit anzuvertrauen, bedeutet für uns die größere Nähe von Bibel und Antike trotz aller Neigung zu den asiatischen Gehalten.

Der zweite kritische Gedanke bringt alle mythischen Bilder in die gehörige Schwebe durch die selbe biblische Forderung: Du sollst dir kein Bild und Gleichnis machen. Alles Mythische ist eine Sprache, die verblaßt vor der Transzendenz der einen Gottheit. Wenn wir in der mythischen Sprache als Chiffersprache erblicken, hören, denken, wenn wir keine konkrete Vergewisserung ohne solche Sprache anschaulich machen können, so dürfen wir doch zugleich wissen: Es gibt keine Dämonen, es gibt keine magisch-kausale Wirkung, es gibt keine Zauberei. Darum bleibt doch nicht weniger ein begleitendes und ergreifendes Bild: wie die drei Engel den Abraham besuchen, wie Moses die Gesetzestafeln empfängt, wie Jesaias in der Vision nicht Gott selber, aber seine nächste Erscheinung sieht, wie Gott im Donner den einen, in dem leisen Wehen den andern anspricht, wie Bileams Eselin es besser sieht als ihr Reiter, wie der Auferstandene abwehrend sagt: *noli me tangere*(1), wie er zum Himmel fährt, wie der Heilige Geist die Gläubigen ergreift, und so fort ins Unendliche.

Nun sind die drei Trennungen: von Leibhaftigkeit und Chiffersein, dann von mythischen Gehalten und transzendentem Gott, schließlich von unbedingter Geschichtlichkeit und bedingter Allgemeingültigkeit, nur dem philosophisch erhellten Bewußtsein eigen. Ursprünglich kann eines sein, was wir so trennen, und wird es wieder, wo es wirkendes Leben ist. Daher ist dem philosophisch Naiven Leibhaftigkeit und Charakter der Chifferschrift nicht getrennt. Es gibt eine fromme Anschauung dieser Leibhaftigkeit, als ob sie auch empirische Realität sei. Die Frömmigkeit zeigt sich darin, daß die Konsequenzen eines materialistischen, magischen, nutzenden Mißbrauchs solcher Leibhaftigkeit wie selbstverständlich ausbleiben. Dagegen gibt es eine unfromme, materialistische Anschauung der mythischen Leibhaftigkeit als einer greifbaren Realität, der der Charakter der Chiffer verlorengeht und die damit erst Aberglaube wird.

Karl Jaspers

12 Symbol und Mythos

Glaubenssymbole erscheinen nicht isoliert. Sie sind in „Göttergeschichten" zusammengefaßt (die Bedeutung des griechischen Wortes „Mythos"). Die Götter sind individuelle Gestalten analog menschlichen Persönlichkeiten. Sie sind nach Geschlecht unterschieden, stammen voneinander ab und sind in Liebe und Haß miteinander verbunden. Welt und Mensch sind von ihnen geschaffen, und sie handeln in Zeit und Raum. Sie partizipieren an Größe und Elend des Menschen und vollbringen wie er schöpferische und zerstörerische Taten. Sie schenken dem Menschen kulturelle und religiöse Traditionen und verteidigen geheiligte Riten. Sie helfen und drohen dem Menschengeschlecht, insbesondere einzelnen Familien, Volksstämmen und ganzen Völkern. Sie erscheinen in Epiphanien und Inkarnationen, sie stiften heilige Plätze, setzen Riten und Priester ein und schaffen auf diese Weise einen Kult. Aber sie selbst unterstehen dem Gebot und der Drohung eines Fatums, das über alles, was besteht, seine Herrschaft ausübt. Solch eine Welt des Mythos wurde vielleicht am eindrucksvollsten im alten Griechenland entwickelt. Doch finden sich viele der geschilderten Merkmale in jeder Mythologie. Im allgemeinen sind die mythologischen Götter nicht gleichrangig. Es gibt eine Hierarchie, an deren Spitze ein Herrschergott steht wie in Griechenland, oder eine Trinität wie in Indien oder eine Dualität von Gott und Gegengott wie in Persien. Es gibt Erlöser-Gottheiten, die zwischen den höchsten Göttern und dem Menschen vermitteln und die trotz ihrer wesenhaften Unsterblichkeit leiden, sterben und auferstehen. Das ist die Welt des Mythos, groß und seltsam, sich immer wandelnd, aber im Grunde immer die gleiche, das unbedingte Anliegen des Menschen symbolisiert in göttlichen

Gestalten und Handlungen. Mythen sind Symbole des Glaubens, die zu Geschichten verbunden sind, in denen Begegnungen zwischen Göttern und Menschen erzählt werden.

Die Mythen sind in jedem Akt des Glaubens gegenwärtig, denn die Sprache des Glaubens ist das Symbol. Andererseits werden sie in allen großen Religionen der Menschheit angegriffen, kritisiert und transzendiert. Der Anlaß hierfür liegt im Wesen des Mythos selbst, der seinen Stoff aus unserer alltäglichen Erfahrung nimmt und die Göttergeschichten in Zeit und Raum geschehen läßt, obwohl es gerade zum Wesen des Unbedingten gehört, jenseits von Zeit und Raum zu sein. Vor allem aber wird im Mythos das Göttliche in mehrere Gestalten aufgespalten, wodurch die Unbedingtheit jeder einzelnen Gestalt aufgehoben ist, ohne daß ihr Anspruch auf Unbedingtheit aufgegeben wäre. Das führt unausweichlich zu Konflikten der einzelnen Unbedingtheitsansprüche untereinander – Konflikten, die die Macht haben können, Leben, Gemeinschaft und Bewußtsein zu zerreißen.

Die Kritik am Mythos richtet sich in erster Linie gegen die Aufspaltung des Göttlichen; sie versucht, die Aufspaltung zu überwinden und zu *einem* Gott zu kommen. Aber auch, wenn nur *ein* Gott geblieben ist, hat der Mythos nicht aufgehört. Denn dieser eine Gott wird in Zeit und Raum hineingezogen, wenn man von ihm spricht. Auch seine Unbedingtheit ist bedroht, wenn er zu einem konkreten Glaubensinhalt gemacht wird. Daher hört die Kritik am Mythos mit der Ablehnung der polytheistischen Mythologie nicht auf.

Auch der Monotheismus fällt unter die Kritik am Mythos und bedarf, wie man heute sagt, der „Entmythologisierung". Dieses Wort wurde zuerst gebraucht im Zusammenhang mit der Herausarbeitung der mythischen Elemente in den Erzählungen und Symbolen der Bibel – sowohl des Alten als auch des Neuen Testaments. Es ging um Erzählungen wie die vom Paradies, vom Fall Adams, von der Sintflut, vom Auszug aus Ägypten, von der Jungfrauengeburt des Messias, von vielen seiner Wunder, von seiner Auferstehung und Himmelfahrt, von seiner zu erwartenden Wiederkunft als Richter des Weltalls. Mit einem Wort, alle Erzählungen, in denen ein wechselseitiges Handeln zwischen Gott und Mensch geschildert wird, werden zum Gegenstand der Entmythologisierung gemacht. Was bedeutet dieser negative und künstliche Begriff? Er muß bejaht werden, wenn er besagt, daß ein Symbol als Symbol und ein Mythos als Mythos verstanden werden muß. Er muß abgelehnt werden, wenn mit seiner Hilfe Symbole und Mythen überhaupt zum Verschwinden gebracht werden sollen. Ein solches Unternehmen kann niemals Erfolg haben, weil Symbol und Mythos Formen des menschlichen Bewußtseins sind. Man kann einen Mythos durch einen anderen ersetzen, aber man kann den Mythos nicht aus dem geistigen Leben des Menschen entfernen. Denn Mythos ist die Verbindung von Symbolen, die ausdrücken, was uns unbedingt angeht.

Ein Mythos, der als Mythos verstanden, aber nicht beseitigt oder ersetzt wird, kann „gebrochener Mythos" genannt werden. Das Christentum schließt seinem eigentlichen Wesen nach jeden ungebrochenen Mythos aus, denn seine Grundlage ist der Inhalt des ersten und höchsten Gebotes, des Gebotes, die Unbedingtheit des Unbedingten anzuerkennen und jede Art von Götzendienst abzulehnen. Alle mythologischen Elemente in der Bibel, im Dogma und in der Liturgie müssen als solche erkannt werden. Aber man sollte an ihnen als Symbole festhalten und sie nicht durch wissenschaftliche Surrogate ersetzen wollen. Es gibt keinen Ersatz für Symbole und Mythen, sie sind die Sprache des Glaubens. Die radikale Kritik am Mythos wird dadurch hervorgerufen, daß das primitive mythologische Bewußtsein dem Versuch, den Mythos als Mythos zu deuten, hartnäckig Widerstand leistet. Das primitive Denken fürchtet jeden Akt der Entmythologisierung und glaubt, daß der gebrochene Mythos seines Wahrheitsgehalts beraubt ist und seine Überzeugungskraft verliert. Wer in einer ungebrochenen mythologischen Welt lebt, fühlt sich sicher und geborgen. Er leistet jedem Versuch der „Brechung des Mythos", wodurch sein symbolischer Charakter bewußt gemacht und ein Element der Ungewißheit geschaffen wird, oft geradezu fanatischen Widerstand. Dieser Widerstand wird von allen autoritären Systemen, seien sie religiöser oder politischer Art, unterstützt. Denn die Autoritäten wünschen, daß die Menschen unter ihrer Kontrolle sicher leben und die Macht derer, die die Kontrolle ausüben, unbestritten anerkennen. Der Widerstand gegen die Entmythologisierung drückt sich im „Buchstaben-Glauben" aus; Symbole und Mythen werden im Wortsinne genommen und ihr Stoff aus Natur und Geschichte im eigentlichen Sinn verstanden. Das Wesen des Symbols, über sich selbst hinaus auf etwas anderes hinzuweisen, wird ignoriert. Die Schöpfung wird als magischer Akt verstanden, der sich einst in grauer Vorzeit ereignet hat; der „Fall Adams" an einem bestimmten Ort geographisch lokalisiert und einem einzelnen Menschen zugeschrieben; die Jungfrauengeburt des Messias wird in biologischen Begriffen beschrieben; Auferstehung und Himmelfahrt werden als physikalische Ereignisse aufgefaßt, und die Wiederkunft des Christus wird als tellurische oder kosmische Katastrophe verstanden. Die Voraussetzung für solches Mißverstehen des Symbols ist die Annahme, daß Gott ein Wesen sei, das unter den Kategorien von Zeit und Raum steht, an einem bestimmten Ort wohnt, den Lauf der Dinge beeinflußt und von ihnen beeinflußt wird wie jedes andere Lebewesen in der Welt. Solches Mißverständnis beraubt Gott seiner Unbedingtheit und, religiös gesprochen, seiner Majestät; es zieht Gott herunter auf die Ebene des Endlichen und Bedingten.

In alledem handelt es sich nicht um eine rationale, sondern um eine inner-religiöse Kritik. Ein Glaube, der seine Symbole wörtlich versteht, wird zum Götzenglauben. Er nennt etwas unbedingt, das weniger ist als unbedingt. Der Glaube aber, der um den symbolischen Charakter seiner Symbole weiß, gibt Gott die Ehre, die ihm gebührt.

Man sollte zwei Formen des Wörtlich-Nehmens der Symbole unterscheiden: die natürliche und die reaktive. Die natürliche Form des Wörtlich-Nehmens haben wir da, wo das mythische und das rationale Element noch ununterschieden sind. Die Frühzeit der Geschichte ist dadurch gekennzeichnet, daß sowohl Individuen als auch Gemeinschaften nicht imstande waren, Vorstellungen symbolhafter Art von Vorstellungen zu unterscheiden, die durch Beobachtung und Experiment bewiesen werden können. Diese Haltung hat ihre relative Berechtigung und sollte weder in einzelnen noch in Gemeinschaften gestört werden, ehe der Augenblick gekommen ist, wo der fragende Geist des Menschen das ungebrochene Leben im Mythos unmöglich macht. Wenn dieser Augenblick gekommen ist, können zwei verschiedene Wege gegangen werden. Der eine besteht darin, den ungebrochenen Mythos durch den gebrochenen zu ersetzen. Das ist der objektiv geforderte Weg, der aber für viele nicht gangbar ist, weil sie lieber Fragen unterdrücken als sich der Ungewißheit aussetzen, die mit der Brechung des Mythos entsteht. Sie versuchen dann, den wörtlich verstandenen Mythos zu verteidigen. Sie wissen irgendwo um das Recht des Fragens, unterdrücken es aber aus Angst vor der Ungesichertheit. Gewöhnlich geschieht diese Unterdrückung mit Hilfe einer heiligen Autorität wie etwa der Kirche oder der Bibel, denen man unbedingten Gehorsam schuldet. Das ist verständlich, wo das kritische Bewußtsein unentwickelt oder die natürliche Leichtgläubigkeit ungebrochen ist. Es ist jedoch unentschuldbar, wenn ein reifer Geist sich in seinem Person-Zentrum durch politischen oder psychologischen Druck kritiklos machen läßt. Der Feind der kritischen Theologie ist nicht das natürliche, sondern das bewußte Wörtlichnehmen der Symbole. Es hat zur Folge, daß das eigene autonome Denken unterdrückt und in Aggression gegen alles andere autonome Denken verwandelt wird.

Die Symbole des Glaubens können nicht durch andere Symbole, etwa künstlerische, ersetzt werden; ebensowenig kann man sie durch wissenschaftliche Kritik beseitigen. Wie Wissenschaft und Kunst haben sie ihren genuinen Ort im Geist des Menschen. Ihr symbolischer Charakter ist ihre Wahrheit und ihre Macht. Nicht Geringeres als Symbole und Mythen kann das, was uns unbedingt angeht, zum Ausdruck bringen.

Als letztes muß gefragt werden, ob Mythen jede Art von unbedingtem Anliegen ausdrücken können. Viele christliche Theologen vertreten zum Beispiel die Ansicht, das Wort „Mythos" solle nur zur Bezeichnung von Naturmythen verwendet werden, das heißt von solchen Mythen, in denen rhythmisch wiederkehrende Naturprozesse wie etwa die Jahreszeiten religiös gedeutet werden. Diese Theologen lehnen es ab, die Beschreibung der Welt als einen historischen Prozeß mit Anfang, Mitte und Ende, so wie es im Christentum und Judentum geschieht, einen Mythos zu nennen. Hätten sie recht, so würde der Bereich, in dem das Wort „Mythos" anwendbar ist, radikal verengt. Die Mythen könnten nicht mehr der sprachliche Ausdruck dessen, was uns unbedingt angeht, sein, sondern sie wären ein veraltetes Idiom dieser Sprache. Doch die Geschichte beweist, daß es nicht nur Naturmythen, sondern auch geschichtliche Mythen gibt. Wird die Erde wie im alten Persien als Schlachtfeld zweier göttlicher Mächte aufgefaßt, so haben wir einen Geschichtsmythos. Wenn der Schöpfergott ein Volk auserwählt und durch die Geschichte zu einem Ziel hinführt, das alle Geschichte transzendiert, so ist das ein Geschichtsmythos. Wenn der Christus – ein transzendentes göttliches Wesen – in der Fülle der Zeit erscheint, lebt, stirbt und aufersteht, so ist das ein Geschichtsmythos. Das Christentum ist die Kritik aller Religionen, die an einen Naturmythos gebunden sind, aber das Christentum spricht wie jede andere Religion in mythologischer Sprache. Es ist ein gebrochener Mythos, aber es ist ein Mythos; sonst würde es nicht Ausdruck dessen sein, was uns unbedingt angeht.

Paul Tillich

13 Zur Auslegung mythologischer Sprache im Alten und Neuen Testament

Um die Debatte über die „Entmythologisierung" der Bibel nicht durch Mißverständnisse zu erschweren, fordert der evangelische Theologe Kurt Frör, die verschiedenen Bedeutungen des Wortes „Mythos" deutlich zu unterscheiden. Er grenzt drei Wortbedeutungen voneinander ab.

1. Die von der Existenzphilosophie herkommende Richtung der Theologie läßt Verkündigung nur als appellierende Anrede zu, nicht als Aussage über Transzendenz. Alle gegenständlichen Aussagen über Gottes Handeln werden daher als „mythologisch" bezeichnet. Sie müssen auf das in ihnen ausgedrückte Selbstverständnis des Menschen hin ausgelegt werden.

2. In der Religionsgeschichte kann „Mythos" im weiteren Sinne als „die genuine Sprache der Religion" verstanden werden, als die vorphilosophische und vorwissenschaftliche Aussageweise, der sich alle Religionen bedienen. „‚Mythos' ist hier jede Rede von der Wirklichkeit, die sich von der wissenschaftlichen Feststellung unterscheidet". In diesem Sinn kann dann auch das Christentum nur mythologisch zur Sprache kommen.

3. Im engeren Sinn bezeichnet die Religionsgeschichte mit „Mythos" die „Ursprungsgeschichte", die durch erzählenden Bericht vom Beginn der Natur, der Götter, des Menschen, der Kultur und des Kultus die verborgenen Ursprünge der gegenwärtigen Wirklichkeit sichtbar macht. Hier hat man also mit konkreten Erzählungen zu tun, bezüglich derer dann die Frage sinnvoll ist, ob und in welcher Weise sie aus der Umwelt übernommen und in den Dienst der biblischen Verkündigung gestellt und dadurch in charakteristischer Weise umgeformt, uminterpretiert und entmythisiert wurden.

Dieser Vorgang der Uminterpretation mythischer Überlieferungen ist im Alten Testament deutlich zu beobachten. Das Ergebnis dieses Prozesses ist nicht etwa ein Doppelgänger zur heidnischen Mythologie des alten Orients, sondern das Bekenntnis zu dem kontingenten Handeln Gottes in der Geschichte. Dieses auf die Führungen der irdischen Geschichte bezogene Credo Israels ist der stärkste Gegensatz zum heidnischen Mythos. Darum greift das Credo auch erst dort zur mythologischen Aussageform, wo es an die Grenzen der irdischen Geschichte und ihrer tradierbaren Ereignisse stößt, d. h. wo es etwas über Gottes Handeln in Urzeit und Endzeit aussagen will. Aber gerade hier kommt es dann zu einer radikalen Ent-Mythisierung der aus der Umwelt angeeigneten Überlieferungen. Es ist deutlich zu erkennen, daß Israel, gerade indem es sich dieses Aussagemittels bedient, sich „auf eine entscheidende Weise vom Mythos gelöst hat". Die alttestamentliche Predigt kennt keinen urweltlichen Götterkampf, keine göttliche Zeugung der Könige oder des erwählten Volkes, keinen Gestirnkult, keinen Sexualkult, keine Sakralisierung der Fruchtbarkeit der Natur. So archaisch einzelne Texte besonders in den ersten Kapiteln der Bibel den heutigen Leser anmuten mögen, so deutlich zeigt der Vergleich mit der religionsgeschichtlichen Umwelt, daß hier in Wirklichkeit eine charakteristische „Rationalisierung" und „Historisierung" der Tradition stattgefunden hat. Was die alttestamentliche Predigt von der Urzeit zu sagen hat, wird zur Verlängerung der Heilsgeschichte, die die erwählte Gemeinde durchlebt hat. Schöpfungsgeschichte und

Exodus kommen einander so nahe, daß sie sich gegenseitig interpretieren. Der Mythos wird von der Geschichte Israels her verstanden und damit zur Aussageform für die in der Geschichte eingebrachten Glaubenserfahrungen transformiert. Er steht nicht mehr im Gegensatz zur Geschichte, sondern wird zum Instrument des auf die Geschichte bezogenen Bekenntnisses. Darum ist auch „die Geistigkeit dieser Erzählungen eine so klar durchsichtige und verständige, daß sie eher in der älteren Weisheit ihre geistige Prägung erhalten haben mögen, und das wäre geradezu der Antipode zu jeder Form archaisch-mythischen Denkens". Das Alte Testament nimmt damit mythologische Stoffe seiner Umwelt unbefangen in den Dienst seiner erzählenden Predigt, aber es erzählt gerade keine Mythen.

In der neutestamentlichen Predigt haben wir es mit einem ganz analogen Prozeß der Uminterpretation mythologischer Überlieferungen zu tun. Auch das urchristliche Credo greift nach mythologischen Vorstellungen, die in der Tradition des Spätjudentums und im hellenistisch-gnostischen Synkretismus bereitliegen, um sich seiner Zeit verständlich zu machen. Aber auch daraus entsteht nicht so etwas wie ein Doppelgänger der apokalyptischen oder spätantiken Mythologie, denn wie im Alten Testament bleibt das Credo der Gemeinde bezogen auf die Heilstaten Gottes in der irdischen Geschichte und ihre Überlieferung. Die mythologischen Vorstellungen treten in den Dienst dieser Predigt. Soweit sie es nicht tun, werden sie auf das schärfste bekämpft (1. Tim 1,3f.; 4,7. 2. Tim 4,3f. Tit 1,13f. 2. Petr 1,16). In der urchristlichen Predigt kommt nicht mehr der „ungebrochene" Mythos zum Wort (P. Tillich), sondern eine mythologische Sprache, an der bereits der Exorzismus vollzogen ist, indem sie für die Auslegung und Vergegenwärtigung der Geschichtstaten des Vaters und zur Proklamation des erhöhten Christus in Gebrauch genommen wird. Die Auslegung heute kann darum nicht bei der Frage stehen bleiben: Welche spätjüdische oder hellenistisch-gnostische Mythologie ist hier wirksam?, sondern sie muß weiterfragen: Welches Christusbekenntnis der Gemeinde spricht sich hier aus, und zwar gerade mit Hilfe dieser mythologischen Vorstellungen? Auch hier muß, analog zum Alten Testament, von einer spezifisch urchristlichen „Historisierung" des überlieferten Mythos gesprochen werden. Denn es ist die Verkündigung des Handelns Gottes in der irdischen Geschichte, der der Mythos dienstbar gemacht wird. Damit stehen wir vor der Frage, wie die Auslegung heute die Vergegenwärtigung einer Predigt vollziehen soll, die mit den Vorstellungen der mythologischen Tradition gesättigt ist.

. . . Eine wirkliche Hilfe für die hörende Gemeinde kann nur darin bestehen, daß sie es lernt (und das muß tatsächlich schrittweise und manchmal mühsam gelernt werden!) die unverschleierte Geschichtlichkeit dieser Vorstellung klar zu sehen und gleichzeitig das Wort freudig anzunehmen, das in ihnen zu ihr kommt. Das bedeutet aber, daß sie sich mit diesen mythologischen Vorstellungen so vertraut macht, daß sie in ihnen leben kann. In der ausgedehnten Diskussion der letzten Jahre ist mit Recht betont worden, daß die Sprache des Mythos als Mittel der Verständigung in der christlichen Predigt immer einem Doppelaspekt unterliegt. Auf der einen Seite ist sie eine Art „Fremdsprache", deren Uneigentlichkeit, Unangemessenheit und Indirektheit klar gesehen werden muß. Auf der anderen Seite ist gerade diese Sprache dem Zeugnis vom Handeln Gottes in der Geschichte in besonderer Weise angemessen und jeder anderen weit überlegen. Wenn das Credo der Gemeinde überhaupt etwas von dem Handeln des dreieinigen Gottes an der Welt aussagen will, dann kann es nicht darauf verzichten, von ihm gegenständliche Aussagen zu machen, die sich der mythologischen Überlieferung in Freiheit bedienen und diese zu einem Instrument der appellierenden Anrede machen. Man wird daher wohl von einer „instrumentalen Angemessenheit" der mythologischen Sprache reden müssen. Diese Sprache ist auch nicht einfach willkürlich auswechselbar. Sie ist nicht nur historisch mit der „Würde der Priorität" ausgestattet, sondern zugleich auch sachlich mit der „Würde des Kanonischen", die der Beliebigkeit und subjektiven Willkürlichkeit in der Übersetzung deutliche Grenzen setzt. Diese „kanonische Dignität" des urchristlichen Zeugnisses wird überall dort deutlich erkennbar, wo der Versuch einer Übersetzung für die Gemeinde heute ernsthaft und verantwortungsvoll unternommen wird. Es stehen eben faktisch nicht beliebige Möglichkeiten der Überlieferung des Zeugnisses zur Verfügung, aus denen man sich dann nur die „modernste" und „aktuellste" auszuwählen brauchte. Wir haben es in der „mythologischen" Sprache der Bibel eben nicht mit einer Zeichensprache zu tun, die man ebensogut weglassen und durch eine andere ersetzen kann. Offenbar handelt es sich hier um eine Zeichensprache, die mit der Sache so eins ist, daß man nur entweder beides gewinnen oder beides zugleich verlieren kann. Man kann hier nicht, wie es oft ausgedrückt wird, zwischen Schale und Kern, zwischen Form und Inhalt so unterscheiden, daß man die Schale abwirft und den Kern behält. Beides ist so einmalig und innig miteinander verbunden, daß jede Trennung fragwürdig wird. Denn: „Diese Mythologie ist die Sache selbst" (D. Bonhoeffer). *Kurt Frör*

14 **Entmythologisierung** ist der weder sachlich ganz richtige noch authentische Name der von dem ev. Theologen R. Bultmann (* 1884) ausdrücklich gestellten Aufgabe, das NT existential zu interpretieren, d. h., sein Kerygma dem Menschen der Gegenwart so aufzudecken, daß dieser sich dadurch unmittelbar getroffen u. vor eine „existentielle" Entscheidung gestellt sieht. Was das Kerygma des NT nach Bultmann verdeckt, u. darum zur Erreichung der gestellten Aufgabe der Interpretation bedürftig bzw. zu eliminieren ist, läßt sich kurz in folgenden Gesichtspunkten zusammenfassen: Selbst die von der Textkritik als Jesu historisch eigene Worte herausgestellten Stücke der Botschaft Jesu sind mythologisch, d. h., verwenden als Ausdrucksweise den Mythos (z. B. Basileia, Menschensohn). Erst recht alle späteren Stücke des NT verwenden den Mythos, so die schon bald nach dem Tode Jesu entstandene Verkündigung der Jünger über Jesus (z. B. in dem Mythos der Auferstehung). In der noch späteren, hellenistisch bestimmten Schicht wurden weitere Mythen auf Jesus übertragen (z. B. ein Erlösermythos aus der Gnosis). Voraussetzung u. Prinzipien der existentialen Interpretation der unter Mythologien verdeckten ntl. Botschaft können kurz folgendermaßen angegeben werden: Eine jede Aussage überhaupt will existential interpretiert sein, denn nur dadurch, daß sie in aktueller Entscheidung verstanden ist, geht sie mich an. Die Vermittlung objektivierter Sachen, die nur „vorhanden" sind, interessiert mich nicht. Gerade das am NT, was mich vor die Entscheidung rufen will, ist durch die Vergegenständlichung im Mythos verdeckt. Zusätzliche Schwierigkeiten bereitet der Mythos dem „modernen" Menschen: die natürliche, von der Naturwissenschaft erforschte, geschlossene Welt kann dem Einbruch der Transzendenz nicht in der Weise offenstehen, wie der Mythos es darstellt (z. B. in den Berichten über Wunder). Darum kann das ntl. Kerygma auf keinen Fall die Verkündigung objektiver Wahrheiten u. Geschehnisse sein, die allgemein gültig u. heilswirkend sind (das wäre nichts als Mythologie). Die mich angehende Botschaft des NT besagt vielmehr: Jesus will mich zur Entscheidung zwischen Gott u. dieser vergänglichen Welt aufrufen; für diesen Appell ist es die „letzte Stunde", das entscheidende „Jetzt".

So wie Jesus am Kreuz gestorben ist u. nie Wunder an sich erfahren oder selbst welche gewirkt hatte, vielmehr in der gehorsamen Übernahme seines Schicksals Gott glaubte, so daß in seinem Sterben das Gericht Gottes über den dieser Welt verfallenen Menschen erging, so ist auch von mir Glaube, Entscheidung gegen diese Welt, gegen die Sünde gefordert, ohne daß ich für die Wahrheit des mich anredenden Wortes Gottes irgendeinen Beweis hätte – Diese existentiale Interpretation nimmt nach Bultmann schon das NT selber vor, generell u. versteckt dadurch, daß es einander widersprechende Mythologeme präsentiert u. darum zeigt, daß die objektivierenden Vorstellungen nicht eieigentlich gemeint sind, im besonderen bei Johannes und Paulus in der E. der Eschatologie (das Ende der Welt ist nicht ein späteres Geschehen, sondern je gegenwärtiges Ereignis, das Existieren in der Entscheidung gegen diese Welt). – Die wissenschaftliche Kritik an Bultmann hat überzeugend dargetan, daß das ntl. Kerygma nicht nur Aufruf zur Entscheidung, sondern die Mitteilung eines objektiven Geschehens, des Christusereignisses, ist, das sich einschließlich der Auferstehung mit genügender historischer Sicherheit nachweisen läßt. Philosophisch ist der Bultmannsche Begriff der Transzendenz als verkürzt u. auf ungenügender Analyse gerade der apriorischen transzendentalen Verfaßtheit des Menschen(1) beruhend nachgewiesen. Somit ist auch gezeigt, daß die Entleerung des Kerygmas u. das schiefe Existenzverständnis im Programm der E. zu einem grundlos paradoxen Glauben führen müssen, der dem Wesen des Menschen (auch gerade des heutigen) widerspricht. Damit ist jedoch das echte Anliegen Bultmanns nicht abgetan. Es kann nicht bestritten werden, daß AT u. NT die mythische Weltvorstellung jener Zeit widerspiegeln, in der sie entstanden sind. Diese Weltvorstellung wird durch die Offenbarung nicht garantiert, sondern es war schon immer u. ist die bleibende Aufgabe der Theologie (die es darum überhaupt erst gibt), zu fragen, was die überlieferten Sätze „eigentlich" sagen u. was nicht. Schon immer traf die Theologie die Unterscheidung zwischen dem Inhalt einer Aussage u. der Vorstellungsweise, u. darum war sie in einem wahren Sinn immer E. Anderseits ist zu sagen: Wenn das Transzendente, der transzendente Gott, in eine Einzeldimension des Menschen eingeschlossen wird, wie bei Bultmann in die Einzeldimension des Existentiellen, so wird in Wirklichkeit das Transzendente mythologisiert, nicht entmythologisiert. „Diese" Welt samt ihrer Geschichte darf nicht so radikal vereinseitigend in extremem Dualismus abgetan werden, wie dies Bultmann tut, denn Gott ist in diese Wirklichkeit in Wahrheit eingegangen und hat sie bleibend angenommen. Es bleibt aber ferner die von Bultmann wirklich gewiesene und nie vollends bewältigte Aufgabe, die Darlegung der Heilstat Gottes in Jesus Christus so in der Theologie vorzunehmen, daß der Hörer dieses Wortes „existentiell" betroffen, zur umkehrenden Entscheidung und zum Glauben aufgerufen ist.

Karl Rahner / Herbert Vorgrimler

J 15 Die Entscheidung der frühen Kirche für den Logos gegen den Mythos

1. Die Entscheidung der frühen Kirche für die Philosophie

Die Wahl, die im biblischen Gottesbild(1) getroffen ist, mußte im Aufgang des Christentums und der Kirche noch einmal wiederholt werden, sie muß es im Grunde in jeder geistigen Situation von neuem; sie bleibt immer ebenso Aufgabe wie Gabe. Die frühchristliche Verkündigung und der frühchristliche Glaube standen wiederum in einer göttergesättigten Umwelt und so noch einmal vor dem Problem, das Israel in seiner Ursprungssituation und in der Auseinandersetzung mit den Großmächten der exilischen und nachexilischen Zeit zugefallen war. Wieder galt es, auszusagen, welchen Gott der christliche Glaube eigentlich meinte. Die frühe Christenheit hat ihre Auswahl und ihre Reinigung entschlossen und kühn vollzogen, indem sie sich *für* den Gott der Philosophen *gegen* die Götter der Religionen entschied. Wenn die Frage aufstand, welchem Gott der christliche Gott entspreche, dem Zeus vielleicht oder dem Hermes oder dem Dionysos oder sonst einem, so lautete die Antwort: Keinem von allen. Keinem von den Göttern, zu denen ihr betet, sondern einzig und allein dem, zu dem ihr nicht betet, jenem Höchsten, von dem eure Philosophen reden. Die frühe Kirche hat den ganzen Kosmos der antiken Religionen entschlossen beiseite geschoben, ihn insgesamt als Trugwerk und Blenderei betrachtet und ihren Glauben damit ausgelegt, daß sie sagte: Nichts von alledem verehren und meinen wir, wenn wir Gott sagen, sondern allein das Sein selbst, das, was die Philosophen als den Grund alles Seins, als den Gott über allen Mächten herausgestellt haben – nur das ist unser Gott. ... Die Wahl, die so getroffen wurde, bedeutete die Option für den Logos gegen jede Art von Mythos, die definitive Entmythologisierung der Welt und der Religion.

War diese Entscheidung für den Logos gegen den Mythos der richtige Weg? Um darauf Antwort zu finden, ... ist es nötig zu beachten, daß die antike Welt selbst in sehr ausgeprägter Form das Dilemma zwischen Gott des Glaubens und Gott der Philosophen kannte. Zwischen den mythischen Göttern der Religionen und der philosophischen Gotteserkenntnis hatte sich im Lauf der Geschichte ein immer stärkeres Spannungsverhältnis entwickelt, das in der Mythenkritik der Philosophen von Xenophanes bis Platon in Erscheinung tritt, der geradezu mit dem Versuch umging, den klassischen homerischen Mythos abzuschaffen und ihn durch einen neuen, logosmäßigen Mythos zu ersetzen. Die heutige Forschung kommt dabei immer mehr zu der Einsicht, daß es eine ganz erstaunliche Parallele zeitlicher und sachlicher Art zwischen der philosophischen Mythenkritik in Griechenland und der prophetischen Götterkritik in Israel gibt. Beide gehen zwar von völlig verschiedenen Voraussetzungen aus und haben völlig verschiedene Ziele. Aber die Bewegung des Logos gegen den Mythos, wie sie sich im griechischen Geist in der philosophischen Aufklärung zugetragen hat, so daß sie schließlich auf den Sturz der Götter zutreiben mußte, steht in einer inneren Parallelität zu der Aufklärung, die Propheten- und Weisheitsliteratur betrieben in ihrer Entmythologisierung der göttlichen Mächte zugunsten des alleinigen Gottes. Beide Bewegungen koinzidieren bei all ihrer Gegensätzlichkeit in dem Hinstreben auf den Logos. Die philosophische Aufklärung und ihre „physische“ Betrachtung des Seins hat den mythischen Schein immer mehr verdrängt, freilich ohne die religiöse Form der Verehrung der Götter zu beseitigen. Die antike Religion ist denn auch an der Kluft zwischen Gott des Glaubens und Gott der Philosophen, an der totalen Diastase zwischen Vernunft und Frömmigkeit zerbrochen. Daß es nicht gelungen ist, beides in eins zu bringen, sondern daß in zunehmendem Maße Vernunft und Frömmigkeit auseinandergetreten sind, Gott des Glaubens und Gott der Philosophen sich trennten, das bedeutete den inneren Zusammenbruch der antiken Religion. Die christliche hätte kein anderes Schicksal zu erwarten, wenn sie sich auf eine gleichartige Abschneidung von der Vernunft und auf einen entsprechenden Rückzug ins rein Religiöse einließe, wie ihn Schleiermacher gepredigt hat und wie er in gewissem Sinn paradoxerweise auch bei Schleiermachers großem Kritiker und Gegenspieler Karl Barth vorliegt.

Das gegensätzliche Schicksal von Mythos und Evangelium in der antiken Welt, das Ende des Mythos und der Sieg des Evangeliums sind, geistesgeschichtlich betrachtet, wesentlich zu erklären aus dem gegensätzlichen Verhältnis, das beide Male zwischen Religion und Philosophie, zwischen Glaube und Vernunft errichtet worden ist. Das Paradox der antiken Philosophie besteht, religionsgeschichtlich gesehen, darin, daß sie denkerisch den Mythos zerstört hat, aber gleichzeitig religiös ihn neu zu legitimieren versuchte – das heißt: daß sie religiös nicht revolutionär, sondern höchstens evolutionär war, Religion als Sache der Lebensordnung und nicht als Sache der Wahrheit behandelt hat. Paulus hat im Anschluß an die Weisheitsliteratur diesen Vorgang im Römerbrief (1,18–31) in der Sprache der prophetischen Predigt (bzw. der alttestamentlichen Weisheitsrede) völlig exakt beschrieben. Bereits im Weisheitsbuch, c 13–15, findet sich der Hinweis auf dieses tödliche Schicksal der antiken Religion und auf die Paradoxie, die in jener Auseinandertrennung von Wahrheit und Frömmigkeit liegt. Paulus greift das dort ausführlich Gesagte in wenigen Versen auf, in denen er das Geschick der antiken Religion aus diesem Zusammenhang der Trennung von Logos und Mythos schildert: „Es ist ja, was an Gott erkennbar ist, unter ihnen offenbar; denn Gott hat es ihnen offenbar gemacht ... Aber, obwohl sie Gott erkannten, haben sie ihm nicht als Gott Ehre und Dank erwiesen ... Sie vertauschten die Herrlichkeit des unvergänglichen Gottes mit der Nachbildung eines vergänglichen Menschen, fliegender, vierfüßiger und kriechender Tiere ...“ (Röm 1,19–23)

Die Religion geht nicht den Weg des Logos, sondern verharrt bei dem als wirklichkeitslos durchschauten Mythos. Damit war ihr Untergang unvermeidlich; er folgte aus der Abtrennung von der Wahrheit, die dazu führte, daß sie als bloße „institutio vitae“, das heißt als bloße Lebenseinrichtung und Form der Lebensgestaltung, angesehen wurde. Dieser Situation gegenüber hat Tertullian in einem großartig kühnen Wort mit Nachdruck die christliche Position beschrieben, wenn er sagt: „Christus hat sich die Wahrheit genannt, nicht die Gewohnheit.“ Ich glaube, daß dies einer der wirklich großen Sätze der Väter-Theologie ist. Der Kampf der frühen Kirche und die bleibende Aufgabe, die dem christlichen Glauben gestellt ist, wenn er er selbst bleiben will, ist darin in einzigartiger Dichte zusammengefaßt. Der Vergötzung der consuetudo Romana, des „Herkommens“ der Stadt Rom, die ihre Gewohnheiten zum selbstgenügsamen Maßstab des Verhaltens machte, tritt der Alleinanspruch der Wahrheit entgegen. Das Christentum hat sich damit entschlossen auf die Seite der Wahrheit gestellt und sich so von einer Vorstellung von Religion abgewandt, die sich damit begnügt, zeremonielle Gestalt zu sein, der man schließlich auf dem Weg der Interpretation auch irgendeinen Sinn beilegen kann.

Noch ein Hinweis mag das Gesagte verdeutlichen. Die Antike hatte sich schließlich das Dilemma ihrer Religion, ihrer Abgeschiedenheit von der Wahrheit des philosophisch Erkannten, zurechtgelegt in der Idee dreier Theologien, die es gebe: physische, politische und mythische Theologie. Sie hatte das Auseinandertreten von Mythos und Logos gerechtfertigt mit der Rücksicht auf das Empfinden des Volkes und mit der Rücksicht auf den Nutzen des Staates, insofern mythische Theologie zugleich politische Theologie ermögliche. Anders ausgedrückt: Sie hatte in der Tat

Wahrheit gegen Gewohnheit, Nützlichkeit gegen Wahrheit gestellt. Die Vertreter der neuplatonischen Philosophie gingen einen Schritt weiter, indem sie den Mythos ontologisch interpretierten, ihn als Symbol-Theologie auslegten und ihn damit auf dem Weg der Auslegung zur Wahrheit hin zu vermitteln versuchten. Aber was nur noch durch Interpretation bestehen kann, hat in Wirklichkeit aufgehört zu bestehen. Der menschliche Geist wendet sich mit Recht der Wahrheit selbst zu und nicht dem, was mit der Methode der Interpretation auf Umwegen als mit der Wahrheit noch vereinbar erklärt werden kann, selbst jedoch keine Wahrheit mehr hat.

Beide Vorgänge haben etwas bedrängend Gegenwärtiges an sich. In einer Situation, in der die Wahrheit des Christlichen zu entschwinden scheint, zeichnen sich im Kampf um das Christentum heute gerade die beiden Methoden wieder ab, mit denen einst der antike Polytheismus seinen Todeskampf bestritten und nicht bestanden hat. Auf der einen Seite steht der Rückzug aus der Wahrheit der Vernunft in einen Bereich bloßer Frömmigkeit, bloßen Glaubens, bloßer Offenbarung; ein Rückzug, der in Wirklichkeit, gewollt oder ungewollt, zugegeben oder nicht, in fataler Weise dem Rückzug der antiken Religion vor dem Logos, der Flucht vor der Wahrheit in die schöne Gewohnheit, vor der Physis in die Politik gleicht. Auf der anderen Seite steht ein Verfahren, das ich abkürzend als Interpretationschristentum bezeichnen möchte. Hier wird mit der Methode der Interpretation der Skandal des Christlichen aufgelöst und, indem es solchermaßen unanstößig gemacht wird, zugleich auch seine Sache selbst zur verzichtbaren Phrase gemacht, zu einem Umweg, der nicht nötig ist, um das Einfache zu sagen, das hier durch komplizierte Auslegungskünste zu seinem Sinn erklärt wird.

Die ursprünglich christliche Option ist demgegenüber eine durchaus andere. Der christliche Glaube hat – wir sahen es – gegen die Götter der Religionen für den Gott der Philosophen, das heißt gegen den Mythos der Gewohnheit allein für die Wahrheit des Seins selbst optiert. Von diesem Vorgang her rührte der Vorwurf gegen die frühe Kirche, daß ihre Anhänger Atheisten seien. Er ergab sich daraus, daß in der Tat die frühe Kirche die ganze Welt der antiken religio ablehnte, daß sie nichts davon als annehmbar erklärte, sondern dies Ganze als leere Gewohnheit, die gegen die Wahrheit steht, beiseite schob. Der Gott der Philosophen, den man übrigließ, galt aber der Antike nicht als religiös belangvoll, sondern als eine akademische, außerreligiöse Wirklichkeit. Nur ihn stehen zu lassen und einzig und allein zu ihm sich zu bekennen erschien als Religionslosigkeit, als Leugnung der religio und als Atheismus. In der Atheismus-Verdächtigung, mit der das frühe Christentum zu ringen hatte, wird seine geistige Orientierung, seine Option gegen die religio und ihre wahrheitslose Gewohnheit – einzig für die Wahrheit des Seins, deutlich erkennbar.

2. *Die Verwandlung des Gottes der Philosophen*

Freilich darf auch die andere Seite des Vorgangs nicht übersehen werden. Indem der christliche Glaube sich allein für den Gott der Philosophen entschied und diesen Gott folgerichtig als den Gott erklärte, zu dem man beten kann und der zum Menschen spricht, hat er diesem Gott der Philosophen eine völlig neue Bedeutung gegeben, ihn dem bloß Akademischen entrissen und ihn so zutiefst verwandelt. Dieser Gott, der vorher als ein Neutrum dasteht, als der oberste, abschließende Begriff; dieser Gott, der verstanden ist als das reine Sein oder als das reine Denken, das ewig geschlossen in sich selber kreist und nicht zum Menschen und seiner kleinen Welt hinüberreicht; dieser Gott der Philosophen, dessen reine Ewigkeit und Unveränderlichkeit jede Beziehung zum Veränderlichen und Werdenden ausschließt, erscheint nun für den Glauben als der Menschen Gott, der nicht nur Denken des Denkens, ewige Mathematik des Weltalls, sondern Agape, Macht schöpferischer Liebe ist. In diesem Sinn gibt es im christlichen Glauben dann doch das, was Pascal in jener Nacht erfahren hat, in der er auf einen Zettel, den er fortan eingenäht im Rockfutter seines Anzugs trug, die Worte schrieb: „Feuer. ‚Gott Abrahams, Gott Isaaks, Gott Jakobs', nicht ‚der Philosophen und Gelehrten'." Er hatte gegenüber einem wieder ganz ins Mathematische zurücksinkenden Gott die Dornbusch-Erfahrung erlebt und begriffen, daß der Gott, der die ewige Geometrie des Weltalls ist, es nur sein kann, weil er schöpferische Liebe, weil er brennender Dornbusch ist, aus dem ein Name ergeht, durch den er in die Welt des Menschen eintritt. In diesem Sinne also gibt es die Erfahrung davon, daß der Gott der Philosophen ganz anders ist, als die Philosophen ihn gedacht hatten, ohne aufzuhören, das zu sein, was sie gefunden hatten; daß man ihn erst wirklich erkennt, wenn man begreift, daß er, die eigentliche Wahrheit und der Grund allen Seins, ungetrennt der Gott des Glaubens, der Gott der Menschen ist.

... Das Ganze zusammenfassend können wir sagen, daß sich bei der bewußten Anknüpfung an den Gott der Philosophen, die der Glaube vollzog, zwei fundamentale Überschreitungen des bloß philosophischen Denkens ergaben:

a) Der philosophische Gott ist wesentlich nur selbstbezogen, rein sich selbst beschauendes Denken. Der Gott des Glaubens ist fundamental durch die Kategorie der Relation (Beziehung) bestimmt. Er ist schöpferische Weite, die das Ganze umspannt. Damit ist ein völlig neues Weltbild und eine neue Weltordnung gesetzt: Als die höchste Möglichkeit des Seins erscheint nicht mehr die Losgelöstheit dessen, der nur sich selber braucht und in sich steht. Die höchste Weise des Seins schließt vielmehr das Element der Beziehung ein. Man braucht wohl nicht eigens zu sagen, welche Revolution es für die Existenzrichtung des Menschen bedeuten muß, wenn als das Höchste nicht mehr die absolute, in sich geschlossene Autarkie erscheint, sondern wenn das Höchste zugleich Bezogenheit ist, schöpferische Macht, die anderes schafft und trägt und liebt ...

b) Der philosophische Gott ist reines Denken; ihm liegt die Vorstellung zugrunde: Denken und nur Denken ist göttlich. Der Gott des Glaubens ist als Denken Lieben. Der Vorstellung von ihm liegt die Überzeugung zugrunde: Lieben ist göttlich. Der Logos aller Welt, der schöpferische Urgedanke, ist zugleich Liebe, ja, dieser Gedanke ist schöpferisch, weil er als Gedanke Liebe und als Liebe Gedanke ist. Es zeigt sich eine Uridentität von Wahrheit und Liebe, die da, wo sie voll verwirklicht sind, nicht zwei nebeneinander oder gar gegeneinander stehende Wirklichkeiten, sondern eins sind, das einzige Absolute. An dieser Stelle wird zugleich der Ansatzpunkt des Bekenntnisses zum drei-einigen Gott sichtbar ...

Joseph Ratzinger

16 Notwendigkeit und Grenzen der Entmythologisierung

Ein Dreifaches ist bezüglich *Mythen, Legenden, Bildern und Symbolen* zu beachten:
a) Mythen, Legenden, Bilder und Symbole *dürfen nicht wörtlich genommen werden:* Es war lange Zeit ein Charakteristikum *katholischer* Theologie, Kirche und Verkündigung, der Entmythologisierung geschickt oder weniger geschickt auszuweichen und, besonders im südländischen Katholizismus, den Mythos gar in allen möglichen biblischen und nachbiblischen Formen und Gestalten zu kultivieren, so daß Ignoranz und Obskurantismus im Volk und eine weitgehende Entchristlichung und Glaubenslosigkeit unter den Gebildeten die Folge war. Wird also das *Mythische einfach konserviert,* geht das auf Kosten der christlichen Botschaft, die dann mit dem Mythos verwechselt wird und den *Glauben zum Aberglauben degenerieren* läßt. Eine Entmythologisierung ist unumgänglich.

b) Aber umgekehrt dürfen Mythen, Legenden, Bilder und Symbole auch *nicht kritisiert werden, nur weil sie Mythen, Legenden, Bilder und Symbole sind:* War es nicht eine Gefahr der *protestantischen* Theologie, Kirche und Verkündigung, daß sie, besonders im deutschen Raum, die Entmythologisierung öfters zu unbesonnen, kurzschlüssig und willkürlich betrieben hat? Weithin wurde Bildhaftes, Mythisches, Symbolisches und Sakramentales aus der Kirche einfach ausgeschlossen. Als ob die Menschen nur Ohren und nicht auch Augen hätten. Als ob neben Intellekt und kritisch-rationalem Diskurs nicht auch Phantasie, Einbildungskraft, Emotionen, überhaupt Spontaneität, Kreativität, Innovation angesprochen werden müßten. Als ob der christliche Glaube nur eine halbe, eben nur eine Verstandessache sei, und nicht der ganze Mensch ergriffen werden müßte. Als ob das Ergriffenwerden durch das Begreifen, die Bilder durch die Begriffe, die Geschichte durch abstrakte Ideen, das Erzählen durch Proklamieren und Appellieren je ersetzt werden könnten! Eindringlich hat schon Paul Tillich den Protestantismus darauf hingewiesen, das sein intellektualistisches Evangelium mit der Zeit nur noch die Intellektuellen anzusprechen vermag. Eine – in bestimmten Gegenden bereits weit fortgeschrittene – Entvölkerung der Kirche war die Folge, verbunden oft mit einer Anfälligkeit für neue Mythologisierungen. Auch wenn also *das Mythische einfach eliminiert* wird, geht das – wie sich schon in der Theologie der Aufklärung und des Liberalismus zeigte – auf Kosten der christlichen Botschaft, die dann mit dem Mythos ausgeschüttet wird, so daß der *Glaube zur Vernunftgläubigkeit austrocknet.*

c) Echte *kritische Interpretation* verläuft zwischen Traditionalismus und Rationalismus: Sie distanziert sich von *allen* Formen des Aberglaubens, zu denen auch die Vernunftgläubigkeit gehört. Kritische Theologie heute sieht die Notwendigkeit *und* die Grenzen der Entmythologisierung: sie will – wie dies in Theorie auch Bultmann sagt – das Mythische weder konservieren noch eliminieren. Sie will, . . . *das Mythische differenziert interpretieren. . . .*

In einer solchen differenzierten Interpretation können dann die Mythen zweifellos nicht mehr wörtlich genommen, aber auch nicht einfach ausgeschlossen werden. Vielmehr gilt dann der Grundsatz, daß *Mythisches als Mythisches,* Legenden als Legenden, Bilder und Symbole als Bilder und Symbole zu verstehen sind. Das heißt nicht, daß alles Mythologisch-Legendare den heutigen Menschen noch ebenso ansprechen muß wie damals. Auch Mythen und Legenden, Bilder und Symbole können sterben und unter Umständen – freilich keineswegs beliebig – ersetzt werden: wenn sie in einer neuen Zeit nicht mehr die Macht haben, das auszudrücken, was sie ausdrücken sollen. Schon für die Menschen des Neuen Testaments spricht nicht mehr alles im Alten Testament so, wie es zu früheren Generationen in Israel gesprochen hat. Ein Bild oder Symbol für eine Sache aufgeben, heißt aber noch längst nicht die Sache aufgeben. Sollte zum Beispiel einer die Jungfrauengeburt als Legende für die Gottessohnschaft ansehen, so gibt er mit der Wirklichkeit der Jungfrauengeburt noch nicht notwendig die Wirklichkeit der Gottessohnschaft auf.

Wahrheit nicht gleich Faktizität

Was oft übersehen wird: nicht nur unsere Bilder, auch unsere höchst reflektierten Begriffe vermögen die letzte Wirklichkeit, die wir Gott nennen, nie direkt zu erfassen. Sie bleiben letztlich immer symbolische, ana-loge, nur hinauf-sagende, ähnlich-unähnliche Begriffe, von denen wir nur hoffen können, daß sie nicht zu eng sind, um das un-greifbare, un-begreifbare Allumfassende zu bezeichnen und einen lebendigen Zugang zu ihm zu eröffnen. Es kann durchaus nicht ausgeschlossen werden, daß je nach der Situation ein scheinbar vages Bild oder eine schlichte Erzählung mehr vom letztlich Unsagbaren auszusagen und von den Tiefenstrukturen der Wirklichkeit freizulegen vermögen als der scheinbar so präzise und gerade deshalb so fixierte, unbiegsame, beschränkte Begriff, als die so klare und bestimmte und gerade deshalb so einseitige und farblose Argumentation oder Dokumentation. Wie eben die Poesie das Geheimnis der Natur und des Menschen unter Umständen besser trifft als eine noch so exakte Beschreibung oder Fotografie.
Hier ist zu bedenken: Wahrheit ist nicht gleich Faktizität, ist insbesondere nicht gleich historischer Wahrheit. Wie es *verschiedene Weisen und Schichten der Wirklichkeit* gibt, so gibt es verschiedene Weisen *der Wahrheit:* und oft in der einen und selben Erzählung verschiedene Schichten der Wahrheit. Man überlege: Kann mich nicht eine tatsächlich geschehene Geschichte völlig gleichgültig lassen? Und kann mich nicht umgekehrt eine nur fingierte („fiktionale") und historisch nicht geschehene Geschichte unter Umständen tief betroffen machen? Eine Zeitungsmeldung von einem auf dem Weg von Jerusalem nach Jericho überfallenen Reisenden wird mich unter Umständen völlig gleichgültig lassen: obwohl sie – leider – wahr, historisch wahr ist. Umgekehrt wird mich die erfundene Geschichte vom barmherzigen Samariter auf demselben Weg unmittelbar in Bewegung setzen: weil sie mehr Wahrheit enthält. Die erste Geschichte sagt mir eine Wahrheit, die mich nichts angeht oder zumindest nicht anzugehen scheint, die für mich nicht bedeutsam ist: ein pures Faktum, eine rein historische Wahrheit. Die andere Geschichte sagt mir eine Wahrheit, die, obwohl kein Faktum, mich zutiefst betrifft: eine für mich bedeutsame Wahrheit, eine für meine Existenz relevante („existentiale") Wahrheit. Gegenüber einer Geschichte wie der des barmherzigen Samariters oder des verlorenen Sohnes ist die Frage des Historikers, „wie es eigentlich gewesen ist", fehl am Platz: die Frage nach historisch Richtig oder Falsch ist inadäquat, ohne Interesse. Die Poesie, die Parabel, die Legende hat ihre eigene Vernunft. Sie unterstreicht,

setzt Akzente, hebt heraus, konkretisiert: Sie kann relevantere Wahrheit künden als der historische Bericht. Die Bibel ist primär nicht an der historischen Wahrheit, sondern an der für unser Wohl, unser Heil relevanten Wahrheit, an der „Heilswahrheit" interessiert.
Gewiß stellt sich bei allen Berichten gerade über Jesus, wie wir auf Schritt und Tritt festgestellt haben, zumindest heute unausweichlich und schon für jedes Kind die historische Frage, ob denn das Berichtete (etwa das Wandeln über den See oder die Verklärung oder die Himmelfahrt) wie berichtet geschehen, also historisch sei. Und zwar stellt sich die Frage nicht nur in der wissenschaftlichen Theologie, sondern auch in einer zeitgemäßen Verkündigung. Umgekehrt ist jedoch bereits deutlich geworden: Auch die Jesusgeschichten wollen nicht nur, was eine historisch-kritische Theologie oft allein beschäftigt hat, nach Traditionen seziert und auf ihre Aussagen über historische Tatsachen befragt werden. Selbst dort, wo einfach berichtet wird, wollen sie mehr als nur eine Wahrheit aussprechen. Es geht in diesen Geschichten nie um reine Informationen, die den Hörer oder Leser unbeteiligt lassen sollen. Es geht um *Botschaften,* die eine Verheißung oder eine Bedrohung mit sich führen. Gerade bei den Weihnachts-, Wunder-, Oster- und Gerichtsgeschichten steht im Vordergrund des Interesses weniger, was sich da eigentlich ereignet hat oder ereignen wird, worüber wir oft wenig wissen, als vielmehr die praktische Frage, *was das für uns bedeutet:* worüber sich in jeder individuellen und gesellschaftlichen Situation wieder neu kritisch nachdenken läßt. Solche Geschichten geben oft mehr Aufschluß über die Wirkung eines bestimmten Geschehens auf die Menschen als über das Geschehen selbst. Dies gilt besonders, wenn zwischen dem Ereignis und dem überlieferten Text wie im Neuen Testament (etwa bezüglich der Geburt Jesu, der österlichen Berufungserfahrungen) Jahrzehnte, und im Alten Testament (etwa bezüglich des Auszugs aus Ägypten oder der Landnahme) Jahrhunderte liegen. Wissen wir dann auch vom historischen Faktum verhältnismäßig wenig, so doch verhältnismäßig viel, wie es gewirkt hat und wie Israel oder die christliche Gemeinde mit ihm umgegangen sind. Die Geschichten offenbaren dann den Weg, den Israel oder die Gemeinde mit ihren grundlegenden Geschichtserfahrungen durchschritten haben und der auch für den christlichen Weg heute von Bedeutung ist.

Erzählende Darbietung und kritische Reflexion

Und damit sind wir wieder beim Problem der *literarischen Form.* Verkündigung, Predigt, Katechese sind etwas anderes als Wissenschaft, als Theologie oder Historie. Wenn sie sich auch immer wieder die wissenschaftliche Überprüfung gefallen lassen müssen und eine solche nicht ungestraft vernachlässigen, so ist ihr Ziel und deshalb auch ihre Sprache eine andere. Wie eben ein Königsdrama Shakespeares ein anderes Ziel und deshalb eine andere literarische Form hat als eine historische Darstellung etwa Heinrichs V. Unsere Evangelien sind – selbstverständlich bei wesentlichen Unterschieden – einem Shakespeareschen Drama näher als einer Chronik oder einer historischen Biographie: Hier wie dort soll nicht möglichst exakte Historie geboten und soll trotzdem die Tradition über die zentralen Personen und Ereignisse im wesentlichen getreu wiedergegeben werden. Hier wie dort soll so überzeugend wie möglich eine Botschaft (von einem besseren England – von Jesus Christus und dem Gottesreich) verkündet und ein neues Zeitalter angesprochen werden. Hier wie dort sollen nicht nur einige wenige Gelehrte objektiv orientiert, sondern eine breite Zuhörerschaft verschiedenster Herkunft gefesselt und bewegt werden. Hier wie dort muß dies in einer relativ kurzen Darstellung – selbst das Lukas-Evangelium läßt sich in zwei Stunden lesen – geschehen. Zu diesem Ziel und Zweck werden denn bei Shakespeare wie in den Evangelien Chronologie und Topographie nur so weit notwendig beachtet, werden Akzente verschoben, werden Fakten und Personen ausgewählt und, wenn nötig, auch frei erfunden. Zu diesem Ziel und Zweck wird manchmal gerafft und ein längerer Ablauf in einen einzigen Satz zusammengefaßt und wird umgekehrt aus einem einzigen Satz eine ganze Szene gestaltet, nach dem Grundsatz: multum in parvo – viel in wenig.

Wäre es nicht lächerlich, Shakespeares Heinrich V. oder das Markus-Evangelium durch eine „genauere" Paraphrase ersetzen zu wollen? Wird Markus wie Shakespeare nicht noch heute wie eh und je gelesen, öffentlich (in Kirche oder Theater) zur Darstellung gebracht und von einer großen Zuhörerschaft spontan, wenn auch nicht immer richtig, verstanden, während sehr viel genauere Chroniken und Geschichtswerke bestenfalls von Spezialisten in Bibliotheken studiert werden? Es geht in den Evangelien wie bei Shakespeare nicht um eine historische, sondern um eine „dramatische Geschichtsdarstellung", die über ihre eigenen Stilmittel verfügt und die wirksamer als abstrakte Ideen und Lehrsätze ihr Ziel zu erreichen vermag. In den Evangelien wie bei Shakespeare trotz aller Verschiedenheit ein komplexes, ineinander verschränktes Vielebenenspiel (in bezug auf Raum, Zeit, Zuhörerschicht) mit epischen, dramatischen und gar lyrischen Elementen, das eine Totalität plastisch vor Augen stellt.

Von daher gesehen setzt die neuerdings programmatisch herausgestellte *„erzählende", „narrative" Theologie* bei aller berechtigten Polemik gegen zuviel abstrakte Reflexion zu *eng* an. Gewiß soll eine christliche Theologie sich nie zu gut sein, von Jesus und seiner Sache zu erzählen und gewiß hat dies nicht nur die neuscholastische, sondern auch die existentiale und die politische Theologie zuwenig getan. Aber schon literarisch sind die Evangelien keineswegs reine Erzählungen, sondern, wie dargelegt, dramatisch komponierte Geschichtsdarstellungen mit verschiedenen Erzählelementen. Gewiß wird zu Recht die Relativität der historischen Vernunft und der „argumentativen" Theologie neu betont und die Bedeutsamkeit des Erzählens neu herausgestrichen. Aber eine Theologie oder Verkündigung, die Geschichten, biblische oder nachbiblische, erzählt, ohne sich über die Authentizität des Geschehens selbst Rechenschaft zu geben, würde von denkenden Menschen zu Recht, und zwar sowohl literarisch wie theologisch, nicht ernstgenommen. Die Folge wäre ein „narrativer" Biblizismus oder gar ein unkontrolliertes kriterienloses Gerede. Ob der Literaturwissenschaftler und erst recht der Theologe diese Seite der Problematik genügend beachtet hat? Die Frage der historischen Authentizität ist *für Literaturwissenschaftler* relativ unwichtig. Er glaubt ja auch nicht für sein Leben und Sterben „an" Heinrich V. oder gar Heinrich VIII., an Julius Cäsar oder Wilhelm Tell; er will ihnen nicht „nachfolgen". Ob also Wilhelm Tell in Wirklichkeit (Schiller) oder nur als Wanderlegende (Frisch) existiert, ob Cäsars Ermordung

von seinen Mördern gegen seinen Willen bewerkstelligt (Shakespeare) oder von Cäsar selber zum gloriosen Abgang provoziert und inszeniert wurde (Jens), ob die heilige Johanna nach Schiller, Shaw oder Brecht zu verstehen ist, das kann dem Literaturwissenschaftler, dem es wesentlich um den Text und seine literarische Qualität und nur sekundär um die Sache des Textes geht, letztlich gleichgültig sein. Selten geht er denn auch den Weg zu den authentischen Akten.
Aber *für den glaubenden Menschen* sieht das anders aus: Für den Menschen, der an Jesus glaubt und ihn zum konkreten Maßstab seines Verhaltens macht, ist es nicht gleichgültig, ob dieser Jesus eine geschichtliche Gestalt, eine Wanderlegende oder ein Mythos ist. Ob er als Hierarch, Ordensmann oder Sozialrevolutionär gewirkt hat. Ob sein Tod zu Recht erfolgte oder nicht. Vielleicht ist ihm auch nicht gleichgültig, ob Jesus wirklich von einer Jungfrau geboren wurde, ob er Wunder gegen die Naturgesetze getan, Taufe und Abendmahl eingesetzt, das Papsttum begründet hat und buchstäblich in den Himmel aufgefahren ist. Der glaubende Mensch – und auch der Literaturwissenschaftler, sofern er glaubt – ist primär nicht am Text und seiner literarischen Qualität, sondern an der Sache selbst, an der literarisch dargestellten Person, ihrem Schicksal und ihren Konsequenzen für ihn selbst und die Gesellschaft interessiert. Er möchte wissen, ob und inwiefern sein Glaube in einer Illusion oder in der geschichtlichen Wirklichkeit gründet. Wo immer ein Glaube auf einer Illusion beruht, da geht es nicht um Glaube, sondern um Aberglaube.
Trotzdem bleibt wahr: Eine Theologie oder Verkündigung (sie sei scholastisch oder neuscholastisch, existential oder politisch orientiert), die alle tradierten Geschichten möglichst in Begriffe, Ideen, Prinzipien, Systeme umwandelte, würde ihres eigenen Ursprungs vergessen und auch die Menschen nicht wahrhaft zu ergreifen vermögen, um sie in die Nachfolge zu führen. Sie hat so oder anders einen Dogmatismus und oft auch Ritualismus zur Folge. *Erzählende Darbietung und kritische Reflexion* sind also in der christlichen Theologie und Verkündigung zu verbinden.

Hans Küng

J 17 Hoffnung und Bild

Die herkömmliche Lehre von den „Letzten Dingen"

Es ist nicht zu verkennen, daß die traditionelle Lehre von den „Letzten Dingen", wie sie mindestens seit der Spätscholastik (ca. ab dem 15. Jh.) vorgetragen wurde, wonach die Aussagen über das „Letzte" vornehmlich als von Gott geoffenbarte *Informationen* über das Ende der individuellen Lebens- und allgemeinen Weltgeschichte zu verstehen sind, für das heutige kritische Bewußtsein durch und durch fraglich geworden ist, nicht nur im außertheologischen Raum, sondern auch für die Theologie selbst. Historisch-kritische Exegese und eine vertiefte Methodenreflexion zeigen heute, daß man in der Vergangenheit vielfach die Bildersprache der Hl. Schrift und der kirchlichen Tradition gründlich mißverstanden hat, indem man Chiffren und Symbole, ja gelegentlich Splitter von bildhaften Andeutungen nach ihrem Informationswert über die letzte Zukunft befragte und zusammenstellte, so daß

der Eindruck entstand, Schrift und Tradition enthielten eine geradezu wahrsagerisch geoffenbarte Vorhersage von der kommenden letzten Zukunft. Es ist noch gar nicht so lange her, daß in den Katechismen, Glaubensbüchern und dogmatischen Kompendien im Kapitel über die „Letzten Dinge" Andeutungen der Schrift wie in einem Puzzle-Spiel zu einem einzigen Bild komponiert wurden, so daß eine geschlossene große Reportage des kommenden Enddramas und Endzustandes entstand. Wie in kaum einem anderen Gebiet der Glaubenslehre blieben die Aussagen über die „Letzten Dinge" auf dem Niveau einer primitiven „Kindergartentheologie" stecken, in welcher die Endaussagen „kitschig verniedlicht" statt nach ihrer Aussageabsicht befragt wurden (A. Kolping). Aus Bildern und Symbolen wurde so ein verdinglichtes Zukunftsgemälde entworfen, das den kritischen Menschen eher befremdet und abstößt als überzeugt und ins Herz trifft, wie es die Frohe Botschaft doch eigentlich tun sollte.
... So kann man noch heute nicht wenige Bücher finden, wo unter Aufbietung enormen Scharfsinns über die Reihenfolge der Ereignisse am sogenannten Jüngsten Tag sehr seriöse Überlegungen angestellt werden. Wo z. B. gefragt wird, ob erst der Weltenbrand oder die Auferstehung der Toten erfolgt, und wie sich dazu das Blasen der Posaune und die Wiederkunft Christi auf den Wolken des Himmels zeitlich und sachlich verhält. An solchen Überlegungen wird deutlich, wie bildhafte Aussagen mißverstanden und verdinglicht werden zu einer Art Zukunftsreportage vom Jüngsten Tag. Kurz vor der Jahrhundertwende noch berechnete ein Dogmatikprofessor aus Münster namens Baus aus Andeutungen der Bibel die Temperatur des Höllenfeuers. Auch wenn das nunmehr an die 80 Jahre vorüber ist, wird doch noch immer bei einer Reihe von Theologen die These vertreten, das Feuer der Hölle sei nicht symbolisch, sondern höchst real zu verstehen, ebenso real wie die Belebung der irdischen Gebeine bei der allgemeinen Totenauferstehung, da die getrennte Seele sich aus den Überresten des irdischen Leibes einen neuen, eben den Auferstehungsleib bildet. Solche und ähnliche Überlegungen, ... zeigen deutlich, in welche Richtung die Aussagen vom „Letzten" mißverstanden wurden, so daß der französische Theologe Y. Congar die herkömmliche Lehre von den „Letzten Dingen" nicht zu Unrecht als eine „Physik der Letzten Dinge" apostrophiert. Wenn nun gerade an solchen Auswüchsen das Mißverständnis dieses Kapitels der Glaubenslehre besonders deutlich wird, so muß um so schärfer gefragt werden: Was ist der wirkliche Sinn der biblischen und traditionellen Aussagen vom „Letzten"?

Hoffnung und Bild

Das erste, was die neuere Theologie unter der Führung der Exegese erkannte, war die Bildhaftigkeit der endzeitlichen Aussagen. Die Hl. Schrift ist keine Art Wahrsagerin, die die Zukunft, unsere eigene oder die der Welt, „vorweg" weiß und uns deshalb sagt, was am Tag X, nämlich am Tag unseres Sterbens oder am Jüngsten Tag, geschehen wird. Nirgendwo – das läßt sich zeigen – läßt uns die Schrift wahrsagerisch einen Blick in die Zukunft tun.
Mit den Schriftaussagen über das „Letzte" verhält es sich ähnlich wie mit den ersten Kapiteln der Hl. Schrift, die über den Anfang handeln (sogenannter Schöpfungsbericht, Paradieses- und Urstandsgeschichten). Auch hier sind uns, wie heute all-

gemein bekannt, nicht einfach historisierend-beschreibende Informationen darüber gegeben, „wie es gewesen ist", sondern in bildhafter Weise bringen diese Geschichten viel Fundamentaleres zum Ausdruck, so z. B. die absolute Abhängigkeit des Menschen von Gott, seine Unmittelbarkeit zu ihm, die Würde seiner Freiheit, das Wesen der Sünde und ihre Folgen. In diesen Urgeschichten sind also aktuelle geschichtliche Glaubenserfahrungen Israels mit seinem Gott an den Anfang allen Geschehens zurückprojiziert, um darzutun, daß diese gegenwärtigen Glaubenserfahrungen grundsätzliche Geltung für alle Zeiten haben.

Der in den Urgeschichten bildhaft beschriebene „Anfang" meint also keinen zeitlichen Anfang, sondern den immer geltenden Grund und das innerste Herz allen Geschehens. Anfang und Ende sind nun aber strikt aufeinander bezogen und entsprechen sich in Struktur und Funktion. Von daher ist also schon zu erwarten, daß auch die Endaussagen nicht einfach über das zeitliche Ende der Geschichte informieren wollen, sondern daß sie gleichfalls der aktuellen Glaubenserfahrung entspringen und diese hoffend in die Zukunft hinein verlängern: Der Gott, der jetzt und in der Vergangenheit das menschliche Leben und die ganze Geschichte umfängt, der der ganzen Wirklichkeit Grund und Halt, Sinn und Ziel, Führung und Beistand gibt, ja, der den Menschen als Bundespartner erwählt, um sich ihm personal mitzuteilen – dieser Gott wird auch die Zukunft aller Schöpfung sein, ihr letzter Sinn und ihr letztes Ziel; Gottes Willen zur Selbstmitteilung an den Menschen wird sich nichts entgegenstellen können, weder Tod noch Untergang; wen Gott zur Gemeinschaft mit sich erwählt hat, der ist unausweichlich vor Gott gestellt, jetzt und in Zukunft, auf Gedeih oder Verderb. So entstammen die Aussagen über die letzte Zukunft, wie wir sie in Schrift und Tradition finden, nicht einem wahrsagerischen Blick in die Zukunft. Sie sind vielmehr bildhafte Extrapolationen und Prolongaturen[1] des jetzt den Menschen bestimmenden Glaubens an das Ende der Lebens- und Weltgeschichte, um Verheißung und Hoffnung, die wesentlich zum Glauben gehören, auszudrücken. In diesem Sinn sind die Aussagen über die „Letzten Dinge" *Hoffnungsbilder*.

Mit diesem Ausdruck ist ein Doppeltes gesagt:

1. Es geht nicht um ein Wissen, um ein Vorweg-Wissen der Zukunft, sondern um *Hoffnung*. Hoffen ist etwas anderes als Wissen und Erkennen. Der Wissende weiß: So und nicht anders ist es; der Erkennende stellt fest, er argumentiert, definiert, deduziert. Erkennen ist auf klare, eindeutige, möglichst abgeschlossene Ergebnisse ausgerichtet; Erkennen legt fest. Wer hofft, hält dagegen alles offen. Für den Hoffenden liegt nichts unwiderruflich fest, ist nichts abgeschlossen. Die Wirklichkeit, wie sie ist, mit ihren Widersprüchen, Schründen und Abgründen, mit ihrem Dunklen und Widersinnigen ist für den Hoffenden nicht endgültig: Er baut darauf, daß alles zum Guten veränderbar ist, daß das scheinbar Ausweglose und Festgefahrene nicht das Definitive ist, sondern daß alles umfangen ist von einem letzten Sinn, daß alles einmündet in eine letzte Versöhnung und Heilung, ohne aber das Wie und Was zu wissen. Hoffen ist oftmals Hoffen gegen Wissen und Erkennen. Die

[1] *Extrapolation* = „Hochrechnung" meint hier Aussagen auf die Zukunft hin, die auf Grund der bisherigen Erfahrungswerte gewonnen sind. *Prolongaturen* bezeichnet die „Verlängerung" der jetzt bereits wirksamen Prozesse in die Zukunft hinein.

Volksweisheit hat das Sprichwort geprägt: „Hoffen und Harren macht manchen zum Narren". Damit ist eine tiefe Weisheit ausgesprochen, daß nämlich der Hoffende oft auf der Seite des Narren steht, daß er nicht bei denen zu finden ist, die wissen und erkennen und sich in der Welt, wie sie ist, vernünftig, distanziert auskennen. Der Hoffende steht oft auf der Gegenseite, er stellt gerade das festlegende Erkennen, das unabdingbare Wissen in Frage, hält alles offen, vertraut auf ein gutes Ziel, oft gegen alle Hoffnung. In diesem Sinn sind die Aussagen der Schrift über das Ende *Hoffnungs*bilder: sie bringen zum Ausdruck, daß die persönliche Geschichte und die Geschichte der ganzen Welt auf ein gutes Ende hinausläuft.

2. Ein Zweites aber ist mit der Bezeichnung „Hoffnungsbilder" ausgesagt: Es sind *Bilder!* Das Bild ist ganz wesentlich mit dem Hoffen verbunden. Zum Erkennen gehört die Formel, die Definition, der feste Satz, die These, das Dogma. Zum Hoffen dagegen gehört das Bild. Wie anders soll sich Hoffnung äußern als in bildhaften Vorstellungen, in Träumen und Zeichen, Symbolen und Chiffren. Denn all das will ja nicht mit Erkenntnis konkurrieren, sondern auf das vom Menschen her Unvorstellbare verweisen, will die Wirklichkeit flüssig und offenhalten für das, was jenseits aller menschlichen Möglichkeiten und aller menschlichen Erwartungen auf den Menschen zukommen kann. Ein Bild vermag über die Wirklichkeit, wie sie hier und heute ist, hinaus das vom Menschen her nicht definitiv Aussagbare und Machbare aufblitzen zu lassen. So sprechen die Bilder von einer Realität, die nicht oder noch nicht zum Bereich menschlicher Erfahrung, menschlichen Erkennens und Vermögens gehört. Ja, man kann sagen: Diese überwältigende künftige Wirklichkeit entwirft sich gerade in Bildern vorweg und kommt in Bildern auf den Menschen zu, so daß durch Bilder die Hoffnung auf eine letzte heilvolle Zukunft in uns gewirkt und wachgehalten wird.

Der abendländisch-neuzeitliche Mensch tut sich schwer mit Bildern, Symbolen und Zeichen. Er ist immer in Gefahr, das Bild nur als im Grunde überflüssige Illustration, Metapher und Verschlüsselung eines an sich begrifflich schärfer und adäquater zu fassenden Sachverhalts zu nehmen oder die Wirklichkeit, die das Bild uns erschließt, nur als eine vage, höchst dubiose, geradezu „verdünnte" Wirklichkeit zu nehmen. Wie oft habe ich zu hören bekommen, daß Leute mir nach Überlegungen wie diesen im Gespräch sagten: „Also ist das alles *nur* ein Bild!?"

Dieses „nur" ist höchst verräterisch; es zeigt, wie sehr unser ganzes Wirklichkeitsverständnis beherrscht ist von der ratio, vom Begriff, von der Abstraktion. Wollen wir aber die Schrift und die alte christliche Überlieferung (und auch die kirchliche sakramentale Praxis = Symbol-Praxis) recht verstehen, müssen wir uns um einen Zugang zur Welt der Bilder bemühen. Das Bild vermittelt uns nicht ein Weniger, sondern ein Mehr an Wirklichkeit als der Begriff. Denn die von uns begriffene, d. h. die unserem Zugriff offene Wirklichkeit ist nur ein Teil des Wirklichen. Das Kostbarste in unserem Leben und in der Welt können wir nicht begreifen und ergreifen, sondern es kommt auf uns zu als unbegreiflicher Glücksfall: die Liebe, das Schöne, das Faszinierende, die sinnerfüllte Zukunft. Darum ist die angemessene Sprache für Liebe, Schönheit, Ergriffenheit und letzte Sinnerfüllung nicht der Begriff, sondern das Bild. Wenn der christliche Glaube darum die Antwort auf die Frage nach der

letzten Zukunft in Bildern gibt, so liegt dies im Wesen der Sache begründet: Hoffnung, letzte Zukunft, universaler Sinn und Bilder gehören aufs tiefste zusammen.
Freilich, wenn auch Bilder nicht durch Begriffe ablösbar sind, bleibt die Frage, wie und woraufhin die Bilder zu verstehen sind. Bilder meinen etwas, zielen auf etwas ab, wollen Aufmerksamkeit und Offenheit für etwas gewinnen. Man kann Bilder auch falsch verstehen, indem man auf etwas Nebensächliches, ja geradezu Irreführendes achtet und die eigentliche Aussageabsicht übersieht. Darum stellt sich die Frage: Woraufhin sind die Hoffnungsbilder des christlichen Glaubens, die von einer letzten erfüllenden Zukunft künden, zu lesen?
Sie sind nicht – wie in der älteren Theologie – als Informationen über künftige dinghafte Vorgänge (Weltuntergang) oder Räume (Himmel, Hölle) zu interpretieren, sondern sind – da sie dem Glauben an den personalen Gott entspringen – selbst strikt „personal" zu verstehen. Das heißt: Nicht auf dies und das, was eintritt oder sein wird, hofft der christliche Glaube, sondern er baut auf eine Person und auf endgültige Gemeinschaft mit ihr, nämlich mit Gott. Pointiert läßt sich sagen: Der Hoffende hofft nicht auf den Himmel als eine selige Welt, sondern er hofft auf Gott, der als Gewonnener und Erreichter der Himmel *ist,* nämlich die Erfüllung aller Sehnsüchte des Menschen nach personaler Kommunikation, Liebe und Vollendung. Oder: Der Glaubende hat keine Furcht vor der Hölle, sondern er fürchtet sich, Gott zu verfehlen; eben das *ist* die Hölle. Der Hoffende erwartet auch nicht ein Gericht im Sinne einer großen dramatischen Endszenerie, sondern weiß, daß er vor Gott sich und sein Leben zu verantworten hat und daß diese Verantwortung für ihn, der immer schuldig geworden ist und schuldig wird, etwas Beklemmendes und Angstvolles ist. In diesem Sinn erwartet der Hoffende nicht Gericht und Fegfeuer im Sinne eines Endereignisses oder Aufenthaltsraumes, sondern die Begegnung mit dem richtenden Gott, die zugleich reinigt und läutert. In diesem Sinn *ist* die personale Begegnung mit Gott das Gericht und das Fegfeuer. Oder: Der Hoffende weiß nichts von einem künftigen endzeitlichen kosmischen Spektakel, er braucht sich nicht auszumalen, was und wie es geschieht; er baut darauf, daß dann, wenn alles Geschaffene in der Welt am Ende ist, Gott auf ihn und er auf Gott zukommt; eben das meint das Bild von der endzeitlichen Ankunft Gottes in dieser Welt. Die Hoffnungsbilder der Schrift sind also personal zu interpretieren. Deshalb geben auch die interpersonalen Beziehungen, die zwischen Menschen hier und heute herrschen, und das, was sich in diesen Beziehungen zuträgt, die eigentliche Analogie und Erfahrungsbasis dafür ab, das Letzte und Endgültige schärfer in den Blick zu bekommen.
Diese ersten Hinweise mögen zur Erläuterung dafür genügen, was mit personaler Interpretation der bildhaften Aussagen über die letzte Zukunft gemeint ist: es geht nicht um Wahrsagerei, auch nicht um die Erwartung von irgendwelchen dramatischen Endereignissen, sondern um den Ausdruck der Hoffnung, daß der persönliche Gott die Zukunft des Menschen ist und daß diese Zukunft eine gute ist, eben weil sie die Zukunft Gottes ist.

Gisbert Greshake

Quellen- und Autorenverzeichnis

A 1 Enuma Elisch. Das babylonische Schöpfungslied

Quelle: Paul Garelli und Marcel Leibovici, Das babylonische Schöpfungslied, in: Quellen des alten Orients. Die Schöpfungsmythen. Mit einem Vorwort von Mircea Eliade, Benziger Verlag, Einsiedeln-Zürich-Köln 1964, S. 134, 140–146 (gekürzt)

Anmerkungen:

(1) *Apsu:* eine männliche Gottheit, die den Süßwasserozean repräsentiert, auf dem die Erde schwimmt. Er umgibt die Welt wie ein kreisförmiger Fluß und speist unsere Wasserläufe.

(2) *Tiamat:* der Salzwasserabgrund, aus dem alle Geschöpfe hervorgehen, weibliche oder zweigeschlechtliche Gottheit, ein Ungeheuer. Der Beiname Mummu bedeutet vielleicht „die Mutter".

(3) Es handelt sich um Schilfreste, deren Ablagerungen allmählich festes Land bilden.

(4) *Kingu* wird eine Gottheit der Unterwelt.

(5) Evtl. eine Anspielung auf Goldadern. Man hielt Gold für das Blut der Götter.

(6) Da Tiamat das Meer war, befindet sich die Hälfte ihrer Wasser von nun an am Himmel.

(7) *Nudimmud* ist der Sohn Anus, des Herrn des Himmels, und sein Ebenbild.

(8) *Anu, Enlil und Ea* sind als die Herrscher über Himmel, Erde und Wasser die drei höchsten Götter Babylons. Enlil wird im Enuma elisch nur selten erwähnt, da er mit Marduk gleichgesetzt wurde und an Stelle der kanonischen Dreiheit Anu, Enlil und Ea die Trilogie Anu, Ea, Marduk tritt.

(9) *Standorte:* sind die Teile des Himmels, die vom Einfluß eines Gestirns betroffen werden.

(10) *Zeichen:* Tierkreiszeichen.

(11) *Nibiru*: Jupiter, der Stern Marduks. Seine Position in der Mitte des Himmels verhilft ihm dazu, die Himmelsmechanik zu beherrschen, damit jeder Irrtum in der Bewegung der Gestirne vermieden wird.

(12) Eingangs- und Ausgangstor der Sonne.

(13) *Nannar:* einer der Namen des Mondgottes Sin.

(14) Das „Zeichen der Krone" ist die Mondscheibe.

(15) Das „Band des Himmels und der Erde" ist der Nabel der Welt, das Zentrum, in dem Himmel und Erde miteinander verbunden sind. Vgl. Text J 5.

(16) Die beiden Gruppen sind: die Himmelsgötter, genannt Igigi und die Erdgötter, genannt Annunaki. Manchmal werden auch alle Götter als Annunaki bezeichnet.

(17) *Lugaldimmerankia:* Sumerische Benennung Marduks: „König der Götter, des Himmels und der Erde."

(18) *Esagil*: der Haupttempel in Babylon: „Haus, das das Haupt erhebt."

A 2 Schöpfung durch das Wort in der ägyptischen Mythologie

1. Die Schöpfung nach dem Denkmal memphitischer Theologie
2. Die Schöpfung im Tausend-Strophen-Lied
3. Die Schöpfung im Hymnus des Mer-Sechmet

Quelle: Walter Beyerlein (Hrsg.): Religionsgeschichtliches Textbuch zum Alten Testament, ATD Ergänzungsreihe 1, © Vandenhoeck & Ruprecht, Göttingen 1975, S. 31 f., 51, 52 f. (gekürzt)

Anmerkungen:

(2) *Schu:* der Luftgott.

(3) *Tefnut:* Schwester-Gattin des Schu, Mutter des Erdgottes Geb und der Himmelsgöttin Nut.

(5) *Ptah:* der Schöpfergott der memphitischen Theologie, Ursprung des Alls und der Götter.

A 3 **Der Schöpfungsbericht in der Priesterschaft** (Gen 1,1–2,4)

Quelle: Oswald Loretz, Schöpfung und Mythos, © Verlag Kath. Bibelwerk, Stuttgart 1968, S. 55–58, 60 f., 64

A 4 **Die Rettung am Schilfmeer nach dem Jahwisten und der Priesterschrift** (Ex 13,20–14, 31 nach den Quellen geschieden)

Quelle: Die Bibel, Die heilige Schrift des Alten und Neuen Bundes. Vollständige deutsche Ausgabe, © Verlag Herder KG, Freiburg im Breisgau 1965

Anmerkung: Die Quellenscheidung erfolgt nach Martin Noth, Das zweite Buch Mose. Exodus, ATD 5, Göttingen 1968, S. 83 f. Geringfügige Abweichungen waren nötig, um einen relativ geschlossenen Textverlauf zu erzielen und die Darstellungen lesbar zu machen. Die dem Elohist zugeschriebenen Verse fehlen, weil die Version des Elohisten so stark zurückgedrängt wurde, daß sich kein geschlossener Erzählzusammenhang mehr ergibt.

A 5 Claus Westermann, **Schöpfung in der Bibel und in den Mythen der Völker**

Quelle: Claus Westermann, Schöpfung, Kreuz-Verlag, Stuttgart-Berlin 1971, S. 18–28 (gekürzt)

Claus Westermann (geb. 1909), evangelischer Theologe, ist Professor für Altes Testament in Heidelberg

A 6 Werner H. Schmidt, **Die Umgestaltung mythischer Schöpfungsaussagen durch den Glauben Israels** (am Beispiel Gen 1)

Quelle: Werner H. Schmidt, Alttestamentlicher Glaube in seiner Geschichte. Zur Geschichte des alttestamentlichen Gottesverständnisses, © 1968 Neukirchener Verlag, Neukirchen-Vluyn, S. 170ff (gekürzt)

Werner H. Schmidt (geb. 1935), evangelischer Theologe, Professor für Altes Testament in Kiel

Anmerkung:

(1) Himmel-Erde-Trennungsmythos: In den Mythen vieler Völker findet sich die Vorstellung, daß der Himmel ursprünglich auf der Erde lag und Himmel und Erde getrennt werden mußten, um weitere Entwicklung zu ermöglichen. Verbunden damit ist häufig die Vorstellung von Himmel und Erde als Urelternpaar.

A 7 Oswald Loretz, **Die Zuordnung von Schöpfung und Bund im Schöpfungsbericht der Priesterschrift**

Quelle: Oswald Loretz, Schöpfung und Mythos. Mensch und Welt nach den Anfangskapiteln der Genesis, Stuttgarter Bibelstudien 32, © 1968 Verlag Katholisches Bibelwerk GmbH., Stuttgart, S. 103–106

Oswald Loretz (geb. 1928), katholischer Theologe, war Professor für Altes Testament in Münster und arbeitet z. Z. in der Abteilung für althebräische und syrisch-kanaanäische Literatur.

A 8 Christoph Goldmann, **Die priesterschriftliche Exodusdarstellung vor dem Hintergrund des Enuma Elisch**

Quelle: Christoph Goldmann, Ursprungssituationen biblischen Glaubens. Eine Einführung in das Alte Testament für die pädagogische Praxis, © Vandenhoeck & Ruprecht in Göttingen 1970, S. 49, 52–55 (gekürzt)

Christoph Goldmann, evangelischer Religionspädagoge

Anmerkung:

[1] Als Aufklärungszeit Israels bezeichnet der Verfasser die Regierungszeit des Königs Salomon (10. Jh. v. Chr.). Unter Salomon erreichte Israel einen kulturellen Höchststand, u. a. ausgezeichnet durch eine reiche literarische Tätigkeit. In dieser Zeit stellte der Jahwist aus den Überlieferungen über die Anfänge Israels die älteste Pentateuchquelle zusammen (Pentateuch = Die 5 Bücher Moses).

A 9 Prometheus und das Menschengeschlecht

Quelle: Karl Kerényi, Die Mythologie der Griechen, Band I: Die Götter- und Menschheitsgeschichten, Deutscher Taschenbuch Verlag, München. Lizenzausgabe mit freundlicher Genehmigung der Albert Langen-Georg Müller Verlags GmbH., München

Karl Kerényi (1897–1973), studierte klassische Philologie in Budapest. Ab 1936 war er Professor für Religionswissenschaften. Er emigrierte 1943 in die Schweiz, wurde 1944 Gastprofessor in Basel und später Forschungsleiter am C. G. Jung-Institut in Zürich.

Anmerkung:

[1] Die Scheidung zwischen Göttern und Menschen, die ja als Kinder der Erde zunächst Brüder sind.

A 10 Die Erschaffung des Menschen aus Lehm

I. Ägyptische Inschriften, dem Schöpfergott Chnum-Re gewidmet (1.–2. Jh. n. Chr.)
II. Überlieferung der Batak von Java
III. Überlieferung der Maidu in Nordkalifornien

Quelle:

zu I.: Quellen des alten Orients. Die Schöpfungsmythen. Mit einem Vorwort von Mircea Eliade, Benziger Verlag, Einsiedeln-Zürich-Köln 1964, S. 93 f. (gekürzt)
zu II. und III.: Rudolf Jockel (Hrsg.), Götter und Dämonen. Mythen der Völker, © 1953 by Holle Verlag GmbH., Darmstadt, S. 145, 321 f. (gekürzt)

Anmerkungen zu III:

[1] *Erdgeweihter:* Schöpfergott, auch „Erdmacher" oder „Erdbenenner" genannt.
[2] *Estobüsin Yamani:* eine Gruppe von Vulkanfelsen im Sacramentotal.
[3] *Tadoikö:* nahe dem heutigen Durham im Sacramentotal.
[4] Schwitzen hat besondere magische Bedeutung in den Riten der Indianer.

A 11 Der Schöpfungsbericht des Jahwisten (Gen 2,4b–3,24)

Quelle: Einheitsübersetzung der Heiligen Schrift. Das Alte Testament. Herausgegeben im Auftrag der Bischöfe Deutschlands, Österreichs, der Schweiz, des Bischofs von Luxemburg und des Bischofs von Lüttich. Katholische Bibelanstalt, Stuttgart 1974

A 12 Die Schöpfung und der Tod

Überlieferung der Nupe im Sudan

Quelle: Götter und Dämonen. Mythen der Völker, ausgewählt und eingeleitet von Rudolf Jockel, Holle Verlag GmbH., Darmstadt 1953, S. 453 f.

A 13 Gilgameschs Suche nach ewigem Leben

Quelle: Das Gilgamesch-Epos, herausgegeben von Albert Schott und Wolfram von Soden, Reclam Universal-Bibliothek Nr. 7235, © Philipp Reclam jun., Stuttgart 1958, S. 74–75, 82, 95, 96–98

A 14 Claus Westermann, **Der von Gott geschaffene ist der in Sünde und Tod begrenzte Mensch**

Quelle: Claus Westermann, Der Mensch im Urgeschehen, Kerygma und Dogma. Zeitschrift für theologische Forschung und kirchliche Lehre, 13. Jahrgang 1967, © Vandenhoeck & Ruprecht, Göttingen, S. 242–246 (gekürzt)

Zum Verfasser: Vgl. A 5

A 15 Diego Arenhoevel, **Der Sündenfall**

Quelle: Diego Arenhoevel, Ur-Geschichte Genesis 1–11, Stuttgarter Kleiner Kommentar AT 1, Verlag Katholisches Bibelwerk, Stuttgart 1970, S. 58–67 (gekürzt)

Diego Arenhoevel, Dominikanerpater, Professor für Altes Testament in Rom

A 16 Karl Jaspers, **Prometheus**

Quelle: Karl Jaspers, Der philosophische Glaube angesichts der Offenbarung, © R. Piper & Co. Verlag, München, 1962, S. 455–460

Karl Jaspers (1883–1969), studierte Jura, Medizin und Psychologie, war zunächst Professor für Psychologie, dann für Philosophie in Heidelberg, erhielt unter den Nationalsozialisten Lehrverbot, seit 1948 Philosophieprofessor in Heidelberg. Er gehört zu den Vertretern der modernen Existenzpilosophie, die er von Fragestellungen der Psychiatrie ausgehend entwickelt. Er wendet sich gegen den Absolutheitsanspruch des christlichen Glaubens, den er durch einen philosophischen Glauben zu überwinden sucht.

Anmerkung:

(1) *Nemo contra Deum nisi Deus ipse:* Niemand gegen Gott außer Gott selbst.

A 17 **Der Christushymnus: Phil 2,6–11**

Quelle: Einheitsübersetzung der Heiligen Schrift. Das Neue Testament. Herausgegeben im Auftrag der Bischöfe Deutschlands, Österreichs, der Schweiz, des Bischofs von Luxemburg und des Bischofs von Lüttich. Katholische Bibelanstalt, Stuttgart 1972

A 18 **Das älteste Zeugnis von der Auferweckung Jesu: 1 Korinther 15,1–11**
Quelle: vgl. **A 17**

A 19 **Auferweckungsbotschaft am leeren Grab Jesu: Markus 16,1–8**
Quelle: vgl. **A 17**

A 20 **Die Auferweckungsbotschaft bei Mattäus: Mattäus 28**
Quelle: vgl. **A 17**

A 21 **Die Himmelfahrt Jesu: Apostelgeschichte 1,9–11**
Quelle: vgl. **A 17**

Anmerkungen zu A 17 – A 21:

Der erste Korintherbrief wurde um 55/56 in Ephesus geschrieben. Der in ihm zitierte Traditionssatz stammt aus der Zeit zwischen 35 und 45, geht also auf die ersten Gemeinden zurück. Der Philipperbrief entstand vielleicht um 62/63, der zitierte Hymnus ist aber wiederum älter. Das Markusevangelium entstand um das Jahr 70, enthält jedoch z. T. sehr alte Überlieferung. Es diente als Vorlage des Mattäusevangeliums, das um 80 geschrieben wurde. Die Apostelgeschichte wurde zusammen mit dem Lukasevangelium zwischen 80 und 100 aufgezeichnet.

A 22 **Auferstehung Jesu unter der Zeugenschaft seiner Feinde**

Aus dem apokryphen Petrusevangelium

Quelle: Philipp Seidensticker, Zeitgenössische Texte zur Osterbotschaft der Evangelien, Stuttgarter Bibelstudien 27, Verlag Katholisches Bibelwerk, Stuttgart 1967,

A 23 James George Frazer, **Der Mythus von Osiris**

Quelle: James George Frazer, Der goldene Zweig. Eine Studie über Magie und Religion Bd. 1, Verlag Kiepenheuer & Witsch, Köln

James George Frazer (1854–1941), Völkerkundler, Sprachwissenschaftler und Religionshistoriker in Cambridge. Er veröffentlichte Studien über Tabu, Totemismus und primitive Religionen und zeigte daneben ein starkes Interesse für das klassische Altertum. Unter dem Einfluß des Rationalismus des 19. Jh. und der Evolutionstheorie Darwins deutet er die geistige Entwicklung der Menschheit als geradlinigen Fortschritt von der Magie über die Religion zur Wissenschaft. Seine umfassenden Werke über die Religionen der Völker bieten einen großen Materialreichtum.

Anmerkung:

(1) Mittleres Reich: 2040–1650 v. Chr.

A 24 **Kornosiris**

Quelle: Plutarch, Über Isis und Osiris, 2. Teil, Die Deutung der Sage, Übersetzung und Kommentar von Theodor Hopfner, Darmstadt, Wissenschaftliche Buchgesellschaft, 1967, S. 251

A 25 **Die Apotheose des Romulus**

Quelle: Titus Livius, Ab urbe condita I, 16

Titus Livius, römischer Geschichtsschreiber, 59 v. Chr. – 17 n. Chr.

A 26 **Auferstehung der Toten in der jüdischen Apokalyptik**

Quelle: Philipp Seidensticker, Zeitgenössische Texte zur Osterbotschaft der Evangelien, Stuttgarter Bibelstudien 27, Verlag Katholisches Bibelwerk, Stuttgart 1967, S. 36–40

A 27 Ulrich Neuenschwander, **Die Christusmythen und Jesus von Nazareth**

Quelle: Ulrich Neuenschwander, Protestantische Dogmatik der Gegenwart und das Problem der Biblischen Mythologie, © 1949 by Paul Haupt, Bern, S. 28–31 (gekürzt)

Ulrich Neuenschwander (1922–1977), war protestantischer Theologieprofessor in Bern

A 28 **Auferstehung als zeitgebundene Ausdrucksform für die Autorität Jesu**

Quelle: Herbert Braun, Jesus. Der Mann aus Nazareth und seine Zeit, © Kreuz Verlag, Stuttgart-Berlin 1969 (gekürzt)

Herbert Braun (geb. 1903), evangelischer Theologe, seit 1953 Professor für Neues Testament in Mainz, Schüler Bultmanns (vgl. J 9). In radikaler Durchführung des Anliegens der existentialen Interpretation der urchristlichen Botschaft sieht er nicht die Christologie, sondern das durch die Predigt Jesu ermöglichte glaubende Selbstverständnis des Menschen als das durchgängige Thema des Neuen Testaments an.

A 29 Walter Künneth, **Auferstehung und Mythus**

Quelle: Walter Künneth, Theologie der Auferstehung, © 1951 by Claudius-Verlag, München, S. 42–45; 50–53 (gekürzt)

Walter Künneth (geb. 1901), evangelischer Theologe, 1930 Privatdozent in Berlin, 1937 von den Nationalsozialisten mit Lehrverbot belegt, seit 1954 Professor für systematische Theologie in Erlangen, vertritt eine entschieden lutherische Haltung und tritt für ein streng an Bibel und Bekenntnis gebundenes Christentum ein.

Anmerkung:

(1) Zum Wahrheitsbegriff, auf den hier angespielt wird, vergleiche die Texte J 4 und J 6.

A 30 Hans Küng, **Eine Himmelfahrt?**

Quelle: Hans Küng, Christ sein, © R. Piper & Co. Verlag, München 1974, S. 342 bis 343

Hans Küng (geb. 1928), katholischer Fundamentaltheologe und Dogmatiker, seit 1960 Professor in Tübingen und Direktor des dortigen Instituts für ökumenische Forschung, von Johannes XXIII. als offizieller Konzilstheologe berufen.
Seine Arbeiten, z. T. von der Kirchenleitung sehr angegriffen, wollen der Fortführung der auf dem 2. Vatikanischen Konzil begonnenen Erneuerung der katholischen Kirche und den Bemühungen um die Wiedervereinigung der Christen dienen.

A 31 Werner H. Schmidt, **Die Entstehung des Auferstehungsglaubens in der jüdischen Apokalyptik**

Quelle: Werner H. Schmidt, Alttestamentlicher Glaube und seine Umwelt. Zur Geschichte des alttestamentlichen Gottesverständnisses, © 1968 Neukirchener Verlag, Neukirchen-Vluyn, S. 235–237

Zum Verfasser: Vgl. A 6

A 32 Hans Küng, **Der Glaube an die Auferweckung Jesu nicht aus der jüdischen Auferstehungshoffnung ableitbar**

Quelle: Hans Küng, Christ sein, © R. Piper & Co. Verlag, München 1974, S. 360 bis 364 (gekürzt)

Zum Verfasser: Vgl. A 30

Anmerkung:

(1) Vgl. hierzu Apok. 11. Hier wird von zwei Zeugen gesprochen, die am Ende der Tage predigten, vom „Tier des Abgrunds" getötet werden, drei Tage auf dem Platz der großen Stadt liegen, nach dreieinhalb Tagen aber von Gott wiederbelebt und in den Himmel aufgenommen werden. Die Exegeten sehen in dieser Stelle den Niederschlag jüdisch-apokalyptischer Traditionen. So erwartet die jüdische Elias-Apokalypse für die Endzeit die Wiederkunft des Henoch und des Elia zu Martyrium und Auferweckung. Verbreitet ist eine Erwartung der Wiederkunft des Elia. Sie spielt auch im NT eine Rolle (Mk 9,9–13). Zu Johannes dem Täufer vgl. Mk 6,14–16. Nach dem kath. Exegeten Rudolf Pesch zeigt diese Stelle, daß zur Zeit Jesu im Horizont des jüdischen Glaubens von der Auferweckung eines einzelnen gesprochen werden konnte, und in Verbindung mit Mk 6,29, „daß Aussagen über die Auferweckung einer zeitgenössischen Figur ohne Hinweis auf deren leeres Grab möglich waren". Beachte jedoch den Unterschied der Bedeutung des Wortes „Auferweckung" in der angegebenen Stelle und im christlichen Bekenntnis!

A 33 Wolfhart Pannenberg, **Die Mythologisierung der Person Jesu als Entfaltung der Bedeutsamkeit seiner historischen Gestalt**

Quelle: Wolfhart Pannenberg, Christentum und Mythos, © Gütersloher Verlagshaus Gerd Mohn, Gütersloh 1972, S. 66–69 (gekürzt)

Wolfhart Pannenberg (geb. 1928), evangelischer Theologe, Professor für systematische Theologie in Wuppertal und Mainz, seit 1967 Direktor des ökumenischen Instituts in München. Er wendet sich gegen die existentiale Theologie Bultmanns (vgl. J 9) und versucht aufzuweisen, daß man ohne den Glauben bereits mitzubringen die Offenbarungen Gottes in den historischen Ereignissen der Geschichte Israels und Jesu Christi finden kann.

A 34 Hans Küng, **Jesus von Nazareth – kein Mythos**

Quelle: Hans Küng, Christ sein, © R. Piper & Co. Verlag, München 1974, S. 139 bis 141 (gekürzt)

J 1 Sir George Grey, **Leben im Mythos**

Quelle: Sir George Grey, Preface in: Polynesian Mythology, and Ancient Traditional History of the New Zealand Race, John Murray, London 1855; zitiert nach K. Kerényi, Die Eröffnung des Zugangs zum Mythos. Ein Lesebuch, Wissenschaftliche Buchgesellschaft, Darmstadt 1976, S. 105–107 (gekürzt)

J 2 Rudolf Jockel, **Mythen der Völker**

Quelle: Götter und Dämonen. Mythen der Völker, hrsg. und eingeleitet von Rudolf Jockel, Holle Verlag, Darmstadt und Genf 1953, S. 9–12

J 3 K. Klostermaier, **Die Wahrheit des Mythos**

Quelle: Ursprung der Religion. Ergebnisse der vorgeschichtlichen und völkerkundlichen Forschung, hrsg. v. Paul Schebesta, Morus Verlag, Berlin 1961, S. 76–82 (gekürzt)

Paul Schebesta ist katholischer Missionar und Völkerkundler, bekanntgeworden durch Expeditionen zu den Pygmäen Afrikas. *K. Klostermaier* ist ein Mitarbeiter Schebestas am ethnologischen Seminar von St. Gabriel, Mödling-Wien

J 4 Mircea Eliade, **Der Mythos als exemplarisches Modell**

Quelle: Mircea Eliade, Das Heilige und das Profane. Vom Wesen des Religiösen, rde, Rowohlts Taschenbuch Verlag, Hamburg 1957, S. 56–58

Mircea Eliade, geb. 1907 in Bukarest, Studium dort und in Kalkutta, Professor für Religionsgeschichte an verschiedenen Hochschulen in Europa und den USA. Zahlreiche Veröffentlichungen über religionsgeschichtliche Fragen

Anmerkungen:

(1) ab initio: von Anfang an
(2) in illo tempore: in jener Zeit; in der alten Liturgie leitete diese Formel den in der Messe verlesenen Evangelienabschnitt ein.
(3) ab origine: vom Ursprung her
(4) par excellence: schlechthin
(5) Shatapatha Brahmana und Taittiriya Brahmana: heilige Schriften der Hindus

J 5 **Die Errichtung der Wohnstatt als Wiederholung der Kosmogonie**

Quelle: vgl. **J 14**

Anmerkungen:

(1) imago mundi: Abbild der Welt
(2) Schamanen: Geisterbeschwörer oder Besessenheitspriester, dessen Seele in einem durch Trommelrhythmen, Tanz, auch Narkotika bewirkten Zustand der Ekstase Kontakt mit der Welt der Geister aufnimmt, um Kranke zu heilen, eine glückliche Jagd herbeizuführen, Regen zu machen u. a.

(3) Rig Veda: ein heiliges Buch der Hindus
(4) incipit vita nova: es beginnt ein neues Leben

J 6 Walter F. Otto, **Die Urerscheinung des Mythos**

Quelle: Walter F. Otto, Theophania. Der Geist der altgriechischen Religion, rde, Rowohlt Taschenbuch Verlag, Hamburg 1956, S. 23–27 © Klostermann, Frankfurt
Walter Friedrich Otto, 1874–1958, Studium der ev. Theologie und klassischen Philologie, Professor für klassische Philologie an verschiedenen Hochschulen, zuletzt Tübingen

J 7 Walter Künneth, **Die Grundzüge mythischer Gedankenbildung**

Quelle: Walter Künneth, Theologie der Auferstehung, © 1951 by Claudius-Verlag, München, S. 39–42
Zum Verfasser: Vgl. A 33

J 8 **Mythos**

Quelle: Karl Rahner / Herbert Vorgrimler, Kleines theologisches Wörterbuch. Herder-Bücherei Bd. 108/109, © Herder Verlag, Freiburg im Breisgau 1961

Karl Rahner (geb. 1904), Jesuit, Professor für katholische Dogmatik, Dogmengeschichte und Religionsphilosophie in Innsbruck, München und Münster, einer der führenden theologischen Berater beim 2. Vatikanischen Konzil. Herausgeber mehrerer theologischer Standardwerke, zahlreiche Veröffentlichungen (über 2000 Titel).

Herbert Vorgrimler (geb. 1929), Schüler Karl Rahners, seit 1968 Professor für katholische Dogmatik in Luzern.

Anmerkung:

(1) Thomas von Aquin lehrt, daß alle menschliche Erkenntnis von der Sinneswahrnehmung ausgeht. Auch wenn wir uns etwas Geistiges klar machen wollen, nehmen wir anschauliche Bilder (Phantasmen) zu Hilfe. Auch die abstraktesten Begriffe enthalten also noch ihr Anschauungselement.

J 9 Rudolf Bultmann, **Jesus Christus und die Mythologie**

Quelle: Rudolf Bultmann, Jesus Christus und die Mythologie. Das Neue Testament im Licht der Bibelkritik, J. C. B. Mohr, Tübingen

Rudolf Bultmann (1884–1976), evangelischer Theologe, Professor für Neues Testament in Breslau, Gießen und seit 1921 in Marburg. Er entstammt der historisch-kritischen Schule der Bibelauslegung. Als Ziel seiner Wissenschaft sieht er die angemessene „Übersetzung“ der Botschaft des NT in unsere Zeit. Hierher gehört die Forderung der „Entmythologisierung“ des NT, die zu einem unverdeckten Hören des Wortes führen soll. Unter dem Einfluß der Existenzphilosophie Martin Heideggers fordert er die „Existentiale Interpretation“ der ntl. Texte, d. h. die Auslegung der Texte auf das ihnen zugrundeliegende Selbstverständnis des Menschen hin (vgl. Rahner/Vorgrimler, Entmythologisierung, J 14).

J 10 Karl Barth, **Auseinandersetzung mit Rudolf Bultmann**

Quelle: Karl Barth, Dogmatik III, 2, Vandenhoeck & Ruprecht, Göttingen, S. 531–537

Karl Barth (1886–1968), reformierter Theologe und religiöser Sozialist, Wortführer der sogenannten dialektischen Theologie, Professor in Münster, Bonn und nach seiner Amtsenthebung durch die Nationalsozialisten wegen seines Engagements in der Bekennenden Kirche seit 1935 in Basel. Wichtige Werke: Der Römerbrief (1947), Kirchliche Dogmatik I, 1–IV, 3 (1932–1959). Barth betont die Transzendenz Gottes gegenüber jeder menschlichen Erkenntnis und Tat, die Souveränität der Offenbarung in Jesus Christus und die Autorität der Bibel. Die Aufgabe der Theologie sieht er nicht darin, den christlichen Glauben logisch einsehbar zu machen, sondern ihn als Wagnis herauszustellen.

J 11 Karl Jaspers, **Mythus und Wissenschaft**

Quelle: Karl Jaspers, Wahrheit und Unheil der Bultmannschen Entmythologisierung, Kerygma und Mythos Bd. III. Das Gespräch mit der Philosophie, 1954 Herbert Reich – Evangelischer Verlag GmbH., Hamburg-Volksdorf, S. 18–23 (gekürzt)

Zum Verfasser: Vgl. A 16

Anmerkung:

(1) Noli me tangere: „Rühre mich nicht an!" Vgl. Jo 20, 11–18.

J 12 Paul Tillich, **Symbol und Mythos**

Quelle: Paul Tillich, Wesen und Wandel des Glaubens, Ullstein Buch Nr. 318 im Verlag Ullstein GmbH., Frankfurt/M.-Berlin-Wien, © Paul Tillich, 1961, S. 60–67

Paul Tillich (1886–1965), evangelischer Theologe und Philosoph, Professor für Theologie, Religionswissenschaft, Philosophie und Soziologie in Marburg, Dresden und Frankfurt, 1933 wegen seiner Zugehörigkeit zu den „Religiösen Sozialisten" und seines Eintretens für die jüdischen Studenten als erster nichtsemitischer deutscher Hochschullehrer von den Nationalsozialisten abgesetzt, nach Amerika emigriert, Professor in New York, „University Professor of Harvard". Er versucht durch seine theologisch-philosophische Arbeit eine „Synthese" und „Versöhnung" von Denken und Glauben, indem er die wissenschaftlichen Ergebnisse z. B. der Soziologie, Politologie und Psychotherapie in seine Neuformulierung theologischer Fragen und Antworten einbezieht.

J 13 Kurt Frör, **Zur Auslegung mythologischer Sprache im Alten und Neuen Testament**

Quelle: Kurt Frör, Wege zur Schriftauslegung, © 1961 Chr. Kaiser Verlag, München, S. 71–80 (gekürzt)

Kurt Frör (geb. 1905), evangelischer Theologe, Professor für Praktische Theologie in Erlangen; arbeitet besonders auf dem Gebiet der Pädagogik und Religionspädagogik. Das zitierte Buch erschien, überarbeitet von dem katholischen Neutestamentler K. H. Schelkle (Tübingen), auch als katholische Lizenzausgabe mit kirchlichem Imprimatur.

J 14 **Entmythologisierung**

Quelle: Vgl. **J 8**

Anmerkung:

(1) apriorische transzendentale Verfaßtheit des Menschen: die von vorneherein gegebene Verwiesenheit des Menschen auf die in der Geschichte erfolgende Selbstmitteilung Gottes, um deren Aufweis sich der kath. Theologe Karl Rahner besonders bemüht hat.

J 15 Joseph Ratzinger, **Die Entscheidung der frühen Kirche für den Logos gegen den Mythos**

Quelle: Joseph Ratzinger, Einführung in das Christentum, dtv WR 4094, S. 90–95, 98, gekürzt. © 1968 Kösel-Verlag, München

Joseph Ratzinger, geb. 1927 in Marktl/Inn, Professor für Katholische Dogmatik an den Universitäten Bonn, Münster, Tübingen und Regensburg, offizieller Konzilstheologe beim II. Vaticanum, ist seit 1977 Kardinal und Erzbischof von München-Freising.

Anmerkung:

(1) Vorauf geht die Darstellung der Entwicklung des biblischen Gottesglaubens gegenüber den mythischen Gottesbildern der Israel umgebenden Völker.

J 16 Hans Küng, **Notwendigkeit und Grenzen der Entmythologisierung**

Quelle: Hans Küng, Christ sein, © R. Piper & Co. Verlag, München 1974, S. 403 bis 408 (gekürzt)

J 17 Gisbert Greshake, **Hoffnung und Bild. Die herkömmliche Lehre von den „Letzten Dingen"**

Quelle: Gisbert Greshake, Stärker als der Tod: Zukunft, Tod, Auferstehung, Himmel, Hölle, Fegfeuer, Mainz: Matthias-Grünewald-Verlag 1976, Topos Taschenbücher Bd. 50, S. 14–22 (gekürzt)

Gisbert Greshake (geb. 1933), seit 1972 o. Univ.-Professor für Dogmatik und Dogmengeschichte an der Universität Wien

Alphabetisches Wörterverzeichnis, Worterklärungen

Adonis: syrischer Vegetationsgott, Geliebter der Aphrodite, Sinnbild der sterbenden und wiedererwachenden Natur. In den Adonisfeiern im Sommer überwiegt die Klage über den Tod des Gottes (vgl. Hes 8,14). Die Verehrerinnen des Gottes säten in Gefäße, die nur mit einer dünnen Erdschicht bedeckt waren, Samen schnell aufsprießender Pflanzen und setzten die Schalen der Sonne aus, so daß die Saat schnell emporwuchs und bald wieder welkte. So stellten sie das Schicksal des Gottes dar.

Aeschylus (oder: Aischylos): griech. Dichter, 525–456 v. Chr., der in seinen Dramen vor allem mythische Stoffe gestaltete.

Agonie: Todeskampf

allegorisch: eine Auslegung, die die Bibel nicht nach ihrem Wortlaut, sondern nach einem vorgegebenen geistigen Sinngehalt deutet.

allogen: fremd

Analogie: Entsprechung, Ähnlichkeit; vgl. die Worterklärung in J 16, 1. Absatz des 2. Kapitels.
Wenn wir von Gott reden, müssen wir beachten, daß unsere aus der sinnlichen Erfahrung gewonnenen Begriffe in bezug auf Gott nicht in demselben Sinn verwendet werden können wie in bezug auf ein Geschöpf. Andererseits kann die Bedeutung eines Wortes, von Gott oder von einem Geschöpf ausgesagt, auch nicht völlig verschieden sein, weil dann Aussagen über Gott keinen Sinn mehr hätten. Man versucht das Problem mit dem Begriff der Analogie zu lösen: in der Bedeutung eines Wortes, auf ein Geschöpf und auf Gott angewandt, besteht bei aller Verschiedenheit doch eine gewisse Entsprechung (Analogie). Dabei gilt der Grundsatz: „Zwischen Schöpfer und Geschöpf kann keine noch so große Ähnlichkeit festgestellt werden, daß nicht eine noch größere Unähnlichkeit zwischen ihnen festgestellt werden müßte".

Anubis: ägyptischer Totengott, dargestellt als liegender Hund oder in Menschengestalt mit Hundekopf. Priester tragen beim Totenkult seine Maske.

Anthropogonie: (Lehre von der) Entstehung des Menschen.

anthropogonisch: die Entstehung des Menschen betreffend

Aphrodite: griech. Göttin der Liebe (Venus)

Apokalyptik: (griech. apokalypsis: Enthüllung, Offenbarung) spätjüdische und christliche Literaturgattung, die vom 2. Jh. v. Chr. bis zum 1. Jh. n. Chr. verbreitet wurde. In der Situation der Verfolgung und Bedrängnis versuchen die Apokalypsen Einblick in den göttlichen Geschichtsplan zu bieten. Sie fragen nach dem Leiden und der künftigen Herrlichkeit der Guten und verkünden das nahe Ende der Welt und den endgültigen Sieg Gottes über alle gottfeindlichen Mächte. Dazu bedient man sich geheimnisvoller Bilder, die in Visionen und Traumgesichten geschaut werden und z. T. alten mythischen Traditionen entnommen sind. Zentrale Themen sind die Einteilung der Geschichte in Perioden, die eine Berechnung des nahen Endes erlauben soll, die Vorzeichen des Endes, die letzten Drangsale, die Auferstehung der Toten, das Weltgericht, der Untergang der alten Welt und die Errichtung einer neuen, heilvollen Welt unter der ewigen Herrschaft Gottes. Häufig werden die Apokalypsen großen Männern der Vergangenheit zugeschrieben, um ihre Autorität und ihren Geheimnischarakter zu erhöhen. Die „Offenbarung des Johannes", das letzte Buch des Neuen Testaments, ist ein Beispiel dieser Gattung.

apokryph: In der katholischen Theologie bezeichnet man als „apokryph" solche jüdischen und christlichen Schriften, die vorgeben, von biblischen Persönlichkeiten verfaßt zu sein, aber nicht in den Kanon der als autoritativ angesehenen atl. und ntl. Bücher aufgenommen worden sind. Zum Neuen Testament entstanden zahlreiche Apokryphen, u. a. Evangelien, die die Kindheit, Jugend und Auferweckung Jesu anschaulich schildern.

Apotheose: Vergottung, Erhebung eines Menschen zum Gott.

Archetyp: Urbild; angeborenes urtümliches Bild der unbewußten Seelenschichten des Menschen.

Areopag: Rat von Athen, benannt nach dem Hügel, wo er seine Sitzungen abhielt. Hier hielt Paulus seine berühmte Rede an die Athener: Apg 17,16–34 (vgl. vor allem v. 32).

Aristoteles: griech. Philosoph, 384–322 v. Chr., Schüler Platos und Erzieher Alexanders des Großen; beeinflußte sehr stark die abendländische Theologie und Philosophie.

Athene: (griech.) Tochter des Zeus, jungfräuliche Göttin der Wissenschaft, des Schiffbaus und der Künste, Schutzherrin Athens.

Attis: ursprünglich in Kleinasien (heutige Türkei), später auch in Rom verehrter Vegetationsgott; Geliebter der „Großen Mutter" Kybele. Sein Sterben und Auferstehen wurde im Frühjahr (März) in einer mehrtägigen Feier begangen.

Axiom: Grundlage, Grundaussage, aus der andere Aussagen ableitbar sind.

Basileia: Reich Gottes, der zentrale Begriff der Predigt Jesu.

blasphemisch: Heiliges verletzend, lästernd

Chariten: göttliche Dienerinnen der Liebesgöttin → Aphrodite

Chiffer: Ziffer, Zeichen, Geheimschrift

common sense: gesunder Menschenverstand

Continuum: ununterbrochener Zusammenhang

Desakralisierung: gleichbedeutend mit Säkularisierung, „Verweltlichung". Mit Ausgang des Mittelalters beginnen, verstärkt durch die Aufklärung, der einzelne, der Staat und die gesellschaftlichen Gruppen sich aus den Bindungen an vorgegebene heilige Traditionen (Kirche) loszulösen und die irdischen Bereiche entsprechend den von der Vernunft erkannten Sachgesetzlichkeiten und der von ihr verantworteten Zielsetzung selbständig zu gestalten.

Deuterojesaja: „Der zweite Jesaja", Bezeichnung für den unbekannten Verfasser der Kap. 40–55 des Buches Jesaja. Aus historischen, literarischen und inhaltlichen Gründen kann man diese Kapitel nicht dem Propheten Jesaja zuschreiben, der im 8. Jh. im Königreich Juda wirkte. Deuterojesaja trat zur Zeit des → Exils auf und kündigte das Ende des babylonischen Reiches und die baldige Befreiung Israels an. Er verkündete Jahwe als alleinigen Gott, Schöpfer der Welt und Herrn der Geschichte. Bedeutend für die Lehre von Christus sind seine Lieder vom sühnenden „Gottesknecht".

Diastase: Spaltung

Diskontinuität: Mangel an Zusammenhang

Diskurs: Erörterung

Dualismus: religiöse Lehre, nach der das Weltgeschehen von zwei einander entgegengesetzten Prinzipien bestimmt wird, z. B. Geist – Materie, Licht – Finsternis, Gutes Prinzip – Böses Prinzip.

Dualität: Zweiheit

eklektisch: aus verschiedenen Theorien auswählend

eliminieren: etwas aus einem größeren Zusammenhang herauslösen und beseitigen

Epiphanie: Erscheinung (eines) Gottes in der Welt

Eros: griech. Liebesgott

Eschatologie: (griech. eschaton: „das Letzte", eschata: „die letzten Dinge"): die Lehre von den letzten Dingen, vom Weltende und Anbruch der neuen Welt, aber auch vom Schicksal des einzelnen nach dem Tode. Der christliche Glaube entwirft diese Lehre in bildhaften Erzählungen deren Elemente der alttestamentlich-jüdischen, aber auch der griechischen und persischen Tradition entnommen sind. Im Neuen Testament stehen die verschiedenen Vorstellungen unausgeglichen nebeneinander. Zur Auslegung dieser Bilder werden verschiedene Positionen eingenommen zwischen ihrem Verständnis als zukünftige Ereignisse und ihrer Deutung als gegenwartsbezogene Aussagen, wonach der Mensch in jedem Augenblick zur Entscheidung genötigt wird und das Gericht im Vollzug des Lebens als Nähe und Ferne Gottes erfährt.

eskamotieren: heimlich verschwinden lassen

Esne: ägyptische Stadt

Exil: 587 v. Chr. wurde nach der Zerstörung Jerusalems durch die Babylonier ein großer Teil der judäischen Bevölkerung nach Mesopotamien verschleppt. Der Perserkönig Kyros erlaubte 539 v. Chr. nach der Zerschlagung des babylonischen Reiches den Juden die Rückkehr in ihre Heimat. Die Situation im Exil beschreibt Text A 8.

Exodus: „Auszug“; das 2. Buch Mose; der Auszug der Israeliten aus der Sklaverei in Ägypten, das grundlegende Ereignis der Geschichte Israels, das im Zentrum seines Bekenntnisses steht (vgl. Ex 20,2; Dt 26,5–9) und im Gottesdienst, vor allem am jährlichen Passafest (Ostern), immer neu vergegenwärtigt wird. (Vgl. die Texte A 4 und A 8)

Fatum: Schicksal

fides implicita: miteingeschlossener Glaube; Annahme einer Glaubenswahrheit, die nicht ausdrücklich formuliert, sondern nur einschlußweise in einer direkt bejahten Glaubenswahrheit enthalten ist.

Fundus: Bestand

Genesis: „Entstehung“, „Schöpfung“; das erste Buch der Bibel.

Gnosis: „Erkenntnis“; eine weitverzweigte religiöse Bewegung, die vor und neben dem Urchristentum im Osten des Römischen Reiches entstand und sich nach Westen verbreitete. Sie vereinte Vorstellungen verschiedener Religionen des Vorderen Orients mit jüdischen Traditionen und Gedanken der griechischen Philosophie zu einer bestimmten Deutung des menschlichen Daseins. Ziel der Gnosis ist die heilbringende Selbsterkenntnis des Menschen:
„wer wir waren, was wir wurden,
wo wir waren, wohin wir geworfen wurden,
wohin wir eilen, woraus wir erlöst werden,
was Geburt ist, was Wiedergeburt“.
Kennzeichnend für die Gnosis ist ihr → Dualismus. Die Welt ist nicht die Schöpfung Gottes, sondern Ergebnis eines Falles oder Werk eines untergeordneten bösen Schöpfers. Die Materie wird als böses Prinzip als beherrscht von gottfernen Gewalten verstanden. Die Situation des Menschen ist bestimmt durch den Sturz des Urmenschen aus der himmlischen, göttlichen Lichtwelt in die unteren Bereiche der Finsternis. Hier wird die Seele, der göttliche Lichtfunke, in einem Leib aus Staub und verweslichem Fleisch gefangengehalten. Aufgabe des Menschen ist, diese Situation zu erkennen, und so die Befreiung des göttlichen Funken aus dem Gefängnis des Leibes und seine Rückkehr in die himmlische Heimat zu ermöglichen. Doch kann der Mensch die heileröffende Erkenntnis nicht aus eigener Kraft erlangen, da die Mächte dieser Welt ihn einschläfern und trunken machen, damit er seine wahre Heimat vergißt. Es bedarf der Übermittlung eines Rufs aus der göttlichen Sphäre, der den Menschen wachrüttelt. Der Ruf kann auf verschiedene Weise übermittelt werden. Für die christlichen Gnostiker bietet sich hier die Möglichkeit, Jesus Christus als Erlöser einzuführen, der von Gott ausgeht und den Menschen die rettende Nachricht bringt. Umstritten bleibt, ob schon die vorchristliche Gnosis die Erlösergestalt und einen ausgeformten Erlösermythos kannte. Während einige Forscher einen starken Einfluß eines vorchristlichen gnostischen Erlösermythos auf die christliche Lehre von Christus annehmen, vertreten andere die Ansicht, daß die deutlich gezeichnete Erlösergestalt in den gnostischen Systemen erst unter christlichem Einfluß entstanden ist. (vgl. Text A 27 und A 33)

Hades: Unterwelt, Reich des Todes; Gott der Unterwelt

Hellenismus (hellenistisch): die aus dem Griechentum erwachsene, von Alexander d. Gr. und seinen Nachfolgern im östlichen Mittelmeerraum verbreitete Kultur. Sie entstand aus einer Verbindung griechischen und orientalischen Kulturgutes. Gemeinsame Verkehrs- und Bildungssprache war die „Koiné“, die hellenistische Form des Griechischen. Sie stellte ein wertvolles Hilfsmittel der frühchristlichen Mission dar, ebenso die Septuaginta, die von hellenistischen Juden geschaffene Übersetzung des Alten Testaments. Das Neue Testament ist im Griechisch des Hellenismus geschrieben.

Hephaistos: griech. Gott des Feuers und der Schmiedekunst

Herakles: der bekannteste Held der griech. Sage, Sohn des Zeus und einer irdischen Mutter.

Hermes: der Götterbote, der Gott der Händler, Reisenden und Diebe, Begleiter der Verstorbenen in die Unterwelt.

hermeneutisch: die Kunst der Auslegung betreffend; Hermeneutik nennt man die Lehre von den Grundsätzen der Auslegung von Schriften, Kunstwerken etc., hier der Bibel.

Hesiod: griech. Dichter, um 700 v. Chr., gestaltete die mythischen Überlieferungen der Griechen in den Werken „Theogonie" und „Werke und Tage".

Hierarchie: griech.: „Heilige Herrschaft", pyramidenförmig aufgebaute Rangfolge

Homer: griech. Dichter des 8. Jh. v. Chr., unter dessen Namen die beiden bekannten Epen (Helden- und Göttersagen in gebundener Sprache) „Ilias" und „Odyssee" und 34 Götterhymnen überliefert wurden.

Horen: griech. Göttinnen der rechten Zeit.

Hybris: Selbstüberhebung, frevlerischer Hochmut gegenüber den Göttern; ein zentrales Thema der griechischen Mythologie.

immanent: innerweltlich, diesseitig

Inkarnation: „Fleischwerdung", die Erscheinung eines Gottes auf Erden in Gestalt eines Menschen, z. B. eines Helden, Königs oder Priesters; in der christlichen Theologie die Menschwerdung Jesu Christi.

Jahwist (jahwistisch): siehe Pentateuch

Jo: eine Geliebte des Zeus, die von Zeus' Gattin Hera aus Eifersucht in eine Kuh verwandelt und durch eine Bremse bis nach Ägypten getrieben wurde.

kanonisch: von **Kanon:** Maßstab, Richtschnur, Norm der Lehre; die Gesamtheit der als echt und damit für den Glauben verbindlich anerkannten Schriften der Bibel.

Kategorie: Sorte, Klasse, Art; Grundbegriff, Grundaussage, Aussageart.

Kerygma: Botschaft, Verkündigung, Predigt; näheres siehe Text J 9, 2. Kapitel.

Kompilation: Zusammenstellung aus mehreren Quellen.

Kontinuität: lückenloser Zusammenhang

kosmisch: (griech.) das Weltall betreffend

Kosmogonie: (griech.) (Lehre von der) Entstehung der Welt

kosmogonisch: die Entstehung der Welt betreffend

Kronos: griech. Gott, Sohn des Urgottes Uranos, Herrscher der Titanen, die von Zeus gestürzt wurden.

Logos: (griech.) Wort; Vernunft; im Johannesevangelium Bezeichnung für Christus als das menschgewordene Wort Gottes.

lozieren: örtlichen, bestimmen, einordnen

Menschensohn: Daniel 7,13 taucht im Alten Testament erstmals die Vorstellung auf, daß am Ende der Tage „eine Gestalt wie ein Menschensohn" auf den Wolken des Himmels erscheint und von Gott die ewige Herrschaft über alle Völker und Nationen erhält. Die Evangelien lassen Jesus häufig von sich selbst als dem „Menschensohn" sprechen.

Metaphysik: (metaphysisch): Philosophie, die nach den letzten, jenseits der Grenzen der experimentell arbeitenden Wissenschaften liegenden Gründen und Zusammenhängen des Seins fragt.

Moira: Schicksal; Schicksalsgöttin

Mysterien: griech. und röm. Geheimgottesdienste der Antike, an denen nur Eingeweihte **(Mysten)** teilnehmen durften. Über die Inhalte dieser Feiern ist nur wenig bekannt, da die Teilnehmer zu strengem Stillschweigen verpflichtet waren. In der Zeit des Hellenismus verbreiteten sich vor allem orientalische Kulte im ganzen Mittelmeerraum, u. a. die Isis und Osiris (Text A 23), Adonis und Attis und Kybele geweihten Mysterien. Die Feiern stellen im kultischen Drama das Schicksal der Mysteriengottheit dar, die leiden und sterben muß, sich aber dann zu neuem Leben erhebt. Die zugehörigen Kultmythen gehen wahrscheinlich auf alte Vegetationsmythen zurück und bilden das in der Natur sich abspielende Werden und Vergehen ab. Durch die Einweihung erhält der Myste Anteil am Schicksal seines Gottes. Wie der Gott nach Leiden Heil erfuhr, so wird dem Mysten durch die Einweihung göttliche und unsterbliche Kraft zuteil.

Mythologem (Mythologumen): einzelne mythische Erzählung; mythisches Motiv

numinos: göttlich im Sinne einer zugleich faszinierenden und schreckenerregenden Macht.

Obskurantismus: Denkart der Dunkelmänner

Okeaniden: Söhne und Töchter des Okeanos, Flußgötter und Göttinnen des Wassers.

Okeanos: der Gott Ozean, der die Länder der Erde umfließt.

Ontologie (ontologisch): philosophische Lehre vom Seienden als Seienden, die nach Aussagen sucht, die von allen Seienden überhaupt gelten.

Option: freie Entscheidung, Wahl

paläontologisch: Forschung, die sich mit Lebewesen vergangener Erdperioden beschäftigt.

Pallas Athene: siehe **Athene.**

Pascal: französischer Religionsphilosoph, Mathematiker und Physiker, 1623–1662.

Parsismus: die auf die Verkündigung des iranischen Priesterpropheten Zarathustra (6. Jh. v. Chr.) zurückgehende persische Religion. Zarathustra verkündete gegen den Vielgötterglauben seiner Zeitgenossen den Glauben an den einen höchsten Gott Ahura Mazda, „den weisen Herrn". Dem guten Gott steht als Verkörperung des bösen Prinzips der Widersacher Angra Mainyu, der „böse Geist", gegenüber. Am Kampf dieser beiden Mächte haben alle Wesen Anteil. Der Mensch kann sich frei entscheiden und ist dazu aufgerufen, sich auf die Seite des Guten zu stellen. Parsen, Anhänger des Parsismus, leben heute als Minderheiten in Iran und Indien. Sie glauben an die Vorherrschaft des guten Gottes über den bösen Geist, der → Dualismus Zarathustras wurde also im Sinne des Monotheismus weiterentwickelt. Kennzeichnend für ihren Kult sind die Feuertempel, in denen ein Feuer als Symbol Ahura Mazdas und Zeichen der Reinheit und Heiligkeit ständig unterhalten wird. Für die Endzeit erwarten die Parsen die Rettergestalt Saoshyant, einen Nachkommen Zarathustras, der das Weltgericht eröffnen wird.

Peitho: griech. Göttin der Überredung, besonders in Liebesdingen.

pejorativ: bedeutungsverschlechternd; abwertend

Pentateuch: griech. „Fünfbuch"; die ersten fünf Bücher der Bibel, die unter dem Namen „Die fünf Bücher Mose" überliefert werden: Genesis – Schöpfung, Exodus – Auszug, Levitikus – Levitengesetz, Numeri – (Volks)zählungen, Deuteronomium – Zweites Gesetz. Mose ist nicht der Autor dieser Bücher. Häufige Wiederholungen, Doppelberichte, Wechsel der Namen Gottes und sprachliche Unterschiede weisen auf eine Mehrzahl von Quellen hin. Vereinfacht kann man vier Quellen unterscheiden:

1. Der **Jahwist** (J), sogenannt, weil er den jüdischen Gottesnamen Jahwe verwendet, schrieb zur Zeit Salomos oder später im Gebiet des Südreiches Juda.
2. Der **Elohis**t (E), so genannt, weil er den allgemein kanaanäischen Gottesnamen Elohim verwendet, schrieb wahrscheinlich nach 900 v. Chr. im Nordreich Israel.

Nach der Zerstörung des Nordreiches (722 v. Chr.) wurden J und E zu einer Schrift vereinigt.

3. Die **Priesterschrift** (P), deren Verfasser aus Jerusalemer Priesterkreisen stammen und deren besonderes Interesse dem Recht und dem Kult gilt, entstand wahrscheinlich im → Exil in Babylon.
4. Das 5. Buch Mose geht auf die **deuteronomistische Überlieferung** (D) zurück, deren Grundbestand wohl im 7. Jh. zusammengestellt wurde und eine religiöse Reform in Jerusalem veranlaßte (vgl. 2 Kg, 22–23)

Die einzelnen Quellenschriften enthalten wieder verschiedene z. T. sehr alte Überlieferungen. Wohl im 4. Jh. wurden die verschiedenen Quellen verbunden und ineinandergearbeitet, so daß die endgültige Gestalt des Pentateuch entstand.

Physis: Natur, das Reale, Erfahrbare

Plato: griech. Philosoph, 427–347 v. Chr., Schüler des Sokrates, gründete in Athen eine Akademie; die meisten seiner Werke sind in Dialogform gehalten, in denen als Hauptgesprächspartner Sokrates auftritt.

Plutarch: griech. Philosoph und Historiker, 50–125 n. Chr., der sich unter anderem mit religionsphilosophischen Fragen beschäftigte.

Polytheismus: der Glaube an mehrere persönlich gedachte Götter

Präexistenz: Existenz bei Gott vor aller Schöpfung

präexistent: vor aller Schöpfung existierend, vorausexistierend

prähistorisch: vorgeschichtlich

Priesterschrift: siehe Pentateuch

prima causa: erste Ursache

Ra, Re: (ägyptisch) die Sonne; der Gott, der sich als wärmende und lebenspendende Sonne manifestiert.

Reminiszenzen: Erinnerungen

sacrificium intellectus: „Opfer des Verstandes"; Verzicht auf eigene Meinungsbildung in Glaubensfragen.

Schleiermacher: evangelischer Theologe und Philosoph, 1768–1834.

Synkretismus (synkretistisch): Vermischung verschiedener philosophischer Lehren, Kulte, Religionen oder Konfessionen; im engeren Sinn die Verschmelzung der orientalischen → Mysterienkulte mit der griech. und röm. Religion im → Hellenismus.

Techne: (griech.) Handwerk, Kunstfertigkeit, Kunst

tellurisch: die Erde betreffend

Tertullian: frühchristlicher Theologe und Kirchenschriftsteller, ca. 150–225 n. Chr.

Theogonie: (mythische Lehre von der) Entstehung der Götter

Tityos: Gestalt des griech. Mythos, wurde für einen Frevel in der Unterwelt dadurch bestraft, daß zwei Geier an seiner immer wieder nachwachsenden Leber fraßen.

Tora: (hebräisch) „Gesetz"; Bezeichnung für den das jüdische Gesetz enthaltenden → Pentateuch, später für das ganze Alte Testament.

Toth: ägyptischer Gott der Weisheit, der Zeiteinteilung und der Schreibkunst.

Transzendenz: „Überstieg"; das Übersteigen der Erfahrung, des sinnlich Wahrnehmbaren, des Bewußtseins, des Diesseits;
a) die „Jenseitigkeit", d. h. die absolute Außerweltlichkeit und Weltunabhängigkeit Gottes, dessen innerstes Wesen dem Menschen unbekannt bleibt. Das Verhältnis Gottes zur Welt darf jedoch nicht als unüberbrückbare Kluft gedacht werden. Gott ist in seinem Sein von der Welt unterschieden und verschieden, aber nicht geschieden. Neben seiner Transzendenz ist seine Immanenz zu beachten: „Er erfüllt alles und er übersteigt alles".
b) der Bezug des Menschen zu dem, was ihn selbst überschreitet. Der Mensch überschreitet, „transzendiert" notwendig sich selbst. Schon biologisch ist er nicht festgelegt, nicht fest und instinktsicher in eine bestimmte Umwelt eingepaßt wie das Tier, sondern offen für eine von ihm selbst zu gestaltende kulturelle Umwelt. Zu seiner Selbstverwirklichung ist er angewiesen auf den Mitmenschen. Er muß angesprochen, belehrt, erzogen, geliebt werden. Er ist ein gemeinschaftsbezogenes Wesen. Der christliche Glaube betont die echte Transzendenz des Menschen, die einerseits nicht an den Grenzen der Welt und des Bewußtseins halt machen, andererseits nicht in eine unendliche Leere hinein fortschreiten kann. Das letztgültige Ziel des sich selbst übersteigenden endlichen Wesens kann nur der eine, absolute Übersteigende sein: Gott selbst.

Trilogie: Folge von drei Dichtwerken, die eine innere Einheit bilden.

Trinität: Dreifaltigkeit, Dreieinigkeit

typologisch: nennt man eine Auslegung, die die alttestamentlichen Personen und Ereignisse als Vorbilder für das Neue Testament sieht.

Uranos: (griech.) „Himmel"; Urgott, Stammvater aller Götter, die er mit Gaia, der Urmutter „Erde" erzeugte.

Xenophanes: griech. Dichter und Philosoph des 5./6. Jh. v. Chr.. Er kritisierte die mythische Gottesvorstellung, weil die mythische Dichtung menschliche Gestalt und Verhaltensweisen auf die Götter überträgt (sog. Anthropomorphismen). Er vertrat demgegenüber den Glauben an einen einzigen Gott, der weder an Gestalt noch an Gedanken den Sterblichen gleicht.

Zeus: der höchste der griech. Götter, der die Titanen gestürzt hat und die Herrschaft der olympischen Götter über die dunklen Mächte der Tiefe begründete.

B —————— K